CURIOSITÉS PHILOSOPHIQUES

THIBAUT GIRAUD

CURIOSITÉS PHILOSOPHIQUES

De Platon à Russell

ÉDITIONS DU SEUIL
57, rue Gaston-Tessier, Paris XIXe

ISBN 978-2-02-141512-4

www.seuil.com

À Kyung A
et nos deux petits monstres

Avant-propos

Les philosophes sont bien incapables de s'accorder sur une réponse à la question de savoir ce qu'est la philosophie, et ce n'est pas faute de se l'être posée ; en revanche, ils pourront sans peine s'entendre sur l'importance de certaines œuvres : *La République* de Platon, les *Méditations métaphysiques* de Descartes ou la *Critique de la raison pure* de Kant, voilà bien de la philosophie, assurément, quoiqu'on ne sache pas ce que des œuvres si différentes ont en commun pour justifier ce titre. En somme, quand on nous demande ce qu'est la philosophie, il est difficile de faire mieux que donner des exemples de textes ou d'auteurs mettant en œuvre une mystérieuse qualité que nous sommes à peu près impuissants à expliquer. En cela, nous sommes aussi démunis que les interlocuteurs de Socrate qui, à des questions comme « Qu'est-ce que le courage ? » ou « Qu'est-ce que la beauté ? », énuméraient pêle-mêle des actions courageuses ou des choses belles. Socrate leur rétorquait qu'il attendait une définition, non des exemples, et nous sommes tout aussi embarrassés qu'eux pour donner celle de la philosophie.

Si je m'y risquais tout de même, avec prudence, je serais tenté de la définir comme une discipline qui s'efforce de répondre de façon rationnelle à certaines questions importantes (par exemple celles qui touchent aux fondements de la connaissance ou à la meilleure façon de mener sa vie). Mais si vague et inclusive que soit cette définition, elle est déjà assez précise pour exclure davantage que je ne le voudrais. (Par exemple, la plus grande partie des œuvres de Nietzsche auront du mal à satisfaire cette condition de rationalité.) À vrai dire, je ne crois pas qu'il y ait davantage qu'un air de famille et un jeu complexe d'hérédité entre toutes les choses que l'on rattache à la vénérable idée de philosophie. Et ce livre n'a pas d'autre ambition que de présenter un choix d'instantanés de la pensée de quelques-uns des plus illustres membres de cette famille ; il va de soi qu'aucun des textes présentés ne suffit à donner une image complète de son auteur, mais chacun développe sa réflexion sur au moins un aspect susceptible de piquer votre curiosité. Libre à vous ensuite de prolonger la discussion avec ceux dont la société vous semble la plus agréable.

En somme, si ce livre introduit à la philosophie (ou tout au moins à une large part de la philosophie occidentale), ce n'est pas tant au sens scolaire d'un cours d'introduction mais plutôt comme on vous introduirait dans une conversation : je ne prétends rien d'autre que faciliter un premier rapport avec des auteurs qui, en d'autres circonstances (et notamment dans leurs propres ouvrages), peuvent se montrer effrayants et malpolis, surtout avec les nouveaux venus. Ici, tout au moins, je ferai en sorte qu'ils se montrent lisibles et amicaux avec tout le monde.

PREMIÈRE PARTIE

Philosophie antique

PLATON

Écrire contre l'écriture

« Cet art produira l'oubli dans l'âme
de ceux qui l'auront appris »

Il y a un point commun à tous les livres, les meilleurs comme les pires : ils ont été *écrits*. Est-ce à blâmer ? Ce serait sans doute une drôle d'idée au commencement d'un livre qui ne manque pas, lui aussi, d'avoir été écrit. C'est pourtant cette curiosité philosophique que j'ai choisi de traiter dans ce premier chapitre : une critique radicale de l'écriture qui fut écrite (et doit donc se critiquer elle-même sous cet aspect) par un illustre citoyen d'Athènes connu sous le nom de Platon.

Si ce nom est resté dans les mémoires et vous est peut-être familier, c'est que Platon est un philosophe dont, justement, il nous reste beaucoup d'écrits, et dont les écrits ont eu sur la philosophie occidentale une influence notable. C'est peu dire. Vingt-trois siècles plus tard, Alfred N. Whitehead déclarait : « La tradition philosophique européenne consiste en une série de notes de bas de pages aux œuvres de Platon[1]. »

1. C'est l'occasion d'une première note de bas de page pour signaler que le philosophe et mathématicien Alfred N. Whitehead exprima ce jugement dans *Procès et Réalité* (1929, II, 1, 1), et précisait immédiatement : « Je ne parle pas du schéma systématique de pensée que des spécialistes ont, de façon incertaine, tiré de ses écrits. Je fais allusion à la richesse des idées générales qui les parsèment. Ses contributions

Au IVe siècle avant J.-C., Platon fonde une école à Athènes dans le jardin d'Academos ; le nom du lieu donna celui de l'école : l'Académie. (Que ce mot ait pris le sens qu'on lui connaît aujourd'hui est un autre témoignage frappant de l'importance de l'héritage intellectuel de Platon.) Durant les quarante dernières années de sa vie, le philosophe y dispense un enseignement oral dont nous ne savons presque rien, car il n'a justement pas été mis par écrit. Ainsi, quand nous parlons de l'œuvre de Platon et de son influence, il faut se souvenir que ce n'est jamais que sa partie *écrite* qui nous est connue ; or, si l'on devait prendre au mot sa propre critique de l'écriture, il n'est pas déraisonnable de penser que ce n'est pas cette partie que Platon lui-même aurait jugée comme étant la plus importante.

Les œuvres écrites de Platon n'en sont pas moins d'une incroyable richesse. Ce ne sont pas des traités arides mais des dialogues souvent drôles et parsemés de jeux intellectuels, qui mettent en scène pour la plupart le personnage de Socrate, emberlificotant ses interlocuteurs dans un épuisant va-et-vient de questions et réponses. Le statut de ces textes est encore aujourd'hui sujet à discussion. Il s'agit de textes littéraires qui présentent une dramaturgie élaborée et qui étaient destinés à une diffusion publique. Peut-être avaient-ils pour principale fonction d'inviter à la pratique de la philosophie, sans nécessairement refléter les véritables enseignements de l'Académie[1].

---

personnelles, ses opportunités d'expérience variées au cours d'une grande époque de la civilisation, son héritage d'une tradition intellectuelle pas encore engourdie par une systématisation excessive, ont fait de ses écrits une inépuisable mine de suggestions » (traduction personnelle).

1. Ces joutes dialectiques seraient en quelque sorte la version philosophique des démonstrations de combats de moines Shaolin. Le

L'œuvre écrite de Platon demeure en tout cas monumentale : il n'y a pas un seul champ de la philosophie qui ne plonge ses racines, d'une façon ou d'une autre, dans quelques-uns de ces vénérables dialogues. Présenter, même succinctement, les divers aspects de cette œuvre reviendrait à établir un catalogue assez vain (et qui pécherait forcément d'une façon ou d'une autre, au moins par omission) ; aussi venons-en sans plus attendre au point particulier que je voulais développer dans ce chapitre : la paradoxale critique de l'écriture dans les écrits de Platon. Elle est principalement développée dans le passage du *Phèdre* où Socrate relate le mythe de Theuth, inventeur de l'écriture :

> « SOCRATE : Mais convient-il ou ne convient-il pas d'écrire ? Dans quelles conditions est-il séant de le faire et dans quelles autres cela ne l'est-il pas ? Voilà une question qui reste posée.
>
> « [...] J'ai entendu dire que, du côté de Naucratis en Égypte, il y a une des vieilles divinités de là-bas, celle-là même dont l'emblème sacré est un oiseau qu'ils appellent, tu le sais, l'ibis ; le nom de cette divinité est Theuth. C'est donc lui qui, le premier, découvrit le nombre et le calcul et la géométrie et l'astronomie, et encore le trictrac, et enfin et surtout l'écriture. Or, en ce temps-là, régnait sur l'Égypte entière Thamous [...]. Theuth, étant venu le trouver lui, fit

---

scénario est souvent le même, classique mais efficace : un sophiste un peu trop sûr de lui roule des mécaniques devant l'humble Socrate qui se présente comme un ignorant ; mais après quelques échanges dialectiques savamment chorégraphiés, le vieux maître coince son insolent adversaire dans une contradiction qu'il n'avait pas vu venir. (De fait, le contradicteur d'un dialogue socratique finit souvent par servir de punching-ball parlant, n'ayant plus rien à répondre que « Tout à fait, Socrate », « Il n'en est pas autrement ».)

une démonstration de ces arts et lui dit qu'il fallait les communiquer aux autres Égyptiens. Mais Thamous lui demanda quelle pouvait être l'utilité de chacun de ces arts ; et, alors que Theuth donnait des explications, Thamous, selon qu'il les jugeait bien ou mal fondées, prononçait tantôt le blâme, tantôt l'éloge. [...] [Q]uand on en fut à l'écriture : "Voici, ô roi, dit Theuth, le savoir qui fournira aux Égyptiens plus de savoir, plus de science et plus de mémoire ; de la science et de la mémoire le remède a été trouvé." Mais Thamous répliqua : "Ô Theuth, [...] toi qui es le père de l'écriture, tu lui attribues, par complaisance, un pouvoir qui est le contraire de celui qu'elle possède. En effet, cet art produira l'oubli dans l'âme de ceux qui l'auront appris, parce qu'ils cesseront d'exercer leur mémoire : mettant en effet leur confiance dans l'écrit, c'est du dehors, grâce à des empreintes étrangères, et non du dedans, grâce à eux-mêmes, qu'ils feront acte de remémoration ; ce n'est donc pas de la mémoire, mais de la remémoration que tu as trouvé le remède. Quant à la science, c'en est la semblance que tu procures à tes disciples, non la réalité. Lors donc que, grâce à toi, ils auront entendu parler de beaucoup de choses, sans avoir reçu d'enseignement, ils sembleront avoir beaucoup de science, alors que, dans la plupart des cas, ils n'auront aucune science ; de plus, ils seront insupportables dans leur commerce, parce qu'ils seront devenus des semblants de savants, au lieu d'être des savants[1]." »

Le jeune Phèdre, interlocuteur de Socrate dans ce dialogue, émet quelques doutes ironiques sur l'authenticité de cette chronique égyptienne. À quoi Socrate rétorque qu'il fut un temps où les prêtres du temple de Zeus à Dodone ne s'étonnaient pas que des arbres ou des pierres parlent, pourvu

1. Platon, *Phèdre*, traduit du grec ancien par Luc Brisson, Paris, Flammarion, « GF », 2004, p. 176-178, 274a-c.

qu'elles disent vrai, tandis que les savants modernes semblent s'intéresser moins à la justesse du discours qu'à l'origine de celui qui le prononce… C'était assez pour clouer le bec du bel éphèbe à qui Socrate faisait la leçon (et de l'œil), mais je dois avouer que je partage la méfiance de l'élève à l'égard de ce détour par une histoire à dormir debout pour exposer une argumentation rationnelle.

Ce n'est pas un cas isolé dans l'œuvre de Platon, à qui l'on pourrait diagnostiquer une sorte de *mythomanie philosophique*, qui se manifeste par les nombreux mythes et allégories dont il ne peut s'empêcher de truffer ses dialogues. La plus célèbre, celle de la caverne, est souvent le premier contact des lycéens confrontés à la philosophie. Imaginez des prisonniers enchaînés au fond d'une caverne ; leur têtes maintenues immobiles, ils ne peuvent rien voir d'autre que des ombres projetées par un feu sur le mur en face d'eux, et ces ombres sont pour eux la réalité même jusqu'à ce que l'un d'eux brise ses chaînes, tourne la tête et aperçoive les objets et le feu qui en projette les ombres. Il sort et voit la lumière extérieure, le monde à la surface, et enfin le soleil lui-même… Je ne sais pas ce que les élèves retiennent de cette étrange allégorie mais ils peuvent certainement sympathiser avec des prisonniers forcés d'étudier des ombres inintéressantes alors que le soleil brille dehors[1]. Toutefois, si la philosophie est

1. L'allégorie de la caverne est un point de départ classique pour un cours de philosophie (alors même que son interprétation semble assez difficile, en vérité). Cela pourrait donner une dimension héroïque au professeur brisant les chaînes des élèves pour les amener à la lumière, mais le déroulement du cours de philosophie est peut-être mieux évoqué par la toute fin de l'allégorie : lorsque celui qui est sorti de la caverne revient auprès de ses anciens compagnons pour les libérer, ceux-ci le

une affaire de raison et non de rhétorique, pourquoi s'appuyer si souvent sur des mythes et des allégories plutôt que de formuler clairement des arguments ? Voilà qui n'a pas fini d'agiter les commentateurs de Platon qui, depuis des siècles, peinent à s'entendre sur une réponse à cette question. Laissons de côté pour l'heure la dimension mythique du passage sur l'invention de l'écriture. Dans la suite du dialogue, le personnage de Socrate (que l'on s'accorde à reconnaître ici comme un porte-voix de la pensée de Platon) va, quoi qu'il en soit, reprendre à son compte et préciser les critiques de Thamous contre l'inventeur de l'écriture :

> « SOCRATE : Par conséquent, celui qui se figure avoir laissé derrière lui, en des caractères écrits, les règles d'un art et celui qui, de son côté, recueille ces règles, en croyant que, de caractères d'écriture, sortira du certain et du solide, ces gens-là sont tout remplis de naïveté [...], comme tout un chacun qui croit que les discours écrits sont quelque chose de plus qu'un moyen de se rappeler, à celui qui les connaît déjà, les choses traitées dans cet écrit.
> « PHÈDRE : Tout à fait juste.
> « SOCRATE : Car, à mon avis, ce qu'il y a de terrible, Phèdre, c'est la ressemblance qu'entretient l'écriture avec la peinture. De fait, les êtres qu'engendre la peinture se tiennent debout comme s'ils étaient vivants ; mais qu'on les interroge, ils restent figés dans une pose solennelle et gardent le silence. Et il en va de même pour les discours [écrits]. On pourrait croire qu'ils parlent pour exprimer quelque réflexion ; mais, si on les interroge, parce qu'on souhaite comprendre ce qu'ils disent, c'est une seule chose qu'ils se contentent de signifier, toujours la même. Autre chose : quand, une fois pour toutes,

---

prennent pour un fou et, s'il s'avise d'essayer d'ôter leurs chaînes, ils tenteront de le tuer. Voir Platon, *La République*, 517a.

> il a été écrit, chaque discours va rouler de droite et de gauche et passe indifféremment auprès de ceux dont ce n'est point l'affaire ; de plus, il ne sait pas quels sont ceux à qui il doit ou non s'adresser. Que par ailleurs s'élèvent à son sujet des voix discordantes et qu'il soit injustement injurié, il a toujours besoin du secours de son père ; car il n'est capable ni de se défendre ni de se tirer d'affaire tout seul[1]. »

Quels sont donc les griefs que Platon retient contre l'écriture ? Les deux principaux s'opposent justement aux deux bénéfices mis en avant par le dieu Theuth dans son discours initial : « de la science et de la mémoire le remède a été trouvé », affirme naïvement le divin inventeur ; mais Thamous objecte (et Socrate avec Thamous, et Platon avec Socrate) que l'écriture ne créerait que des « semblants de savants », et produirait « l'oubli dans l'âme ».

Le premier point suggère que Platon ne conçoit pas d'enseignement possible sans la confrontation dialectique d'opinions opposées, laquelle nécessiterait un véritable dialogue (et c'est en effet un thème récurrent dans les autres écrits de Platon). Or, si un texte peut mettre en scène un dialogue, comme c'est le cas du *Phèdre*, il ne permet pas au lecteur d'échanger réellement avec l'auteur. Nous qui lisons le dialogue entre Socrate et Phèdre, nous ne sommes ni Socrate ni Phèdre ; et si au cours de notre lecture nous souhaitons nous immiscer dans la conversation, poser nous-mêmes une question à Socrate (et, à travers lui, à Platon), celui-ci restera de marbre et poursuivra sa discussion avec Phèdre comme si de rien n'était. La forme dialoguée fait ressortir de façon particulièrement saillante le fait que le texte écrit ne constitue pas un échange direct et réel avec celui qui le lit.

1. Platon, *Phèdre*, *op. cit.*, p. 179-180, 275d.

Mon interprétation est-elle incorrecte ? C'est bien possible. Mais Platon n'est pas là pour me contredire, et c'est justement le point de la critique. Si, au lieu de lire son texte, je dialoguais avec lui, Platon aurait pu s'aviser de mes erreurs, aurait répondu à mes remarques, aurait explicité sa pensée et défendu son texte contre mon incompréhension. Voilà pourquoi un texte « a toujours besoin du secours de son père » (même ce texte que je viens de citer).

Le deuxième point concerne la mémoire. Une tradition orale est nécessairement limitée par ce que la mémoire humaine peut contenir. Songez à la révolution que constitue l'écriture : elle augmente brusquement la quantité d'information qu'une communauté humaine peut transmettre d'une génération à l'autre. Est-ce pour autant, comme le revendique le divin Theuth, un remède à leur mémoire ? Non, objecte Thamous, car cela dispenserait justement les êtres humains d'user de leur mémoire pour transmettre ces informations. Ce ne sont plus que des caractères écrits qui sont transmis. Écrire n'empêche pas l'oubli, tout au contraire : écrire *permet d'oublier*. S'il n'y a plus personne aujourd'hui pour conserver dans sa mémoire tous les vers de l'*Iliade* et de l'*Odyssée*, c'est justement parce qu'elles sont écrites et n'ont plus besoin de cela pour se conserver. Au lieu d'épopées vivantes dans la tête des aèdes, ce ne sont plus que des textes morts encodés dans des signes indifférents. Pauvre Homère !

Ce que cette critique a d'amusant à lire aujourd'hui, c'est qu'elle s'appliquerait aussi bien à deux des inventions les plus formidables de l'histoire humaine : l'imprimerie et l'informatique. Elles ont en commun d'avoir démultiplié la puissance de l'écriture en diminuant par un facteur gigantesque les efforts nécessaires à la production des textes et à leur diffusion : aujourd'hui, rien n'est plus aisé et rapide que d'écrire et de publier (c'est être lu qui devient précieux et difficile). Chaque fois qu'une technologie a facilité l'accès aux textes, elle a diminué l'importance de la mémoire chez les lecteurs. En somme, il faut imaginer Socrate râlant devant un Phèdre adolescent rivé à son smartphone : « Ah ! Dans le temps, on n'avait pas tout votre Wikipédia et on en savait davantage… Ces jeunes toujours connectés, avec leur Internet et leur YouTube, ils n'ont plus de mémoire, c'est malheureux ! »

De fait, je n'aurais pas écrit ce chapitre si je n'avais eu accès qu'à ma mémoire qui est, je dois l'avouer, bien limitée. J'avais d'ailleurs à peu près oublié ce texte de Platon. Il ne me restait qu'une vague idée de sa critique de l'écriture. Mais avec mon portable sous la main, « Platon + critique + écriture » dans un moteur de recherche, et hop ! non seulement je retrouve le mythe de Theuth en un clin d'œil, mais je découvre aussi une flopée d'articles qui en discutent admirablement bien, après quoi je consulte un article sur le dieu égyptien Thot, qui donna Theuth chez Platon, puis un autre sur Âmmout la dévoreuse des âmes au corps d'hippopotame, à la tête de crocodile et aux pattes de lion, et je terminai quelques heures plus tard devant de fascinantes vidéos de blob. (Il semble que je ne manque pas seulement de mémoire, mais aussi d'attention.)

Critiquer les innovations techniques qui nous éloignent de l'authenticité et de la simplicité du bon vieux temps, c'est un réflexe aussi vieux que l'écriture. Toutefois, de toutes les techniques, l'écriture est peut-être aussi celle qui s'est attiré le moins de critiques : en effet, il semble difficile de contester les bénéfices de cet art qui nous a transmis, entre autres merveilles, les dialogues de Platon. Hormis Platon, je ne connais aucun écrivain qui s'y soit sérieusement risqué. Car il faut convenir qu'il est bien paradoxal d'*écrire contre l'écriture*. Mais quitte à le faire, Platon ne pouvait certes pas emprunter de meilleure bouche que celle de Socrate, cette figure tutélaire de la philosophie occidentale qui n'a justement laissé aucun écrit et à qui les écrits de tant d'autres dans les siècles suivants ont fait dire tout et son contraire.

Parlons enfin de ce Socrate que Platon fait si bien parler. S'il a quelque chose d'une légende, il n'est pas pour autant fictif. Né vers – 470 à Athènes, il y est aussi mort en – 399 dans des circonstances qui ne laissent aucun philosophe indifférent : accusé d'impiété et de corruption de la jeunesse, Socrate est condamné à mort par le tribunal démocratique d'Athènes au terme d'un procès houleux (dont une large part est retranscrite, avec beaucoup d'art mais sans doute assez infidèlement, dans l'*Apologie de Socrate* de Platon). Socrate boira sans trembler la coupe de ciguë en application de la sentence – une scène elle aussi retranscrite, avec beaucoup de libertés, dans l'un des plus beaux dialogues de Platon, le *Phédon*.

Hormis les circonstances de son procès et de sa mort, presque tous les éléments de la vie de Socrate sont soit imprécis, soit incertains ; mais de l'avis général de ceux qui l'ont connu, et plus encore de ceux qui ne l'ont pas connu, c'était un philosophe, un vrai ! Le modèle du genre, le canon du philosophe. Nous nous figurons plaisamment le vieux Socrate allant par les rues d'Athènes, sans chaussures, questionnant les passants, illustres et inconnus, discutant sans relâche, et se faisant surtout une spécialité de révéler publiquement l'ignorance de ceux qui croient savoir. Une foule de disciples le suivait, cherchant à l'imiter. Parmi eux se trouvait un beau jeune homme qui, en raison de sa forte carrure, était surnommé le Large, en grec, *Platon*.

Parce que Socrate philosophait en dialoguant, en questionnant directement, il n'a rien voulu écrire ; mais sa vie et sa mort l'ont rendu assez légendaire pour qu'écrire à son sujet soit incontournable. Ses disciples, et notamment ce Large (qui aura une certaine importance, paraît-il), le feront ainsi revivre dans des dialogues tâchant de retranscrire, avec plus ou moins de talent et de fidélité, les échanges que leur maître aurait eus, ou aurait pu avoir, sur divers sujets avec divers interlocuteurs. Si les dialogues de jeunesse de Platon semblent avoir eu pour ambition de présenter Socrate tel qu'il était, les dialogues plus tardifs (dont le *Phèdre*) utiliseraient plutôt Socrate comme le porte-voix d'idées qui n'étaient en rien les siennes mais bien celles de Platon[1]. Et il n'est pas le seul à en user ainsi : le *dialogue socratique* devient un genre littéraire en soi auquel se prêtent de nombreux auteurs, qu'ils aient ou non connu le modèle. Justement parce qu'il philosophait sans écrire, Socrate est une figure idéale pour l'écriture philosophique : tout discours ne prend-il pas un accent plus vénérable dès lors qu'il est attribué à un tel maître ?

Vingt-trois siècles plus tard, la mode est retombée, mais elle n'a pas totalement disparu. En témoigne un petit dialogue intitulé « Les trois passoires de Socrate » qui rencontre un étrange succès viral sur Internet : repris très sérieusement sur de nombreux sites et vidéos, en anglais comme en français (et peut-être même en grec ?), souvent présenté comme

1. L'un des plus grands spécialistes de Platon au XXe siècle avance même l'idée qu'il faut distinguer deux auteurs nommés Socrate dans les écrits de Platon : l'un correspondant au Socrate historique, l'autre présentant la philosophie de Platon proprement dite (Gregory Vlastos, *Socrate. Ironie et philosophie morale*, traduit de l'anglais par Catherine Dalimier, Paris, Aubier, 1994, chapitre 2 : « Socrate contre Socrate chez Platon », p. 70-75).

un authentique texte de l'Antiquité, ce n'est en fait à l'origine qu'une historiette morale destinée aux enfants, mettant en scène un petit garçon sur le point de répéter un vilain commérage, quand sa mère, pleine de bon sens, demande de passer celui-ci à travers les trois passoires : « est-ce vrai ? », « est-ce bienveillant ? », « est-ce nécessaire ? »[1]. Il suffisait de remplacer la maman par Socrate pour que ce dialogue moralisateur et insipide, auquel personne n'aurait prêté la moindre attention (à raison), prenne tout à coup une tout autre dimension : puisque Socrate le dit, cela doit être digne d'être médité… Le procédé fonctionne encore.

Si Platon par la bouche de Socrate compare un texte écrit à un enfant abandonné, le Socrate historique aurait pu s'inquiéter aussi du sort de ceux qui, n'ayant jamais écrit, se voient attribuer beaucoup d'enfants illégitimes…

Pour aller plus loin :

Platon, *Apologie de Socrate*, *Criton*, *Phédon*, traduit du grec ancien par Bernard et Renée Piettre, Paris, Le Livre de Poche, 1992.

Comment Socrate s'est-il défendu lors de son procès ? Pourquoi ne s'est-il pas soustrait à la sentence qui le condamnait à mort ? Et comment s'est-il comporté dans les derniers instants, buvant la ciguë ? Voilà ce qu'on ne saura jamais avec certitude, et voici les versions qu'en donne Platon dans

1. L'occurrence la plus ancienne que j'ai pu identifier est dans un livre de 1914, *A Course in Citizenship*, d'Ella Lyman Cabot, p. 104. Des versions socratisées sont très faciles à trouver en tapant « Socrate + trois + passoires » ou « Socrates + three + sieves » dans un moteur de recherche. Le nombre de résultats est impressionnant.

ces trois grandes œuvres qui ont largement contribué à faire de Socrate et de ces événements une sorte de mythe fondateur de la philosophie. L'*Apologie de Socrate*, tout particulièrement, reste aujourd'hui encore une porte d'entrée vers la philosophie parmi les plus belles et les plus accessibles.

Platon, *Phèdre*, traduit du grec ancien par Luc Brisson, Paris, Flammarion, « GF », 2004.

Jeux de séduction entre Socrate et Phèdre par un après-midi torride : ils parlent de l'amour, des discours sur l'amour, des discours en général… Où l'on songe qu'il est heureux que Platon ait daigné écrire pour nous laisser de tels textes, tout orphelins qu'ils soient ! (À noter que vous trouverez en bonus dans cette édition *La Pharmacie de Platon* de Jacques Derrida, qui passe en France pour un classique sur ce « procès de l'écriture » chez Platon.)

Platon, *Lettres*, traduit du grec ancien par Luc Brisson, Paris, Flammarion, « GF », 1993.

Ces treize lettres ont un statut particulier dans la mesure où ce sont les seuls textes où Platon s'exprimerait en son nom propre. Toutefois, leur authenticité est très discutée. La plus importante, et celle dont l'authenticité est la moins douteuse, est la lettre VII où Platon fait le rapport détaillé de son action auprès du tyran Denys de Syracuse, dont il aurait aimé faire un *roi philosophe*. Et il n'est pas anodin que cette lettre présente un long passage sur la valeur et la dangerosité de l'écriture qui va dans le même sens que le *Phèdre* et semble mettre en question le statut de tous ses écrits. Platon y affirme notamment : « […] sur ce qui fait l'objet de mes préoccupations […], de moi du moins, il n'y a aucun ouvrage écrit, et il n'y en aura jamais » (p. 193).

ARISTOTE

Dirty Biology

« En tous les êtres naturels, il y a des merveilles »

Aristote ne passe pas pour un ami des sciences. Il n'est pas rare aujourd'hui qu'on s'en moque franchement, et plus encore depuis que Bruce Benamran, créateur de l'une des plus populaires chaînes de vulgarisation scientifique francophones (*e-penser*, comptant plus d'un million d'abonnés), auteur de livres de vulgarisation non moins populaires, en a fait un gag récurrent : « Aristote… », soupire-t-il d'un air navré devant chaque bourde du philosophe. Car, sur quelque sujet d'étude que ce soit, il semble que tout puisse commencer par : « Voici ce qu'Aristote en pensait, et c'était évidemment une erreur. » Aristote aurait parlé de tout, et se serait trompé sur tout, véritable boussole du faux pointant avec une constance admirable dans la mauvaise direction ; Aristote serait celui qui a toujours eu tort en sciences, sur les grands principes aussi bien que sur les détails. – N'a-t-il pas écrit que les femmes ont moins de dents que les hommes[1] ? Cet exemple est célèbre pour

1. Si c'est surprenant, ne le croyez pas sans source. Une bonne part de ce qu'on attribue à Aristote est simplement erroné ou excessivement déformé. En l'occurrence, cette affirmation est authentique, et il n'est pas difficile d'en trouver la source si l'on s'en donne la peine :

avoir été pointé par le philosophe anglais Bertrand Russell qui ironisait sur ceci qu'Aristote, marié deux fois, ne s'était visiblement avisé de compter les dents d'aucune de ses femmes[1]. Il faut croire que Russell, marié quatre fois, avait eu le bon sens de compter dans la bouche des siennes pour s'assurer de la bêtise de son prédécesseur. Ou peut-être pas. Peut-être a-t-il simplement admis ce que les traités d'anatomie de son temps lui permettaient de savoir sans se lever de son fauteuil. Russell, au début du XXe siècle, pouvait se contenter d'ouvrir un livre plutôt que la bouche de ses contemporains pour savoir qu'Aristote avait tort. C'est pratique.

Aristote n'avait pas cet avantage : il vivait en un temps que les moins de 2 400 ans ne peuvent pas connaître, au IVe siècle avant J.-C., un temps où aucune discipline scientifique ne se souciait de déterminer le nombre de dents des animaux, humains ou non. Cela fait une grosse différence. Et si Aristote s'est trompé sur ce point de denture, je lui reconnais le mérite d'avoir pris le risque d'écrire et donc de se tromper à ce sujet, et d'écrire et de se tromper sur bien d'autres sujets encore. La connaissance ne peut progresser qu'en prenant de tels risques.

On pourrait objecter que, tout de même, pour se tromper sur cette affaire de dents, il faut vraiment n'avoir observé la bouche de personne, et qu'Aristote en cela est bien une

---

« Les mâles ont plus de dents que les femelles, aussi bien chez l'homme que dans les moutons, les chèvres et les porcs » (*Histoire des animaux*, 502a, traduit du grec ancien par Jules Barthélemy-Saint-Hilaire). Cette traduction (et beaucoup d'autres passages que je citerai) provient du site remacle.org où sont disponibles un grand nombre de traductions d'œuvres de l'Antiquité et du Moyen Âge (et notamment la quasi-intégralité des œuvres d'Aristote).

1. Bertrand Russell, *The Impact of Science on Society*, New York, Simon & Schuster, Inc., 1968, p. 7.

caricature de philosophe : dédaigneux de l'observation, enfermé dans sa bulle de spéculation, de pure logique, établissant *a priori* et par voie de syllogisme que les femmes sont inférieures aux hommes parce qu'elles ont moins de dents[1], et que les corps plus lourds tombent plus vite que les légers. Car c'est une autre de ses erreurs, la plus fameuse de toutes et celle qui semble illustrer définitivement le dédain d'Aristote pour l'observation : comment a-t-on pu croire pendant deux millénaires que les objets les plus lourds tombent plus vite ? Enfin Galilée vint, qui observa qu'une boule de plomb (lourde) et une boule de liège (légère), lâchées du haut d'une tour, touchent le sol en même temps : tous les objets tombent bien à la même vitesse, comme chacun sait depuis la révolution scientifique. Par une simple expérience de Galilée, voilà Aristote réfuté et la science moderne créée par la même occasion. Il suffisait d'ouvrir les yeux pour regarder le monde plutôt que de répéter les erreurs de ce vieux Grec. Que n'y a-t-on pensé durant deux millénaires ?

Sauf que non, pas du tout. Opposer l'observation terre à terre du scientifique Galilée à la spéculation hors sol du philosophe Aristote, cela n'a aucun sens. Ce lâcher de boule du haut de la tour de Pise n'a d'ailleurs jamais eu lieu[2] : c'est

1. Cela fait partie des points régulièrement allégués par les contempteurs d'Aristote, qui seraient bien incapables de présenter une source pour le justifier : le passage cité dans la première note de ce chapitre ne contient aucune trace d'un tel raisonnement, et cette affaire de dents n'est évoquée nulle part ailleurs. Certes, Aristote est tout sauf un penseur de l'égalité des sexes, mais l'idée qu'il ait *justifié* l'infériorité des femmes par cette infériorité dentaire est saugrenue et ne s'appuie sur rien.
2. Voir l'article d'Alexandre Koyré, « Galilée et l'expérience de Pise : à propos d'une légende », dans ses *Études d'histoire de la pensée scientifique*, Paris, Gallimard, 1973.

un mythe qui n'est entretenu que par ceux qui, précisément, n'ont jamais rien lâché du haut de la tour de Pise, ou même d'un troisième étage. Faites l'expérience : si le temps de chute dure plusieurs secondes, la boule de plomb sera bien la première à toucher le sol, observation qui confirme Aristote, non Galilée. Eh quoi ! Aristote aurait raison ?

À vrai dire, selon le physicien contemporain Carlo Rovelli, la physique d'Aristote est bien une approximation correcte de la physique de Newton, dans un domaine de validité plus restreint mais qui correspondait précisément aux observations naturelles qu'Aristote cherchait à décrire : des objets immergés dans un fluide (eau ou air) à la surface de la Terre[1]. En somme, Aristote avait raison, oui, jusqu'à un certain point.

Si Galilée a bien raison, lui aussi, sur la chute des corps, c'est qu'il n'étudie pas tout à fait la même chose qu'Aristote : il s'intéresse à la chute des corps (et plus particulièrement à l'accélération de cette chute) en faisant abstraction de l'effet du milieu, autrement dit une chute *dans le vide*. Aristote ne le concevait pas : il n'y a pas d'objet chutant dans le vide autour de nous, seulement des objets immergés dans des fluides d'eau ou d'air, et c'est le mouvement de ces objets que sa théorie visait à décrire. Pour voir une plume et un marteau tomber *réellement* à la même vitesse, comme prévu

1. Voir Carlo Rovelli, « Aristotle's Physics : A Physicist's Look », *Journal of the American Philosophical Association*, 1 (1), 2015, p. 23-40 : « Je montre que la physique aristotélicienne est une approximation correcte et non intuitive de la physique newtonienne dans son domaine approprié (le mouvement dans des fluides), au même sens technique selon lequel la théorie de Newton est une approximation de la théorie d'Einstein. La physique aristotélicienne s'est longtemps imposée non pas parce qu'elle était un dogme mais parce que c'est une très bonne théorie fondée empiriquement. »

par Galilée, il aura fallu attendre de réaliser l'expérience sous des cloches à vide. Ou tout bonnement sur la Lune ! (Ce que fit l'équipage de la mission Apollo 15 : tant qu'à aller sur la Lune, autant en profiter.)

Ainsi, l'observation directe ne pouvait pas justifier Galilée. Pour étudier la chute des corps *abstraction faite de l'effet du milieu*, il lui fallut procéder, de façon très ingénieuse, à des expérimentations sur des plans inclinés qui permettaient de réduire la vitesse de chute, en supposant que les résultats observés dans ces conditions particulières permettraient bien de spéculer sur ce qui se produirait pour le cas abstrait d'une *chute dans le vide*.

En somme, présenter Aristote en pur spéculateur et Galilée en simple observateur, c'est non seulement une caricature grossière, mais c'est surtout une caricature *en contresens*. Galilée était bien plus qu'un simple observateur ; et, de tous les reproches que l'on peut faire à Aristote, celui selon lequel il refuserait de se fier aux observations est peut-être le plus infondé. Aristote est justement *le* philosophe de l'empirisme : pour lui, la connaissance se base toujours et avant tout sur l'observation, sur l'expérience sensible.

Comment diable expliquer cette affaire de dents mal comptées ? Pour un empiriste, n'est-ce pas le signe d'un sérieux manque d'observation ?

Eh bien, il faut l'admettre : c'est une erreur. L'observation, après tout, est faillible, et ces erreurs ne représentent jamais qu'une poignée de phrases tirées des traités biologiques d'Aristote qui recensent littéralement des milliers d'observations. Il faut prendre la mesure de l'énormité de son œuvre sur le sujet : c'est en quelque sorte la première encyclopédie du monde vivant jamais écrite ! Cette erreur fait partie des plus grossières qu'on y ait relevées, et elle semble surprenante quand on la considère en elle-même, mais il n'y a en fait rien de surprenant à ce qu'un certain nombre de bourdes se glissent dans une œuvre d'une telle envergure écrite à une telle époque[1]. Il eût fallu ne rien écrire ou écrire bien peu pour ne jamais se tromper.

Somme toute, nous sommes bien mal placés pour reprocher quelques inexactitudes au premier qui tâcha de mettre de l'ordre dans ce vaste foutoir qu'est la biologie. Car Aristote ne se contente pas de collectionner des observations ; ses ouvrages sont animés par un remarquable souci de logique et de classification. Dans *Les Parties des animaux*, par exemple, il entreprend de comparer les organes de différents animaux en les identifiant à partir de leur fonction dans l'organisme, faisant ainsi de la biologie comparée avant l'heure. Écrire une description complète, détaillée et ordonnée du monde vivant, c'est ambitieux à quelque époque que ce soit. Le faire au IVe siècle avant J.-C. sans se référer à des travaux antérieurs, c'est héroïque.

Aristote tenait à se fonder avant tout sur l'observation mais il ne pouvait évidemment pas se fonder uniquement sur des observations directes. Il travaillait avec des sources à la fiabilité plus aléatoire : témoignages de pêcheurs, d'éleveurs,

1. En outre, plutôt que de s'en servir pour ridiculiser le philosophe, il est intéressant de réfléchir à ce qui pourrait l'avoir causée. La dentition est-elle un phénomène si simple à étudier chez les êtres humains ? Les dernières dents de sagesse (qui sont d'ailleurs décrites dans le paragraphe suivant du texte d'Aristote que je citais en note) apparaissent tardivement dans la vie de l'individu, et à un âge variable. Les grossesses peuvent causer des pertes de dents, qui seraient pour cette raison plus fréquentes chez les femmes que chez les hommes (cet effet s'observe encore aujourd'hui). Rassembler un échantillon d'êtres humains à la denture complète et bien formée pour établir en toute rigueur le nombre de dents des deux sexes n'est peut-être pas une tâche si aisée.

récits, croyances populaires dont certaines paraissent fantaisistes aujourd'hui. Mais les œuvres d'Aristote regorgent aussi de descriptions biologiques reposant sur des observations de première main, qu'il n'a pu obtenir qu'en réalisant des dissections, et dont on salue encore aujourd'hui l'étonnante précision.

Une de ses prouesses les plus intéressantes est sa description du développement de l'embryon de poule (ce qui fait d'Aristote le père de l'embryologie). Comment passe-t-on d'un tas de matière indifférenciée à un poussin vivant ? C'est un phénomène dont on oublie à quel point il devait (et peut encore) sembler extraordinaire et mystérieux. Et Aristote était prêt à se salir les mains pour percer ce mystère : il aura cassé et disséqué bien des œufs afin d'offrir à la postérité la première description précise et informée de la genèse d'un être vivant[1].

1. « Dans le blanc, il y a une espèce de point sanguinolent, qui est le cœur. Ce point bat et s'agite, parce qu'il est animé. Il en part deux vaisseaux, dans le genre des veines, pleins de sang, contournés en spirale, et qui, à mesure que l'animal se développe, s'étendent à chacune des deux tuniques environnantes. Déjà une membrane à fibres sanguines entoure le blanc vers la même époque, et l'isole des vaisseaux veineux. Peu de temps après, le corps commence à se distinguer, d'abord extrêmement petit et tout blanc. On y reconnaît la tête, qui se montre ; et les yeux y sont très saillants et gonflés. Cet état subsiste longtemps ; car les yeux se rapetissent un peu plus tard, et ils s'affaissent. La partie inférieure du corps se distingue à peine, comparée à la partie supérieure. Des deux vaisseaux qui partent du cœur, l'un se dirige vers l'enveloppe circulaire ; l'autre se dirige vers le jaune, où il sert comme d'ombilic. Le poussin sort donc du blanc ; et sa nourriture vient du jaune, à travers l'ombilic » (*Histoire des animaux*, 561b, traduit du grec ancien par Jules Barthélemy-Saint-Hilaire, en ligne : remacle.org). Cette description détaillée se poursuit sur plusieurs pages.

Certes, la théorie des éléments ou des quatre causes d'Aristote semble aujourd'hui si dépassée qu'il est facile d'y opposer celle des atomistes de l'Antiquité dont les intuitions semblent s'être révélées plus justes. La vision mécaniste et matérialiste d'un Démocrite, par exemple, le monde comme un vaste chaos d'atomes, voilà qui prend une résonance familière à nos oreilles ; nous savons aujourd'hui qu'il n'y a pas de cause finale derrière l'organisation des êtres vivants, rien que des mécanismes chimiques complexes, nés du hasard et de la sélection naturelle, et en cela la science semble avoir *donné raison* à Démocrite contre Aristote, défenseur des causes finales. Mais ni Aristote ni Démocrite n'avaient la moindre idée des mécanismes au cœur du vivant que nous comprenons aujourd'hui.

Quand Aristote étudie l'embryogenèse, quand il observe méthodiquement comment une substance indifférenciée se transforme en un poussin vivant, n'a-t-il pas de bonnes raisons de croire qu'il ne s'agit pas d'un processus aveugle et mécanique, mais de l'effet d'une cause finale donnant progressivement forme à cette matière ? Comment expliquer sinon que l'ordre naisse du chaos, et que d'un œuf de poule sorte toujours une poule ? (Nous avons la réponse, ou tout au moins une partie de la réponse, maintenant que nous comprenons les mécanismes chimiques sous-jacents, mais elle était absolument hors de portée de tous les philosophes de l'Antiquité, et nous oublions parfois à quel point cette réponse est étonnante : une explication non finaliste du vivant a quelque chose de presque inconcevable !)

Ainsi, l'intuition de Démocrite rejetant les causes finales tient peut-être aussi, en partie, à une certaine superficialité de ses connaissances : lui, au contraire d'Aristote, n'a jamais disséqué d'œuf de poule. Et Aristote est certainement le plus rigoureux et le mieux informé des deux, sur ce point en tout cas.

En somme, lorsque nous nous penchons sur l'histoire des sciences, il importe de comprendre les raisons que les uns et les autres avaient au moment de formuler leur pensée ; se contenter de distribuer de bons et de mauvais points en fonction de la correspondance plus ou moins grande de ces pensées à ce que la science nous permet de tenir pour vrai aujourd'hui, c'est avoir une vision très étroite, non seulement du passé des sciences, mais probablement aussi de leur avenir, puisque cela revient, en somme, à les réduire à leur état présent.

S'il m'attriste à ce point de voir Aristote caricaturé en *nemesis* du progrès scientifique, en roi des ânes[1], c'est qu'il

1. Dans son livre *Prenez le temps d'e-penser* (tome 1, Paris, Marabout, 2015, début du chapitre sur la matière), Bruce Benamran n'hésite pas à écrire : « Aristote fut un très mauvais scientifique. Au regard de sa notoriété, sans doute le pire. » Et pour justifier ce jugement radical, il présente une liste d'« âneries » attribuées à Aristote sans la moindre source, par exemple : « Les mouches ont quatre pattes. » Une telle bourde ne serait-elle pas surprenante ? Mais rien ne l'atteste sinon quelques mentions douteuses, et une recherche rapide vous apprendra que le seul passage où le Stagirite évoque un insecte « quadrupède » (ce qui aurait pu donner naissance à cette rumeur en raison d'une mauvaise traduction) est le suivant : « L'animal qu'on nomme l'éphémère […] a tout ensemble quatre pieds et quatre ailes ; car cette bête a non seulement cette particularité d'existence qui lui a valu le nom qu'elle porte ; mais de plus, elle a cette autre particularité d'être un volatile avec quatre pieds » (*Histoire des animaux*, 490b, traduit du grec ancien par Jules Barthélemy-Saint-Hilaire). Aristote n'écrit donc pas au sujet de mouches (qui ont deux ailes) mais d'éphémères (qui en ont bien quatre) qui ont la particularité d'avoir une vie très courte à l'âge adulte. Or, certaines espèces d'éphémères utilisent bien quatre pattes pour se mouvoir, les deux autres servant uniquement à la préhension ; ce passage étant tiré d'un chapitre où Aristote étudie et compare les différents

me semble justement qu'aucun philosophe de l'Antiquité n'a eu pour la connaissance et l'enquête empirique une passion comparable à la sienne. Aucun n'a témoigné autant que lui dans ses écrits des qualités scientifiques par excellence que sont la curiosité et la jubilation d'apprendre et de comprendre. Aristote insiste d'ailleurs à de multiples reprises sur le caractère naturel de notre désir de connaissance et sur l'importance du plaisir que nous en tirons[1].

Venons-en enfin au texte d'Aristote que je tenais à présenter dans ce chapitre. Il s'agit d'un passage des *Parties des animaux* qui évoque justement ce plaisir de connaître, et qui offre ceci d'intéressant et de presque touchant qu'il évoque plus spécifiquement le plaisir de connaître les choses les plus « répugnantes » et réputées « ignobles ». Ce texte me donne l'impression qu'Aristote tâche d'expliquer et presque de s'excuser d'avoir passé tant d'années à examiner, non pas seulement les cieux et les mathématiques (comme tous les Grecs savants de son temps), mais aussi des embryons de poules, des viscères d'animaux, toutes sortes de poissons, oiseaux, crustacés, insectes, autant de choses qui semblaient sans doute nettement plus sales et dérisoires aux yeux de beaucoup de ses contemporains (il m'est difficile d'imaginer son maître Platon

---

modes de locomotion des animaux, il est d'autant moins surprenant qu'il présente les choses sous cet angle. Il ne s'agit pas de dire qu'Aristote a toujours raison (c'est loin d'être le cas, même s'il a souvent moins tort qu'on ne le croit), mais de souligner ceci : si une citation ou une anecdote paraît douteuse, que ce soit d'Aristote ou de n'importe quel autre auteur, ne l'acceptez pas sans la source primaire.

1. En témoignent, par exemple, les premiers mots de la *Métaphysique* : « Tous les humains ont par nature le désir de savoir », suivis d'un développement sur le plaisir pris aux sensations pour ce qu'elles nous font connaître.

disséquant minutieusement une seiche pour noter les spécificités de son système digestif), mais qui devraient sembler tout aussi belles et passionnantes aux véritables amoureux des sciences :

> « Parmi les substances constituées par nature, les unes, inengendrées et incorruptibles, existent pour absolument toute l'éternité, tandis que les autres ont part à la génération et à la corruption. Or il se trouve qu'à propos des premières, toutes dignes et divines qu'elles soient, notre étude est moins avancée (car en ce qui concerne aussi bien ce à partir de quoi on peut les examiner, que ce que nous désirons savoir à leur propos, les évidences sensibles sont extrêmement réduites) ; en revanche, à propos des plantes et des animaux mortels, nous avançons plus facilement dans leur connaissance, du fait que nous vivons avec eux [...]. Chacune des deux études a son charme. Même si, en effet, nous les atteignons fort peu, la connaissance des êtres éternels, du fait de sa valeur, donne plus de plaisir que celle d'absolument tous les êtres qui sont près de nous, comme aussi le fait d'apercevoir n'importe quelle petite partie des êtres aimés est plus agréable que de voir avec précision beaucoup d'autres grandes choses. Mais les choses périssables, parce que nous avons sur elles une connaissance meilleure et plus importante, nous fournissent plus de science[1]. »

Une remarque avant d'aller plus loin : ces substances « inengendrées et incorruptibles », ces « êtres éternels » dont la connaissance est présentée comme si difficile, ce

1. Aristote, *Les Parties des animaux*, traduit du grec ancien par Pierre Pellegrin, Paris, Flammarion, « GF », 2014, 644b-645a.

sont les astres. Ainsi, dans ce passage, Aristote assimile le plaisir que l'on tire de la connaissance du ciel, si maigre soit-elle, au plaisir intense que procure la vision fugitive d'un être aimé… N'est-ce pas joli ? Mais lisons la suite de ce passage, qui se penche sur la biologie et devient nettement plus *dirty* :

« [I]l reste à traiter de la nature animale, en ne négligeant rien autant que possible, que la chose soit plus ou moins noble ou ignoble. Car même quand il s'agit d'animaux qui ne sont pas agréables à percevoir, en ce qui concerne la connaissance théorique, la nature artiste procure d'extraordinaires plaisirs à ceux qui sont capables d'en connaître les causes, c'est-à-dire qui sont philosophes par nature. […] C'est pourquoi il faut éviter un dégoût puéril en considérant les animaux les plus ignobles. Car dans tous les êtres naturels il y a quelque chose de merveilleux, et, comme on rapporte qu'Héraclite l'a dit à des étrangers qui voulaient le rencontrer, mais qui s'arrêtèrent en entrant, le voyant se chauffer près de son four (il les invita, en effet, à entrer hardiment, car "là aussi il y a des dieux"), de la même manière aussi il faut aborder la recherche sur chacun des animaux sans répugnance, parce que chez absolument tous il y a quelque chose de naturel, c'est-à-dire de beau[1]. »

La note du traducteur concernant l'anecdote sur Héraclite se chauffant près de son four indique : « Il s'agit peut-être d'un euphémisme pour dire qu'il faisait ses besoins. » Voilà qui aurait le mérite d'expliquer pourquoi les visiteurs se montrent un peu hésitants à l'idée d'approcher du four

1. *Ibid.*, 645a.

d'Héraclite… Cette suggestion est peut-être un peu trop belle (et sale) pour être vraie, mais ne rend-elle pas ce passage plus savoureux et frappant ? Il faut sans répugnance examiner toute chose dans la nature, car « dans tous les êtres naturels il y a quelque chose de merveilleux ». Dans tous, en effet…

Un dernier mot : la tradition de faire d'Aristote (et surtout des aristotéliciens) un ennemi des sciences remonte au moins à Galilée et à Descartes, et c'est sans doute l'une des raisons pour lesquelles il est tentant de lui lancer sa pierre : on se sent en bonne compagnie. Selon une lecture de l'histoire des sciences qui commence à s'imposer au XVIIe siècle, l'aristotélisme aurait fait peser une chape de plomb intellectuelle sur le Moyen Âge, freinant tout progrès, jusqu'à ce que les héros de la révolution scientifique réussissent à nous en libérer. Mais cette narration est largement faussée : la réception d'Aristote au cours des deux millénaires qui le séparent de Galilée a été bien plus riche, complexe et féconde que cette caricature ne le laisse penser.

L'idée d'un dogmatisme aristotélicien semble en fait profondément contraire à l'esprit même de ses œuvres qui n'invitaient aucunement à être prises comme source incontestable de connaissances pour les siècles à venir. Tout au contraire, Aristote à travers ses écrits donne l'impression d'avoir été l'un des esprits les plus ouverts et investigateurs que le monde grec ait connus, prêt à disséquer minutieusement des poulpes aussi bien qu'à observer longuement les cieux ! Plutôt que l'ennemi des sciences, il serait infiniment plus juste de voir en lui la curiosité scientifique incarnée.

Pour aller plus loin :

Armand Marie Leroi, ***La Lagune. Et Aristote inventa la science…***, traduit de l'anglais par Catherine Dalimier, Paris, Flammarion, « GF », 2017.

Ni biographie ni étude, c'est une sorte de récit d'aventures intellectuelles : Aristote, évincé de la succession de l'Académie après la mort de Platon, s'installe dans la lagune de Pyrrha à Lesbos avec son ami Théophraste. Le premier y étudiera la faune, l'autre la flore, et nous assisterons à la naissance de la biologie comme discipline scientifique. Et c'est justement un professeur de biologie, Armand Marie Leroi, qui nous guide dans ce récit passionnant qui permet de découvrir et d'apprécier un Aristote fait de chair et de sang plutôt que de papier.

Aristote, ***Les Parties des animaux***, traduit du grec ancien par Pierre Pellegrin, Paris, Flammarion, « GF », 2014.

Disons les choses clairement : aucun ouvrage d'Aristote n'est à conseiller à un néophyte. C'est souvent difficile à lire, notamment parce que ce ne sont pas des œuvres littéraires comme les dialogues de Platon mais des sortes de notes de cours rassemblées de façon posthume. Toutefois, les ouvrages biologiques comme celui-ci ne manquent pas de charme et gagnent à être feuilletés : au hasard des pages, vous trouverez Aristote discutant des oreilles des mammifères ou de la taille de la rate corrélée à la forme des pieds… Vous dénicherez aussi quelques beaux passages, comme celui présenté dans ce chapitre ou un autre fameux sur la main humaine. Cerise sur le gâteau aristotélicien : cette édition est bilingue. Même sans lire le grec, il y a un plaisir à songer que ce sont bien les mots mêmes d'Aristote que nous regardons, 2 400 ans plus tard.

Donald J. Allan, ***Aristote le Philosophe***, traduit de l'anglais par Charles Lefèvre, Paris, Le Livre de Poche, 2002.

Une introduction classique à toute l'œuvre d'Aristote, qui a le mérite d'être courte et digeste.

ÉPICURE

La mort n'est rien pour nous

« Le sage ne pense ni que vivre est ennuyeux, ni que ne pas vivre est un mal »

Un restaurant vient d'ouvrir à côté de chez moi, dont le nom n'engage à rien de très appétissant : *Le Jardin d'Épicure*. Par pur corporatisme philosophique je m'y suis risqué et, contre toute attente, j'y ai fort bien mangé : le repas fut riche, raffiné, arrosé d'un excellent vin... Pourtant, si l'établissement avait suivi de près les recommandations culinaires du philosophe éponyme, j'aurais dû me contenter de pain d'orge et d'eau. Car, pour les épicuriens, il ne s'agit pas de faire bonne chère, seulement de répondre au cri de la chair : « Ne pas avoir faim, ne pas avoir soif. » Soyez-en satisfait et vous serez heureux comme un dieu[1].

1. « Le cri de la chair c'est : ne pas avoir faim, ne pas avoir soif, ne pas avoir froid. Car celui qui est dans ces états et qui s'attend à y demeurer pourrait rivaliser en bonheur même avec <Zeus> » (Épicure, *Sentences vaticanes*, *in* Anthony A. Long et David N. Sedley, *Les Philosophes hellénistiques*, traduit de l'anglais par Jacques Brunschwig et Pierre Pellegrin, Paris, Flammarion, « GF », 2001, p. 236). Quant à mes remarques sur la cuisine épicurienne, je les tire de ce passage : « Des saveurs simples procurent un plaisir égal à celui d'un régime coûteux, une fois qu'a été supprimée la douleur venant du besoin ; et le pain

Le véritable jardin d'Athènes, où le véritable Épicure fonda son école en – 306, n'avait certainement rien du lieu de débauche, de beuverie et d'orgie que certains de ses détracteurs ont dépeint[1]. La caricature s'est pourtant perpétuée, sous une forme adoucie, jusque dans notre langage ordinaire où l'adjectif « épicurien » en est venu à signifier quelque chose comme « enclin à goûter à tous les plaisirs », en particulier ceux de la table, si bien qu'Épicure a le grand honneur d'être le philosophe le plus cité par les enseignes de restaurateurs. (S'ils tiennent absolument au patronage d'un philosophe, je leur suggérerais plutôt de se placer sous l'égide de Platon au *Banquet* duquel le vin et l'esprit coulent à flots.) L'épicurien jouisseur, ivrogne, débauché, ou seulement gourmet, c'est en vérité un profond contresens : la doctrine d'Épicure prônait l'habituation à une vie d'une grande sobriété. Il n'eût peut-être pas dédaigné une bonne table si l'occasion s'était présentée par hasard, mais seulement à titre exceptionnel : il ne faudrait surtout pas, en goûtant au luxe, perdre la saine habitude d'un régime frugal.

Le bonheur que l'épicurisme propose d'atteindre réside dans une tranquillité de l'âme, un repos intérieur, une absence

---

d'orge et l'eau procurent les plus grands des plaisirs quand ceux qui y goûtent en ont besoin » (Épicure, *Lettre à Ménécée*, *in ibid.*, p. 233).

1. Diogène Laërce rapporte quelques-unes de ces calomnies : « Timocrate, frère de Métrodore et déserteur de l'école d'Épicure, dit, dans l'ouvrage intitulé *Les Joyeux Convives*, qu'il vomissait deux fois le jour par suite de ses excès de table [...] : "Épicure était tellement épuisé par la débauche, que pendant nombre d'années il n'avait pu sortir de sa litière [...]. Il vivait, avec Métrodore, dans la compagnie d'une foule de prostituées [...]" » (Diogène Laërce, *Vies et doctrines des philosophes illustres*, X, 251-252, traduit du grec ancien par Charles Zévort, en ligne : remacle.org).

de trouble, que les Grecs appelaient ataraxie[1]. Ces troubles qui empêchent d'y accéder nous viennent de désirs de diverses sortes, qu'il convient donc de maîtriser pour tâcher de vivre heureux. En tout cela, les épicuriens n'expriment rien de bien original : d'autres grandes écoles de l'Antiquité, le stoïcisme et le scepticisme en particulier, établiront un lien entre bonheur et ataraxie, et presque toutes les sagesses grecques s'accordent sur ceci que la maîtrise et la tempérance vis-à-vis de nos désirs sont indispensables pour mener une vie bonne. En quoi l'épicurisme paraissait-il donc si scandaleux qu'il en vint à être si souvent calomnié, et ses adeptes considérés comme des ivrognes et des débauchés ?

Il y a deux points sur lesquels l'épicurisme se démarque de la plupart des pensées de l'Antiquité. Premièrement, c'est un matérialisme, et plus spécifiquement un atomisme, hérité de celui de Démocrite. Notre monde, aux yeux d'Épicure, n'est qu'un amas d'atomes tombant dans le vide, et rien d'autre. D'autres mondes similaires existent, qui se font et se défont, au gré des déviations et des rencontres de ces petits grains insécables de matières que sont les atomes. L'ordre apparent n'est que le résultat du hasard. Cette vision avait de quoi choquer profondément la plupart des Grecs, attachés à une vision ordonnée du monde, où chaque être a sa place et où le pire des crimes, l'*hubris*, consiste à vouloir en sortir. (Le mot grec *kósmos* exprime d'ailleurs à la fois l'idée d'ordre et de monde.)

Deuxièmement, Épicure est « « hédoniste » », avec deux paires de guillemets au moins, qu'il faut prendre soin

1. *Ataraxia* (ἀταραξία) en grec : *a-* (privatif) + *tarax* (« trouble »), c'est-à-dire littéralement *absence de trouble*. Ce mot a donné le nom d'un anxiolytique : l'Atarax. Merveilleuse idée de marketing.

d'expliciter. Le mot hédoniste au sens non philosophique a fini par devenir une sorte de synonyme d'épicurien, là encore au sens non philosophique. Or, s'il est vrai que les épicuriens sont hédonistes, c'est en un tout autre sens, et du terme épicurien, et du terme hédoniste.

L'hédonisme en philosophie est la thèse selon laquelle le bonheur réside dans le plaisir (ou lui est immédiatement lié). Peut-on dire qu'Épicure est hédoniste en ce sens ? Oui. Il affirme bien sans détour que « le plaisir est le principe et la fin de la vie bienheureuse[1] ». Voilà qui paraît tout à fait hédoniste, en effet. Mais s'il faut une seconde paire de guillemets à l'hédonisme d'Épicure, c'est que sa conception du plaisir est particulièrement négative et restreinte : à ses yeux, le plaisir n'est que la cessation ou l'absence de douleur[2]. On ne jouit jamais que lorsqu'on cesse d'avoir mal. Ainsi, puisque avoir faim ou soif cause une douleur qu'il faut supprimer pour être heureux, contentez-vous de le faire de la façon la plus simple qui soit. (Chercher, en mangeant, à prendre un autre plaisir que celui de faire cesser la douleur de la faim, c'est une erreur : c'est se créer un désir, donc une douleur, parfaitement inutile à la vie du corps.) Selon Épicure, quand le *cri de la chair* se tait et que votre âme n'est agitée par aucun autre trouble, il n'y a rien qui vous sépare du bonheur même des dieux. Vivre sans souffrir, voilà tout ce qui importe.

---

1. Épicure, *Lettre à Ménécée*, *in* Anthony A. Long et David N. Sedley, *Les Philosophes hellénistiques*, *op. cit.*, p. 232.
2. « L'élimination de toute douleur est la limite de la grandeur des plaisirs », « Le plaisir dans le chair ne s'accroît pas une fois qu'a été supprimée la douleur du besoin » (Épicure, *Doctrines capitales*, 3, 18, *in ibid.*, p. 234-235).

Cette vie de plaisir minimal serait la vie digne d'être vécue, la *vie bonne*, et c'est en cela surtout que la position d'Épicure a pu sembler choquante : les philosophies de l'Antiquité (à l'exception du scepticisme, peut-être) considéraient la *vertu morale* comme une part essentielle de cette vie digne d'être vécue. Or, Épicure ne donne pas tant d'importance à la vertu. Certes, la vie épicurienne semble devoir coïncider globalement avec l'idée que les Grecs se faisaient de la vie vertueuse, au sens où elle n'invite pas au crime ni aux excès, mais c'est plutôt par accident, ou par convenance : les lois ne sont en soi ni justes ni injustes, mais les enfreindre constitue une source de tracas, de troubles qu'il est préférable d'éviter[1].

C'est sans surprise qu'Épicure et les épicuriens se sont attiré les foudres de toutes les traditions, notamment religieuses, farouchement opposées aussi bien à leur matérialisme qu'à leur façon de considérer que la vie bonne est affaire de plaisir avant tout, et non de vertu. Autant les traiter de « pourceaux d'Épicure » se vautrant dans les plaisirs les plus vils : les cochons, assurément, ont bien l'air aussi hédonistes qu'eux. Et cela dispense d'avoir à leur répondre trop précisément.

Revenons à Épicure. Suffit-il de répondre au cri de la chair pour atteindre l'ataraxie ? Nous pouvons être agités d'une autre forme de trouble que la douleur physique. Ainsi, ayant terminé notre repas au *Jardin d'Épicure*, alors qu'un certain engourdissement, comme un semblant de paix intérieure,

1. « L'injustice est mauvaise, non pas en soi, mais par la crainte venant du fait que l'on soupçonne que l'on n'échappera pas à l'attention de ceux qui ont la charge de punir de telles actions » (*ibid.*, p. 253-254). En somme, Épicure recommande de respecter les lois pour ne pas avoir à craindre de se faire prendre.

tombait doucement sur la tablée, j'ai rappelé à mes convives que nous finirions tous par mourir. On m'a reproché de plomber l'ambiance. Même avec l'estomac bien rempli, nous ne sommes pas sereins face à la mort. C'est une de nos grandes peurs, et trouver un remède à ces grandes peurs qui menacent la tranquillité de l'âme est une part importante de l'enseignement d'Épicure. Ainsi, si mes convives avaient été de bons épicuriens, attirer leur attention sur la perspective de mourir ne les aurait en rien troublés car ils se seraient souvenus du raisonnement d'Épicure démontrant en quoi craindre la mort n'a pas de sens. C'est ce passage fameux de sa *Lettre à Ménécée* que nous allons lire.

Avant cela, un dernier mot : pour comprendre ce qu'est la mort pour Épicure, il faut comprendre comment il conçoit le phénomène de la vie. En bon matérialiste et atomiste, un corps vivant n'est à ses yeux qu'un agrégat d'atomes voué à se désagréger tôt ou tard. Aussi n'est-il pas question d'âme immortelle survivant à la mort du corps ; l'âme, au sens de ce qui anime les corps vivants, ce qui les rend capables de sensations et de mouvements, c'est pour Épicure une chose matérielle et sujette à la désagrégation comme tout le reste. La mort, ce n'est que cette désagrégation. Et faut-il en avoir peur ?

> « Accoutume-toi à penser que la mort n'est rien pour nous. En effet, tout bien et tout mal résident dans la sensation, alors que la mort est absence de sensation. En conséquence, la connaissance correcte que la mort n'est rien pour nous rend la condition mortelle de notre vie joyeuse, non en ajoutant un temps infini mais en nous débarrassant du désir d'immortalité. Car il n'y a rien d'effrayant à vivre pour celui qui a correctement compris qu'il n'y a rien d'effrayant dans le fait de ne pas vivre.

> « Il parle donc vainement, celui qui dit qu'il craint la mort, non parce qu'il souffrira quand elle sera là, mais parce qu'il souffre qu'elle doive venir. Car si une chose ne cause aucune perturbation quand elle est présente, il est vain de souffrir parce qu'on l'attend.
>
> « Donc le plus terrifiant des maux, la mort, n'est rien pour nous, puisque, tant que nous existons, la mort n'est pas présente, et que lorsque la mort est présente, nous n'existons plus. Ainsi n'est-elle rien ni pour les vivants ni pour les disparus, puisque pour les premiers elle n'est pas, et que les seconds ne sont plus.
>
> « Mais la plupart des gens fuient parfois la mort comme le plus grand des maux, alors que parfois <ils la choisissent> comme libération des <maux> de la vie. <Mais le sage ni ne repousse la vie> ni ne craint de ne pas vivre. Car il ne pense ni que vivre est ennuyeux, ni que ne pas vivre est un mal[1]. »

L'argument du premier paragraphe, dont tout le reste découle, est d'une simplicité déconcertante. Pour Épicure, le seul véritable mal, et donc la seule chose qu'il soit légitime de craindre, c'est la douleur, c'est le fait de souffrir. Or, pour souffrir, il faut être vivant : la mort n'est pas une douleur, elle est justement la privation de toute capacité à en ressentir. Et en cela, elle n'est pas à craindre.

Notons que le passage s'achève en soulignant qu'elle n'est pas à rechercher non plus. Ce qui est à rechercher pour un être vivant, c'est le plaisir, c'est-à-dire jouir de la vie en l'absence de douleur. La mort, n'offrant ainsi ni plaisir ni douleur, n'est ni désirable ni redoutable. L'attitude du philosophe épicurien

---

1. Épicure, *Lettre à Ménécée*, 124-126, *in ibid.*, p. 297-298. (J'ai modifié la traduction sur quelques points pour en faciliter la lecture.)

doit donc être l'*indifférence* face à la mort. Elle représente un terme neutre, qui ne nous touche ni en bien ni en mal.

Les épicuriens utiliseront souvent l'idée qu'il existe une symétrie entre l'état d'indifférence *avant* et *après* la vie pour illustrer ce point : le temps qui s'est écoulé avant ma naissance ne me trouble en aucune façon, et je n'ai donc pas de raison de l'être davantage par le temps qui s'écoulera après ma mort[1].

Du point de vue strictement épicurien, en adoptant son matérialisme et son hédonisme particulier, l'argumentation semble imparable. Mais notez que, même sans admettre son point de vue sur la douleur, l'argument est déjà frappant si l'on ne croit pas en la survie d'une âme ou de quoi que ce soit de personnel après la mort. Quel peut bien être l'objet de notre peur puisqu'elle ne peut se réaliser qu'au moment où nous avons reconnu que nous cessons d'exister et où, par conséquent, rien ne peut nous arriver, ni en bien ni en mal ? En somme, l'erreur populaire est de redouter la mort comme une sorte de malheur qui nous arriverait à nous, personnellement. Mais c'est absurde : ma propre mort n'est tout simplement pas un état qui me concerne *moi*, puisque c'est par définition l'état du monde dans lequel *je n'existe pas*.
– Un état du monde où je n'existe pas ?

Je. N'existe. Pas.

Le ressort de l'argument d'Épicure pour nous convaincre de ne pas craindre la mort, c'est précisément d'admettre que

1. « De même que dans le passé nous n'avons ressenti nul désagrément quand les Carthaginois se lançaient de partout à l'attaque [...], de même quand nous n'existerons plus [...], nous pouvons être sûrs que rien du tout ne pourra nous affecter ni émouvoir nos sens » (Lucrèce, *La Nature des choses*, III, 830-831, *in ibid.*, p. 300).

nous n'existerons plus, et cela ne m'a jamais rassuré plus d'une seconde. Dans la seconde qui suit, j'essaie d'envisager le sens de cette phrase, et un vertige me prend.

Je. N'existe. Pas.

Il me semble que l'argument d'Épicure met le doigt sur ce qui est justement le plus angoissant et déraisonnable dans la perspective de mourir : non pas le fait que quelque chose doive m'arriver à moi, mais justement cette disparition du *moi*, l'absence inconcevable de ce moi que je suis, là, et qui essaie bien vainement de se figurer *ce que ça ferait* de ne plus être là, de ne plus exister.

Toujours est-il que cet argument continue d'être lu, apprécié, et d'en rasséréner plus d'un face à la mort. Encore un effort, et vous atteindrez peut-être l'ataraxie et rivaliserez en bonheur avec les dieux : prenez simplement l'habitude du pain d'orge et de l'eau. Pour ma part, je m'en vais cesser de penser à la mort en retournant au *Jardin d'Épicure* pour un repas fort peu épicurien…

Pour aller plus loin :

Épicure, *Lettres et maximes*, traduit du grec ancien par Marcel Conche, Paris, PUF, « Épiméthée », 1999.

« Que personne ne tarde à philosopher étant jeune, ni ne se lasse de philosopher étant vieux. » Et surtout ne vous lassez pas de lire et relire la *Lettre à Ménécée*, ce merveilleux texte qui synthétise en quelques pages toute la pensée éthique d'Épicure. Il en existe des dizaines d'éditions et de traductions, souvent avec d'autres textes d'Épicure ; le recueil des *Lettres et maximes* d'Épicure dirigé par Marcel Conche a le mérite d'être très pédagogique et complet sur tous les aspects de l'épicurisme.

Geneviève Rodis-Lewis, ***Épicure et son école***, Paris, Gallimard, « Folio », 1993.

Une excellente introduction à la philosophie épicurienne : le propos est à la fois rigoureux, érudit et toujours accessible et utile à tout type de lecteurs.

Lucrèce, ***La Nature des choses***, traduit du latin par Bernard Pautrat, Paris, Le Livre de Poche, 2002.

Lucrèce a mis en vers latin toute la philosophie épicurienne, et Bernard Pautrat a respecté cette exigence en traduisant le texte en alexandrins blancs. Le miel des vers aide à faire couler la philosophie : « J'ai voulu t'exposer cette doctrine à nous / en un chant possédant le doux accent des Muses, / et sur elle poser la douceur de leur miel, / dans l'espoir que nos vers sachent, par ce moyen, / te retenir l'esprit tandis que tu perçois / des choses la nature en sa totalité, / et te pénètres bien de leur utilité. » (Je confesse que j'aurais volontiers consacré un chapitre à quelque passage de Lucrèce, mais il fallait faire des choix, et recommander ici cette traduction est une façon de m'en excuser.)

SÉNÈQUE

Milliardaire stoïcien

« Personne n'a condamné la sagesse à la pauvreté »

Le titre de *philosophe le plus badass de l'Antiquité* pourrait sans conteste être décerné à Diogène de Sinope. Un jour, alors qu'il prenait le soleil sur une place publique comme à son habitude, Diogène vit venir à lui un homme qu'il reconnut pour être Alexandre le Grand. Celui-ci, à qui le philosophe inspirait un grand respect, lui déclara : « Demande-moi ce que tu veux, je te le donnerai. » Et Diogène, incommodé par l'ombre que lui faisait le roi, aurait simplement répondu : « Ôte-toi de mon soleil[1]. »

Diogène est un cynique. Aujourd'hui, les cyniques sont ceux qui se moquent de tout, et par-dessus tout de la vertu ; mais du temps de Platon et de Diogène, les cyniques se moquaient de tout *sauf* de la vertu. La seule façon de bien mener sa vie, une vie qui vaille la peine d'être vécue, c'est de toujours s'efforcer d'être vertueux : voilà qui sont les vrais cyniques.

1. L'anecdote semble un peu trop belle pour être vraie, mais elle a plusieurs sources : Plutarque, *Vie d'Alexandre*, XVIII ; Cicéron, *Tusculanes*, 5, XXXII ; Diogène Laërce, *Vies et doctrines des philosophes illustres*, Livre VI, II.

Qu'est-ce que la vertu ? C'est la traduction usuelle du mot grec *arété* qui signifie en fait plutôt « excellence ». Mais l'excellence *en quoi* ? En ce qu'il convient de faire, ce qui est conforme à notre nature, ce qui suit de l'ordre des choses. En somme, être vertueux, aux yeux des Grecs, ce serait quelque chose comme *accomplir excellemment ce pour quoi la nature nous a faits*. Tout cela reste assez vague et peu parlant à nos oreilles. J'en conviens. Ces idées de vertu et de nature s'inscrivent dans une vision du monde tout à fait différente de la nôtre. Pour un Grec, ces idées étaient parmi les plus intuitives et les plus importantes : tous les philosophes de cette période y faisaient référence, même si tous ne les comprenaient pas de la même façon.

Pour le cynique, cette exigence de conformité avec la nature se traduisait par ceci qu'il faut ignorer toute norme ou convenance sociale (forcément arbitraire, et donc non naturelle), rejeter tout artifice, toute richesse, et s'efforcer de mener la vie la plus simple qui soit. Tournant le dos aux honneurs et aux possessions, dormant sans toit, allant sans chaussures, mangeant ce qu'il trouve ou ce qu'on lui donne, le cynique mène littéralement une vie de chien. (Le mot « cynisme » viendrait justement du mot grec pour « chien ».) L'homme reste un animal, après tout[1].

Une anecdote résume à merveille cette exigence de simplicité poussée à l'extrême. Diogène possédait un gobelet et une

1. Le cynique au sens contemporain n'a plus grand-chose à voir avec cela, mais il a gardé du cynique ancien au moins une de ses vertus : la *parrhésie*, c'est-à-dire le franc-parler, la vertu de tout dire sans honte. Ainsi, énoncer que TF1 vend du temps de cerveau disponible à Coca-Cola, c'est faire preuve de parrhésie ; en cela, c'est bien cynique. Mais s'enrichir en vendant ce temps de cerveau, ce n'est *cynique* qu'au sens contemporain...

écuelle, mais il les jeta le jour où il vit un enfant boire dans ses mains et manger dans une croûte de pain : la vaisselle était donc un luxe dont il pouvait se passer[1].

Quel rapport avec Sénèque (car c'est l'objet de ce chapitre) ? Sénèque a vécu quelques siècles plus tard et n'était pas un cynique. Très loin de là. Il ne vivait pas dans la rue au mépris de toute convenance sociale. Sénèque faisait plutôt de la politique, et pas toujours de la plus noble espèce. Il n'hésitait pas à intriguer et à flatter les puissants pour entrer dans leurs grâces, et il amassa une fortune colossale en usant habilement de ses amitiés politiques, tout particulièrement avec Néron, l'un des plus monstrueux empereurs que Rome ait connus, dont Sénèque a été le précepteur puis l'un des plus proches conseillers[2]. À l'époque où il rédige *La Vie heureuse*, la fortune de Sénèque est estimée à 300 millions de sesterces[3]. Pour vous donner une idée de ce que cela représente, disons seulement que les légionnaires romains (qui n'étaient pas les plus mal payés à Rome) gagnaient quelques centaines de sesterces par an, et la fortune du célèbre Crassus, réputé l'homme

---

1. « Ayant aperçu un enfant qui buvait dans le creux de sa main, il jeta aussitôt le gobelet qu'il portait dans sa besace, en disant : "Un enfant m'a donné une leçon de simplicité." Il jeta aussi la cuiller lorsqu'il eut vu un autre enfant qui, après avoir cassé son écuelle, ramassait ses lentilles avec une croûte de pain » (Diogène Laërce, *Vies et doctrines des philosophes illustres*, *op. cit.*, VI, II, 37).
2. Entre le meurtre de Britannicus (demi-frère de Néron) et celui d'Agrippine (sa mère), Sénèque écrivit un traité *De la clémence* dont son élève, visiblement, ne fit pas grand cas. Il faut noter aussi que Sénèque finit par tomber en disgrâce vers la fin de sa vie et dut se suicider sur ordre de l'empereur en 65. Des anciens élèves comme Néron, on s'en passe.
3. Tout au moins d'après un pamphlet contre lui (Tacite, *Annales*, XIII, XLII, 3).

le plus riche de l'histoire romaine un siècle et demi plus tôt, était estimée à 200 millions de sesterces. Bref, Sénèque était insolemment riche. Une sorte de milliardaire en toge.

S'il y a un homme avec qui Diogène semble n'avoir rien en commun, donc, c'est bien Sénèque : lui qui recevait sans sourciller les largesses de Néron ne se serait probablement pas gêné pour demander à Alexandre le Grand un peu plus que de s'ôter de son soleil. Mais Sénèque n'était pas seulement un milliardaire, c'était aussi un homme de lettres remarquable (à qui l'on doit quelques-unes des plus belles tragédies latines) et, surtout, c'était un philosophe. Pas cynique, certes, mais de l'école la plus proche du cynisme : le stoïcisme.

Le stoïcisme est une école philosophique fondée en – 301 par Zénon de Kition (souvent écrit « Citium ») à Athènes, qui s'inscrit dans l'héritage direct du cynisme dont elle reprend l'idée centrale que la vertu est l'unique condition de la vie bonne.

Avant d'aller plus loin, il est temps que j'en dise un peu plus sur cette idée de *vie bonne*, de *bien vivre*, de mener une *vie digne d'être vécue*. Lorsque j'utilise ces expressions (et notamment dans le chapitre précédent sur Épicure), c'est toujours en référence à la même notion exprimée en grec par le terme *eudaimonia*, souvent traduit aujourd'hui par « bonheur » ou, plus incorrectement encore, par « bien-être », ce qui ne rend pas compte de l'intuition que les Grecs en avaient : l'*eudaimonia* semblait exprimer pour eux, de façon plus forte et plus générale, l'idée d'une vie pleinement réussie, d'un épanouissement parfait et complet. Celui qui a vécu dans l'*eudaimonia* a vraiment *bien* vécu, il a mené une vie qui en vaut la peine, une *vie bonne* au sens le plus fort et le plus large du terme.

À vrai dire, le sens en est si large qu'il nous semble aujourd'hui très ambigu : ce *bon* de la *vie bonne* renvoie-t-il au bonheur, au bien moral, ou même à un accomplissement intellectuel ou esthétique ? Toute la force et l'étrangeté de la notion d'*eudaimonia* semblent tenir à ceci qu'elle recouvre et mêle tous ces aspects (d'où l'insuffisance d'une traduction par « bonheur »). De nombreuses écoles philosophiques de l'Antiquité faisaient de l'*eudaimonia* le but de leur enseignement[1], et ce n'est pas pour autant qu'elles visaient toutes la même chose, ne mettant pas forcément l'accent sur les mêmes facettes de cette notion complexe…

Nous avons croisé une première *eudaimonia* dans le chapitre précédent : Épicure est « hédoniste » (avec guillemets), autrement dit c'est avant tout le plaisir qui permet d'atteindre l'*eudaimonia* épicurienne, qui semble donc, comme on l'a vu, liée au bonheur bien davantage qu'à la vertu. À l'autre extrémité du spectre philosophique, l'*eudaimonia* cynique a pour unique condition la vertu, et c'est donc l'aspect moral qui prédomine. Entre les deux, on pourrait situer l'école péripatéticienne (c'est-à-dire d'Aristote) : selon celle-ci, la vertu est certes la composante la plus importante de l'*eudaimonia*, mais elle met l'accent sur des vertus proprement intellectuelles (d'où l'importance de s'appliquer à comprendre le monde, en observant les étoiles ou en disséquant des crustacés), et surtout elle reconnaît que des biens extérieurs tels que la santé, l'éducation, la richesse ou même la beauté peuvent contribuer

---

1. Présenté ainsi, cela fait très *développement personnel* : « Suivez nos leçons et vous réussirez votre vie ! » Mais les leçons des philosophes de l'Antiquité pour atteindre l'*eudaimonia* sont souvent bien plus radicales. Un vrai coach en cynisme ou en épicurisme aujourd'hui ne trouverait pas beaucoup de clients…

à l'*eudaimonia*. (Si tu as la malchance d'être pauvre, sans éducation, malade et laid, c'est mal parti. Cette école passait donc pour assez élitiste : l'*eudaimonia* péripatéticienne n'est pas à la portée de tous.)

Où se situent les stoïciens dans tout cela ? Comme je le disais, ils sont au plus près des cyniques. L'unique condition de l'*eudaimonia* stoïcienne aussi bien que cynique est la vertu, et les deux écoles comprenaient cette notion de façon assez similaire : il s'agit de vivre et d'agir de façon conforme à la nature. Mais pour y parvenir en stoïcien, il y a une dimension intellectuelle importante : il faut avant tout se former une représentation correcte du monde et de l'ordre naturel qui y règne. L'idée centrale est que tout ce qui arrive arrive naturellement, et le sage stoïcien doit donc s'efforcer de régler ses désirs sur cet ordre naturel bien compris. Voilà qui semble plus facile à dire qu'à faire… Je développerai dans le prochain chapitre ce point crucial du stoïcisme qui est de savoir comment, en exerçant correctement notre jugement, nous devrions pouvoir régler nos désirs.

Il découle de là que la richesse, les honneurs, une famille prospère, ou même la santé, ne sont pas des choses à désirer lorsqu'on ne les possède pas, ni auxquelles s'attacher lorsqu'on en dispose : en effet, il n'est pas dans l'ordre naturel des choses que ces désirs soient toujours satisfaits. Les stoïciens prônaient donc de ne s'attacher à rien sinon à ce qui nous appartient réellement, à savoir nos pensées, notre âme, notre citadelle intérieure. Bien vivre, cela ne dépend de rien d'autre : exercer correctement son jugement afin de régler ses désirs sur ce qui arrive. Tout le reste est indifférent. La vertu *stoïcienne* semble donc inviter à un détachement aussi radical que celui que prônaient les cyniques. Et pourtant, le mode de vie des philosophes stoïciens était souvent bien moins sobre que celui des cyniques. L'exemple de Sénèque, richissime stoïcien, est particulièrement frappant.

On a souvent reproché une certaine forme d'hypocrisie ou d'incohérence aux stoïciens, et aucun n'est davantage passible de ce reproche que Sénèque. Les admirables leçons de sagesse, de modération, de détachement qu'il prodiguait dans ses ouvrages et dans ses lettres, qui sont parmi les plus beaux textes du stoïcisme, semblent bien souvent en contradiction totale avec la vie qu'il a menée. Et de fait, il reconnaissait lui-même ne pas être exemplaire, comme en témoigne cet étonnant passage de *La Vie heureuse* où il semble s'excuser (mais pas trop non plus) d'être un stoïcien à 300 millions de sesterces :

> « Si l'un de ceux qui aboient contre la philosophie disait, comme ils le font d'ordinaire : "Pourquoi parles-tu plus courageusement que tu ne vis ? Pourquoi baisses-tu le ton devant plus puissant que toi et penses-tu que l'argent est un accessoire qui t'est nécessaire […] ? Pourquoi as-tu un domaine mieux cultivé que ne l'exige le besoin de la nature ? Pourquoi cette vaisselle trop précieuse ? Pourquoi boit-on chez toi du vin plus vieux que toi ? […] Pourquoi ta femme porte-t-elle aux oreilles le revenu d'une maison opulente ? Pourquoi tes pages sont-ils revêtus d'un habit coûteux ? […] Pourquoi as-tu des possessions outre-mer ? Pourquoi sont-elles plus nombreuses que tu ne le sais ? C'est honteux : ou bien tu es à ce point négligent que tu ne connais pas le peu d'esclaves que tu possèdes, ou bien tu es à ce point immodérément riche que tu en possèdes tellement que ta mémoire ne te suffit pas à te les faire connaître !"
>
> « Je t'aiderai plus tard dans tes invectives et je me ferai plus de reproches que tu ne penses ; pour l'instant je te réponds ceci : "Je ne suis pas un sage et, que ta malveillance soit

satisfaite, je ne le serai même pas. Exige donc de moi non pas que je sois l'égal des meilleurs, mais que je sois meilleur que les méchants : cela est assez pour moi de retrancher chaque jour quelque chose de mes vices et de blâmer mes erreurs [...]."

« Tu me dis : "Tu parles d'une manière et tu vis d'une autre !" Cela, mauvaises têtes et grands ennemis des meilleurs, a été objecté à Platon, a été objecté à Épicure, a été objecté à Zénon. Tous ceux-ci, en effet, disaient non comment ils vivaient, mais comment eux-mêmes auraient dû vivre. C'est de la vertu, non de moi, que je parle, et, lorsque j'invective les vices, c'est en premier lieu aux miens que je m'adresse : quand je le pourrai, je vivrai comme il le faut[1]. »

Ainsi, Sénèque ne prétend pas avoir atteint la sagesse stoïcienne mais il reste philosophe en ceci qu'il la connaît et la *vise*. (On peut se souvenir que la philosophie, étymologiquement, n'est pas la sagesse mais l'*amour* de la sagesse.) À défaut d'être parmi les meilleurs, Sénèque cherche à s'améliorer. Le plus important est qu'il sait dans quelle direction aller ; il voit clair sur le but à atteindre ; il peut expliquer et justifier ce qu'est la vertu et quelle vie il faut mener, même si ce n'est certes pas la vie qu'il mène. L'inadéquation entre les paroles et les actes n'est pas une objection aux paroles. Et Sénèque souligne qu'il en allait de même des plus grands que sont Platon, Épicure et Zénon de Kition, fondateur du stoïcisme. (Je me demande à quel point les concernés auraient été d'accord avec ce jugement ; ils ne vivaient déjà plus pour y répondre, malheureusement. De fait, ce genre d'aveu : « Faites ce que je dis, pas ce que je fais », me semble plutôt

1. Sénèque, *La Vie heureuse*, traduit du latin par José Kany-Turpin et Pierre Pellegrin, Paris, Flammarion, « GF », 2005, p. 75-76.

rare en philosophie, et c'est ce qui donne à ce passage de Sénèque son caractère singulier.)

Un cynique se gausserait certainement de ce stoïcisme de papier[1]. C'est en effet un point crucial du cynisme que cette philosophie se réalise essentiellement par une façon de vivre, à l'image de Socrate lui-même dans l'héritage duquel ils s'inscrivent : il n'y a aucun texte théorique exposant le cynisme (les cyniques pouvaient probablement critiquer l'écriture aussi bien que Platon mais, plus cohérents que lui, ils ne l'écrivaient pas), et il n'y avait pas plus d'enseignement oral. S'il y a lieu de parler d'un enseignement cynique, il résidait tout entier dans l'exemple donné par les cyniques eux-mêmes à travers leurs actions et leurs vies.

Les stoïciens, en comparaison, théorisent et écrivent bien davantage. S'ils s'inspirent des cyniques dans leur conception de la vertu, ils s'en différencient en ceci qu'ils veulent lui donner une assise rationnelle : qu'il faille vivre en accord avec la nature, c'est entendu, mais les stoïciens souligneront qu'il faut, pour y parvenir, d'abord *savoir* ce qu'est la nature, et comment on peut la connaître. C'est ainsi que la plus grande part des textes stoïciens concerne des questions de logique (pour la méthode) et de physique

1. Et beaucoup de stoïciens aussi, en fait. En particulier, le plus pur (et sans doute le plus cynique) des stoïciens, Épictète (dont je parlerai dans le prochain chapitre), fustige régulièrement ces professeurs en stoïcisme incapables de mettre en pratique leur pensée : « Mais toi, ne veux-tu pas te produire au grand jour et mettre en pratique ce que tu as appris ? Car ce ne sont pas les beaux discours qui manquent aujourd'hui ; les livres des stoïciens regorgent de beaux discours. Que manque-t-il donc ? L'homme qui les mette en pratique, l'homme qui, dans la réalité, témoigne en faveur des discours » (Épictète, *Entretiens*, I, 29, 55-557, traduit du grec ancien par Joseph Souilhé).

(au sens ancien d'étude de la nature). Les stoïciens sont en quelque sorte des cyniques avec un penchant très intellectuel et rationnel : pratiquer la vertu est la seule chose qui compte, mais savoir ce qui est vertueux et pourquoi ça l'est est un préalable indispensable à cette pratique. (Diogène et les vrais cyniques ne s'encombraient pas de tant de précautions théoriques.)

Un autre point important sépare les cyniques des stoïciens et permet de justifier (au moins en partie) l'attitude d'un Sénèque. Pour les cyniques, tous les biens extérieurs que sont la richesse, les honneurs, la santé, la famille, etc., sont perçus comme des distractions et donc des obstacles à la vertu. En somme, tout ce qui ne contribue pas à la vertu lui est nuisible, et doit donc être rejeté. Les stoïciens sont plus subtils : il y a des choses qui ne contribuent pas à la vertu mais qui n'y nuisent pas pour autant ; ces choses sont appelées *indifférentes*, et, par exemple, les richesses et la santé en font partie. Les posséder n'est en soi ni un mal ni un bien, tant que l'on ne s'y attache pas. Mieux encore : parmi les choses indifférentes, les stoïciens reconnaissaient que certaines étaient tout de même préférables à d'autres. Richesse, pauvreté, santé, maladie, toutes ces choses sont indifférentes en ceci qu'elles ne contribuent ni ne nuisent à la vertu, mais (quelle surprise !) la richesse reste préférable à la pauvreté, et la santé à la maladie. Ce sont des indifférents, certes, mais des *indifférents préférables*[1].

En somme, désire que les choses arrivent comme elles arrivent, et s'il arrive un sac d'or (car ces choses-là arrivent

1. Sur cette étrange notion d'*indifférents préférables*, voir Anthony A. Long et David N. Sedley, *Les Philosophes hellénistiques*, *op. cit.*, p. 416-426.

aussi), ne fais pas ton Diogène : prends-le. Ainsi Sénèque poursuivait-il son propos dans *La Vie heureuse* en montrant qu'il n'est pas incompatible d'être riche et stoïcien :

> « Pourquoi celui-là s'adonne-t-il à la philosophie et mène-t-il une vie aussi riche ? Pourquoi dit-il qu'on doit mépriser les richesses et en possède-t-il ? Il pense qu'il faut mépriser la vie et pourtant il vit ? Il dit qu'il faut mépriser la santé et pourtant il en prend un soin extrême et la préfère excellente ? [...]
>
> « – Il prétend qu'on doit mépriser tout cela, non pas pour qu'on ne les possède pas, mais pour qu'on les possède sans s'en soucier. Il ne les chasse pas loin de lui, mais quand elles s'en vont il les suit tranquillement du regard. [...] Le sage, en effet, ne s'estime pas indigne des dons de la Fortune : il n'aime pas les richesses, mais il les préfère. Ce n'est pas dans son âme qu'il les accueille, mais dans sa maison. [...]
>
> « Lequel parmi les sages (j'entends les nôtres pour qui il n'y a qu'un bien, la vertu[1]) nie que ce que nous appelons les indifférents aient en eux-mêmes quelque prix et que certains soient plus valables que d'autres ? À certains d'entre eux on attribue quelque valeur, à d'autres beaucoup. Ne te trompe pas : les richesses comptent parmi les plus valables.
>
> « – Pourquoi donc, dis-tu, te moquer de moi puisqu'ils occupent la même place chez toi et chez moi ?
>
> « – Tu veux savoir à quel point ils n'occupent pas la même place ? Chez moi, si les richesses s'écoulent, elles n'emportent rien d'autre qu'elles-mêmes ; toi, si elles s'éloignent de toi, tu resteras hébété et tu te verras abandonné toi-même ; chez moi, les richesses n'occupent qu'une place, chez toi,

1. Autrement dit, les stoïciens.

la place principale ; en fin de compte les richesses m'appartiennent, tu appartiens aux richesses.
« Renonce donc à interdire l'argent aux philosophes : personne n'a condamné la sagesse à la pauvreté[1]. »

Voilà qui est joliment tourné. S'il n'est pas un stoïcien exemplaire, Sénèque est au moins un sacré écrivain ! Son propos, au demeurant, est tout à fait conforme à cette doctrine stoïcienne des *indifférents préférables*. Que Néron offre quelques millions de sesterces de plus à Sénèque, celui-ci, en stoïcien, saura que la vertu ne dépend pas de la richesse, et qu'il est donc indifférent d'accepter ou non ce cadeau. (Et il serait tout aussi indifférent qu'il l'offre à un autre dont la vertu n'en dépend pas davantage.) Si Sénèque accepte cette largesse de l'empereur, c'est donc avec indifférence : cela ne fait pas de mal (ni de bien). Il préfère la richesse, certes, toutes choses égales par ailleurs, mais il la préfère sans l'aimer, sans l'estimer en son *for intérieur*. Cela ne touche pas son âme : cela paye juste pour l'entretien de sa maison.

Nul besoin de renoncer réellement aux biens extérieurs, comme les cyniques ; il suffit de le faire en idée, en se répétant en soi : « Je pourrais perdre tous ces biens, cela n'a aucune importance, seule importe ma vertu. » Ainsi, le détachement du stoïcien serait avant tout une attitude intellectuelle, dont il n'est pas illégitime de se demander, surtout dans le cas de Sénèque, si elle n'est pas qu'une posture…

En somme, le stoïcien à la Sénèque est un cynique, mais par la pensée seulement. S'il dédaigne du fond de son âme tous les biens matériels, son corps ne les reçoit pas

1. Sénèque, *La Vie heureuse*, *op. cit.*, p. 81-84.

moins avec complaisance. Diogène à l'intérieur, Crassus à l'extérieur.

Pour aller plus loin :

Sénèque, ***La Vie heureuse*** et ***La Brièveté de la vie***, traduit du latin par José Kany-Turpin et Pierre Pellegrin, Paris, Flammarion, « GF », 2005.

Ces deux textes brefs sont parmi les plus célèbres du philosophe et d'une lecture très agréable. De façon générale, les écrits de Sénèque recèlent des merveilles et valent bien mieux que le portrait que j'ai dressé de lui. Non que le portrait soit erroné : Sénèque lui-même, dans le premier passage que j'ai cité, semble défendre que ses écrits valent mieux que sa personne. Et en effet, si l'on ne connaissait Sénèque que pour son rôle politique, il y aurait fort à parier que ce conseiller de Néron, richissime et complaisant, passerait pour un personnage assez méprisable. Mais, fort heureusement, Sénèque a écrit, et c'est surtout cela que l'on retient en fin de compte. (Un autre bénéfice à verser au compte de l'écriture.) Sénèque n'était peut-être qu'un stoïcien de papier, mais au moins l'a-t-il été avec talent : le stoïcisme lui doit quelques-unes de ses plus belles pages.

Sénèque, ***Lettres à Lucilius***, traduit du latin par Marie-Ange Jourdan-Gueyer, Paris, Flammarion, « GF », 2017.

Cette correspondance que Sénèque entame vers la fin de sa vie est peut-être la meilleure introduction au stoïcisme, justement parce qu'elle ne prétend pas en être une. Ce n'est pas un traité mais une succession de lettres, très diverses, souvent courtes et amusantes : Sénèque discute de choses quotidiennes, cite Épicure aussi bien que Zénon, et distille sa philosophie sans en avoir l'air.

ÉPICTÈTE

Le sage et l'athlète

« Examine les antécédents et les conséquents
– et puis mets-toi à l'œuvre »

Dans la grande famille du stoïcisme, après les vénérables grands-pères grecs, Zénon et Chrysippe (au IIe siècle avant J.-C.), viennent les petits-enfants romains de la période impériale (à partir du Ier siècle), et ce sont en fait ceux-là qui nous ont laissé le plus de textes et qui ont forgé la plus grande part de l'héritage de cette école. Les trois principaux représentants de ce qu'on appelle donc le *stoïcisme impérial* sont, dans l'ordre chronologique, Sénèque, Épictète et Marc Aurèle ; autrement dit, un milliardaire, un esclave affranchi et un empereur. Preuve s'il en est que le stoïcisme s'adapte à tout type de circonstances. Et le plus fameux des trois, celui qui, dans la conduite de sa vie, s'est le plus approché de l'idéal de sagesse stoïcien, ce n'est ni le milliardaire ni l'empereur : c'est bien l'ancien esclave.

Nous avons vu avec quelle franchise Sénèque faisait le compte de ses richesses et reconnaissait son imperfection et son impuissance dans la quête de sagesse ; cet aveu de faiblesse me le rend plutôt sympathique. Épictète est tout le contraire de cela : c'est un stoïcien quasi parfait. Il est beaucoup plus agaçant pour cette raison, mais il faut convenir qu'il donne un bien meilleur exemple de sagesse, et je ne voudrais pas vous laisser sur le portrait pas très flatteur, voire un peu injuste, que j'ai fait de l'école stoïcienne au chapitre précédent. Prenons le temps d'étudier un stoïcien, un vrai.

Épictète, probablement fils d'esclave, est né dans cette même condition vers l'an 50, et fut acheté par Épaphrodite[1], secrétaire impérial sous Néron, qui le laisse étudier auprès du stoïcien Musonius Rufus. Quelque temps après la mort de Néron en 68, et dans des circonstances inconnues, Épictète est affranchi. À présent libre, il demeure à Rome et commence à y enseigner, jusqu'en 93, année où l'empereur Domitien expulse de la cité tout ce qui ressemble à un philosophe. Épictète fuit et s'installe alors à Nicopolis d'Épire, en Grèce ; il y fonde une école où il enseignera durant les quarante années qui lui restent à vivre.

Épictète n'a rien d'un Sénèque accumulant ces indifférents préférables que sont les richesses, mais il ne pousse pas non plus le dénuement jusqu'au point radical des cyniques : à Rome comme à Nicopolis, il se contente d'une vie simple et sobre, sans faire vœu de pauvreté pour autant. Il n'écrit rien,

1. Une anecdote, très probablement fictive mais souvent rapportée, donne à ce maître une réputation de violence : Épaphrodite aurait délibérément (ou par négligence, selon les versions) brisé la jambe de son esclave Épictète, qui se serait contenté de prévenir avant qu'elle casse : « Attention, ma jambe va casser », et de constater ensuite : « Je te l'avais bien dit, elle est cassée maintenant. » Cette anecdote (rapportée pour la première fois, semble-t-il, par Celse cité par Origène) contribue à asseoir la légende d'impassibilité du sage stoïcien face à tout événement, stoïque en effet dans l'épreuve de la douleur. Pour une fois, l'usage moderne du terme n'est pas totalement décalé par rapport à son sens ancien. Mais l'anecdote n'en est pas moins très douteuse et fantaisiste. Les mentions d'Épaphrodite dans les *Entretiens* d'Épictète ne dressent pas le portrait d'un homme violent.

à l'image de Socrate et des cyniques, mais son enseignement oral sera heureusement transcrit par son élève Arrien (nom propice à d'inépuisables jeux de mots).

Le *Manuel d'Épictète* (dont l'auteur est donc ce bon Arrien) est un condensé des enseignements d'Épictète qui met surtout l'accent sur la dimension éthique et pratique du stoïcisme. L'essentiel se trouve assez bien résumé par cette formule :

> « Ne cherche pas à faire que les événements arrivent comme tu veux, mais veuille les événements comme ils arrivent, et le cours de ta vie sera heureux[1]. »

Traduit un peu plus librement, cela pourrait donner une citation inspirante à partager sur sa *timeline* ou à imprimer en italique sur une carte postale : « Ma recette du bonheur ? Je veux que les choses arrivent comme elles arrivent… » Mais qu'on ne s'y trompe pas : cette idée est d'une radicalité absolue, presque inhumaine. Car si la chose qui nous arrive est, par exemple, la mort de tous nos proches, la recette du bonheur à la stoïcienne nous demande ceci : *vouloir* que tous nos proches soient morts.

En disant, cela, je ne tords pas le texte pour en tirer une conséquence qu'Épictète n'avait pas envisagée : l'exigence d'impassibilité face à la mort d'un proche est un thème qui revient très souvent dans le stoïcisme en général, et chez

1. Arrien, *Manuel d'Épictète*, traduit du grec ancien par Emmanuel Cattin, Paris, Flammarion, « GF », 2015, VIII, p. 64-65. Cette traduction n'est peut-être pas la plus élégante, mais elle a le mérite d'être aussi précise que possible vis-à-vis du texte original : c'est une *sourcière* plutôt qu'une *cibliste*. (Pour rendre les passages cités plus agréables à lire, je me permettrai toutefois, ponctuellement, de modifier la traduction.)

Épictète en particulier. Le paragraphe précédent développait précisément ce point :

> « Comme, dans un voyage en mer, quand le navire a accosté et que tu as débarqué pour la provision d'eau, chemin faisant tu ramasseras aussi un petit coquillage et un petit oignon, mais il faut que ta pensée reste fixée sur le navire, que tu te retournes continuellement, si jamais le pilote t'appelait, et s'il t'appelle, que tu laisses tout cela pour t'éviter d'être jeté à bord pieds et poings liés, comme le bétail ; ainsi également dans la vie, s'il t'est donné, au lieu d'un oignon et d'un coquillage, une petite femme et un petit enfant, rien ne l'empêchera ; mais si le pilote t'appelle, cours au navire, laisse tout le reste, ne te retourne même pas[1]. »

Voilà jusqu'où peut aller le stoïcisme dans ses aspects les plus purs et les plus rigoureux ; sa sympathique recette du bonheur paraît soudain nettement plus *hardcore*. Mais il faut se rappeler que la visée n'est justement pas tant le bonheur au sens où nous l'entendons souvent aujourd'hui que l'*eudaimonia* des Grecs, c'est-à-dire la *vie bonne*, ce qui, pour les stoïciens, signifiait vivre vertueusement, en accord avec l'ordre naturel des choses. S'il se trouve que cet ordre emporte ta petite femme ou ton petit enfant, c'est ainsi : conformes-y ta volonté. Si ton enfant meurt, ne le pleure pas, c'est ridicule : un véritable stoïcien ne se sera pas plus attaché à cet enfant qu'au coquillage ramassé ; que l'enfant meure ou que le coquillage soit perdu, il *voudra* cet événement comme n'importe quel autre événement, parce qu'il suit l'ordre naturel des choses, ce que les stoïciens appelaient le *destin* (ou *providence*, ou encore *logos*).

1. *Ibid.*, VII, p. 64.

Voici, pour le plaisir, quelques passages du *Manuel* sur ce même thème de la perte d'un proche et l'impassibilité à observer même dans ce cas :

> « Ne dis jamais de rien : "Je l'ai perdu" mais : "Je l'ai rendu." Ton enfant est mort ? Il a été rendu. Ta femme est morte ? Elle a été rendue. »

> « Si tu veux que tes enfants, ta femme, tes amis soient toujours en vie, tu es insensé : car tu veux que ce qui est hors de ta portée soit à ta portée, et que ce qui t'est étranger soit tien. »

> « Rappelle-toi : il faut te conduire comme dans un banquet. Le plat que l'on passe à la ronde est arrivé près de toi : tends la main, prend ta part avec mesure. Il t'échappe : ne le retiens pas. Il n'est pas encore là : ne projette pas à l'avance ton désir mais attends qu'il arrive près de toi. Ainsi avec tes enfants, ainsi avec ta femme, ainsi avec le pouvoir, ainsi avec la richesse ; et tu seras un jour digne de boire avec les dieux[1]. »

---

1. *Ibid.*, XI, XIV, XV, p. 65-67 (traduction modifiée). Le dernier passage pourrait évoquer l'idée stoïcienne des *indifférents préférables* présentée dans le chapitre précédent : tant que le plat de richesses et d'avantages passe devant toi, sers-toi, c'est préférable, mais ne t'y attache pas car c'est indifférent, et laisse-le repartir. Mais la suite immédiate du passage montre qu'Épictète est bien plus réservé sur cette thèse et se sent beaucoup plus proche du cynisme : « Or si tu ne prends pas de ce qui t'est offert, mais que tu le regardes avec dédain, alors tu ne seras pas seulement digne de boire avec les dieux, mais aussi de partager leur pouvoir. C'est par de tels actes en effet que Diogène, Héraclite et leurs semblables étaient justement divins, et justement appelés de ce nom » (*ibid.*, p. 67). Ainsi, le véritable sage stoïcien, selon Épictète, dédaigne

Le sage stoïcien dispose-t-il d'un superpouvoir grâce auquel il assignerait à sa volonté n'importe quelle fin arbitraire ? Pour ma part, lorsqu'une averse me surprend, que je suis trempé, que je m'enrhume, sans doute suffit-il que je *veuille* cette averse, que je *veuille* être trempé, que je *veuille* m'enrhumer, et je serai libre, et le cours de ma vie heureux ; mais de fait je *ne veux pas* être sous une averse, trempé et enrhumé, c'est tout le problème. Ma volonté ne se laisse pas modeler comme par une autre volonté supérieure qui lui dicterait quoi vouloir. D'où les stoïciens tireraient-ils, eux, cette mystérieuse capacité ?

Lisons encore Épictète qui nous parle une fois de plus d'enfants morts :

> « Quand tu vois quelqu'un pleurer, endeuillé, ou parce que son fils est parti, ou parce qu'il a perdu ses biens, prends garde de ne pas te laisser captiver par l'idée que ses maux lui viennent du dehors. [...] Ce n'est pas l'événement qui afflige cet homme (un autre en effet n'en est pas affligé), mais *c'est l'évaluation qu'il porte sur cet événement*. Pourtant, dans les limites de la parole, ne crains pas de lui témoigner de la sympathie, et, si le cas se présente, de gémir aussi avec lui ; applique-toi pourtant à ne pas gémir aussi au-dedans[1]. »

Si je cite ce passage, ce n'est pas seulement pour ce savoureux conseil en amitié (en gros : soyez quand même un peu compatissant à l'extérieur, mais surtout pas à l'intérieur), c'est surtout parce qu'il suggère une réponse à la question que nous nous posions. Ce qui produit l'affliction chez ce

---

les indifférents préférables (richesse, pouvoir, famille) et semble ultimement coïncider avec le modèle cynique de Diogène.

1. *Ibid.*, XVI, p. 67 (traduction modifiée ; je souligne).

père qui a perdu son fils, ce qui empêche sa volonté de se conformer à l'événement, c'est l'*évaluation*, la représentation qu'il s'en fait. C'est parce que le père se représente la mort ou l'absence de son fils comme un mal qu'il s'en afflige ; et c'est donc cette représentation qu'il faut corriger pour ne plus être affligé.

Cette idée est absolument capitale dans le stoïcisme : les représentations sont à l'origine des impulsions, désirs et aversions. Et c'est donc en maîtrisant ces représentations que nous pouvons maîtriser ces impulsions. Et parce que nos représentations ne dépendent que de nous (les stoïciens le soutiennent, en tout cas), nos impulsions, désirs et aversions ne dépendent elles aussi que de nous.

Me représenter le dernier modèle d'iPhone comme un objet merveilleux et à peu près indispensable en raison de son écran HD 4,7'' et des 12 Mpx de son appareil photo, cela aura pour conséquence que je désirerai un iPhone ; me représenter les araignées comme des monstres cauchemardesques en raison de leurs crochets venimeux et d'un nombre excessif de pattes, cela aura pour conséquence que je prendrai les araignées en aversion. Le superpouvoir des stoïciens qui ne désirent pas d'iPhone et n'ont pas peur des araignées leur vient simplement du fait qu'ils se forment des représentations correctes de ces choses (tout au contraire de moi qui laisse bêtement le marketing et les films d'horreur forger l'image que je m'en fais). Ces choses, iPhone ou araignées, ne sont en soi ni désirables ni redoutables ; ce sont seulement des représentations inadéquates qui me les ont rendues telles.

De même, pour Épictète, celui qui souffre parce que son enfant est mort souffre non pas de l'événement lui-même mais de la représentation inadéquate qu'il s'en fait :

> « Si tu aimes un vase d'argile, dire : "J'aime un vase d'argile." Vient-il en effet à se briser, tu n'en seras pas troublé ; si tu embrasses ton enfant ou ta femme, te dire que tu embrasses un être humain ; vient-il en effet à mourir, tu n'en seras pas troublé[1]. »

Si l'argument peut s'entendre concernant le vase d'argile, il semble tout de même plus difficilement convaincant s'agissant d'un être humain. Certes, j'ai tort de ne pas me représenter plus rigoureusement le fait que mes proches sont mortels ; mais quand bien même je m'efforcerais de m'imprégner de cette idée, d'y penser chaque fois que je les embrasse, il reste douteux que cette représentation lucide de leur mortalité suffise à m'empêcher de m'attacher à eux et de souffrir de leur perte. Pour comprendre tout à fait comment un stoïcien peut défendre, face à la mort d'un proche (ou face à n'importe quel autre événement malencontreux), que l'on peut et qu'il faut continuer de vouloir que les choses arrivent comme elles arrivent, et vouloir donc cet événement, il faudrait préciser la notion de *destin* ou *providence* (ou *logos*, ou même *dieu* tout simplement), centrale dans la vision stoïcienne du monde comme d'un tout parfaitement harmonieux. Mais je préfère ne pas m'y engager dans la mesure où leur pensée rejoint là une dimension assez mystique, voire religieuse.

Laissons donc de côté ce point et revenons pour finir à des considérations plus terre à terre et rationnelles. De fait, dans une certaine mesure au moins, nous pouvons reconnaître encore aujourd'hui la pertinence de cette idée stoïcienne selon laquelle une représentation lucide de l'objet de notre désir ou de notre aversion peut contribuer à atténuer, voire à faire

1. *Ibid.*, III, p. 63.

cesser notre désir ou notre aversion. Un très bel exemple de cela est développé dans un long passage du *Manuel* où Épictète discute du désir de triompher aux jeux Olympiques :

> « Pour toute œuvre, examine ses antécédents et ses conséquents – puis engage-la ; si tu ne le fais pas, tu la commenceras avec ardeur, pour n'avoir pensé à rien de ce qui s'ensuivra, mais, certaines difficultés apparues, tu t'en éloigneras finalement dans la honte.
>
> « Tu veux vaincre aux jeux Olympiques ? Moi aussi, par les dieux ! car c'est beau. Mais examine les antécédents et les conséquents – et puis mets-toi à l'œuvre. Il te faut observer une discipline, suivre une diète, t'abstenir de gâteaux, t'entraîner par nécessité, à une heure fixe, sous la canicule, dans la froidure, ne boire ni boisson fraîche ni vin à tout hasard, en un mot t'en remettre à ton entraîneur comme à un médecin, puis, dans le combat, creuser la terre ; il est possible, tantôt, de se démettre une main, de se fouler une cheville, de mordre maintes fois la poussière, tantôt de recevoir le fouet ; et, avec tout cela, d'être à la fin vaincu. Après cet examen, si tu le veux encore, engage-toi dans la vie d'athlète. Sinon, tu seras versatile comme les enfants, qui jouent tantôt aux lutteurs, tantôt aux gladiateurs, jouent tantôt de la trompette, tantôt la tragédie : ainsi, toi aussi, tu seras tantôt athlète, tantôt gladiateur, aujourd'hui rhéteur, demain philosophe – mais rien de toute ton âme[1]. »

En effet, qui n'a jamais rêvé d'être ce champion qu'un stade acclame ? Mais on ne devient pas un sportif de haut niveau du jour au lendemain, et le désirerais-je encore si je me représentais avec exactitude tous les efforts requis :

1. *Ibid.*, XXIX, p. 72-73.

rigueur des entraînements, souffrances endurées, renoncements, et incertitude de l'emporter malgré tout cela ? Si je désire devenir ce champion sans me représenter correctement tous ces « antécédents et conséquents », mon désir sera aussi superficiel et impuissant que celui d'un enfant jouant successivement à être gladiateur, pirate, ou youtubeur, sans la moindre idée de ce dont il s'agit, singeant seulement les apparences.

La suite du texte développe la similarité entre le cas de l'athlète et celui du philosophe, c'est-à-dire ici du sage stoïcien ; comme l'athlète, beaucoup désirent superficiellement sa condition, son prestige, désirent *jouer au philosophe*, sans se rendre compte des antécédents et des conséquents :

> « Il en est ainsi qui, pour avoir regardé un philosophe [...], veulent à leur tour aussi philosopher. Homme ! Examine d'abord quelle est l'affaire ; puis cherche à connaître aussi ta propre nature pour voir si tu es de taille à l'assumer. Tu veux concourir au pentathlon ou à la lutte ? Regarde tes bras, tes cuisses, sonde tes reins. L'un, en effet, est naturellement disposé pour une certaine tâche, l'autre pour une autre. Penses-tu qu'en pratiquant la philosophie tu peux manger en philosophe, boire en philosophe, désirer comme un philosophe, être contrarié comme un philosophe ? Il faut rester éveillé, peiner, quitter ses intérêts privés, endurer le mépris d'un jeune esclave, la moquerie des premiers venus, être inférieur en tout, dans l'honneur, dans le pouvoir, dans les procès, dans la moindre affaire. Examine tout cela. Si tu veux l'échanger contre l'impassibilité, la liberté, l'ataraxie ; si ce n'est pas le cas, ne t'avance pas. Ne sois pas, comme les enfants, aujourd'hui philosophe, demain publicain, puis rhéteur, puis procurateur de César. Tout cela ne s'accorde

pas[1]. Tu as à être un seul homme – ou bon, ou mauvais ; il te faut cultiver ou la partie maîtresse qui t'est propre, ou le dehors, appliquer ton art ou bien aux choses intérieures, ou bien aux choses extérieures ; c'est-à-dire tenir le rang ou d'un philosophe, ou d'un profane[2]. »

Ainsi, le sage stoïcien est une sorte d'athlète de l'intellect : si tu n'es pas prêt aux rigueurs de l'entraînement, ne te risque pas sur cette voie. Pour ma part, en sondant mes reins, je dois reconnaître que je ne les trouve propres ni à faire un champion olympique ni un sage stoïcien. Je m'accommoderai d'être un profane.

Pour aller plus loin :

Marc Aurèle, *Pensées pour moi-même*, suivi du ***Manuel d'Épictète***, traduit du grec ancien par Mario Meunier, Paris, Flammarion, « GF », 1999.

Marc Aurèle, empereur de Rome plutôt sympathique (car cela existe aussi), est, après Épictète et Sénèque, le troisième grand représentant du stoïcisme impérial. Il notait ses réflexions dans une sorte de journal intime stoïcien, qui n'a pas été écrit pour être publié et ne le sera que de façon posthume sous ce titre de *Pensées pour moi-même*. Ce n'est donc pas un ouvrage destiné à enseigner le stoïcisme : Marc Aurèle n'a pas d'autre interlocuteur que lui-même. Mais comme nous avons tous en commun avec l'empereur de Rome d'être humain et d'avoir à vivre, et qu'il est finalement surtout

1. Il est permis de penser à Sénèque, homme de lettres, homme de cour, conseiller politique, grand amasseur de sesterces, et philosophe quand il le pouvait…
2. *Ibid.*, XXIX, p. 73.

question de savoir comment bien s'y prendre, la lecture en est passionnante, et souvent très touchante. Bonus dans cette édition : le texte est suivi du *Manuel d'Épictète*.

Pierre Hadot, *Qu'est-ce que la philosophie antique ?*, Paris, Gallimard, « Folio », 1995.

Cet ouvrage classique, par le stoïcien des Temps modernes qu'était Pierre Hadot, est l'une des meilleures introductions aux philosophies de l'Antiquité, et notamment au stoïcisme dont il souligne la dimension éthique et pratique.

SEXTUS EMPIRICUS

Sceptique et méta-sceptique

« Pas plus ceci que cela »

Il serait dommage de quitter l'Antiquité sans nous arrêter un moment sur les sceptiques. Ils le méritent, même s'ils sont agaçants (ou justement parce qu'ils le sont). Pour une fois, l'usage moderne du terme ne trahit pas tout à fait l'ancien : les sceptiques *doutent*. Mais le doute des Anciens est plus radical que celui que nous exprimons aujourd'hui, sourcils levés, en disant : « Je suis sceptique… » Cela pourrait être ma réponse à un élève m'assurant que sa dissertation, dûment écrite en temps et en heure, a été malencontreusement mangée par son chien le matin même où il fallait la rendre, comme par hasard. Un sceptique de l'Antiquité considérerait qu'il faut *suspendre son jugement* : ne pas juger que cela est vrai, mais ne pas juger non plus que cela est faux. Plus encore, les véritables sceptiques estimeront qu'il ne faut pas juger l'une des deux branches de l'alternative comme plus plausible que l'autre : un point central de ce scepticisme radical est en effet l'idée qu'à toute thèse s'oppose une thèse également plausible, forçant ainsi la suspension de notre jugement. (Les gens chics parleront ici d'*épochè*, qui veut dire « interruption » en grec et désigne spécifiquement cette suspension du jugement ou de l'assentiment chez les sceptiques.)

Pour ma part, tout en disant que je suis *sceptique* face à cette histoire de chien dévoreur de copie, je ne crains pas d'affirmer qu'il y a nettement plus de chances qu'elle soit fausse que vraie, et je ne vois aucun problème à laisser mon jugement pencher de ce côté-là et déclarer sans ambages à mon élève qu'il n'y aura pas de délai supplémentaire pour sa dissertation. En somme, je ne suis pas si sceptique que cela, et surtout pas du tout à la mode ancienne ; je veux bien admettre qu'il reste un peu d'incertitude, mais guère plus.

De la même façon, le mouvement contemporain du *scepticisme scientifique* (ou de la *zététique* dans le monde francophone) se dit sceptique en un sens tout à fait différent du scepticisme de l'Antiquité. Ces sceptiques modernes ont, vis-à-vis des pseudo-sciences et des charlataneries en tout genre, le même doute tranchant que moi vis-à-vis de mon élève : en fin de compte, s'ils doutent de ces âneries, ils ne doutent guère d'avoir raison de les tenir pour des âneries. (Et ce n'est pas une critique : je pense qu'ils sont tout à fait justifiés !)

En fait, dans l'usage moderne, le scepticisme serait une position selon laquelle il faut tout soumettre à l'épreuve du doute, certes, mais, au terme de cette épreuve, certaines thèses auront mieux résisté que d'autres, si bien qu'en fin de compte on ne doutera pas *également* de tout. Et ce dont il y a suffisamment peu de raison de douter pourra parfaitement être considéré comme une connaissance solide ; on l'admettra avec un léger degré d'incertitude tout au plus (car le doute reste toujours possible), mais on l'admettra tout de même. Ainsi, ce que rejette ce scepticisme, ce n'est pas la connaissance mais le préjugé et la certitude. Et c'est pourquoi ce genre de scepticisme est tout à fait soluble dans la démarche scientifique, et lui est même essentiel : si les résultats des sciences nous amènent à considérer que *p* est incomparablement plus probable que *non-p*, il n'y a pas lieu de suspendre son jugement, nous aurons de bonnes raisons de tenir *p* pour vrai, ou plutôt *très probablement* vrai. Et c'est ainsi que l'on peut être sceptique et tout à fait péremptoire dans ses opinions.

Cette forme de scepticisme *probabiliste* existait déjà dans l'Antiquité. Au IIe siècle avant J.-C., le philosophe Carnéade prend la tête de la Nouvelle Académie, héritière de l'école fondée par Platon deux siècles plus tôt ; cette école avait justement pris une direction sceptique[1] et, sous l'influence de Carnéade, ce scepticisme académique tend à se modérer pour prendre une forme probabiliste : la certitude est impossible, certes, mais certaines choses sont plus probables que d'autres.

Tout cela paraissait bien tiède aux véritables sceptiques, qui s'opposaient à ce probabilisme timoré : pour eux, le scepticisme consiste à soutenir non pas l'impossibilité de la *certitude* tout en admettant des probabilités, mais bien l'impossibilité de toute *connaissance* même probable, l'impossibilité de justifier, même le plus faiblement, quelque croyance que ce soit : entre deux options, il faudrait toujours non seulement suspendre son jugement, mais ne pas même en reconnaître une comme plus probable que l'autre. « Pas plus ceci que cela » est la maxime fondamentale du scepticisme[2].

1. Cette direction était très éloignée de la pensée de son fondateur, et c'est pourquoi l'on parle de *Nouvelle Académie* pour ne pas la confondre avec celle de Platon. (Les nouveaux académiciens se réclamaient plutôt de l'héritage de Socrate chez qui, en effet, une forme de scepticisme semblait à l'œuvre dans ses dialogues qui aboutissaient plus souvent à la reconnaissance d'une ignorance qu'à l'établissement d'une connaissance.)

2. Voir Sextus Empiricus, *Esquisses pyrrhoniennes*, traduit du grec ancien par Pierre Pellegrin, Paris, Seuil, 1997, Livre I, 19, p. 157-159 : « Le “pas plus ceci que cela” montre aussi l'affect qui est le nôtre, selon

Pour ces véritables sceptiques, il s'agit d'arriver à un état d'indifférence face à toute chose, un état d'incompréhension absolue que les Grecs nommaient *acatalepsie*. (Ce mot délicieux mériterait d'être plus souvent employé.) Dans cet état acataleptique, l'âme, n'étant troublée par aucun jugement, serait parfaitement tranquille, et ce serait ainsi un moyen d'atteindre l'ataraxie, l'absence de trouble, si chère aux philosophes de l'Antiquité : car, oui, le scepticisme a lui aussi une visée pratique.

Mais qui sont ces *vrais* sceptiques ? Le premier d'entre eux est Pyrrhon d'Ellis, qui vécut au IVe siècle avant J.-C. ; les sceptiques seront quelquefois appelés des pyrrhoniens pour cette raison. Les sources au sujet de Pyrrhon sont rares et souvent contradictoires ; il n'a rien écrit (vous aurez remarqué que c'est à cela qu'on reconnaît les philosophes *badass* : Socrate, Diogène, Épictète…) et beaucoup de témoignages sur sa vie semblent assez fantaisistes. Indifférent à toutes choses, il marcherait droit devant lui sans se soucier d'éviter obstacles, chariot, ravin, tandis que ses disciples (moins sceptiques que lui) préviendraient les accidents à sa place[1]. L'anecdote, comme souvent, semble surtout contribuer à forger une légende. En fin de compte, il est difficile de savoir ce que le scepticisme pyrrhonien doit exactement à cet étrange Pyrrhon ; toujours

---

lequel, du fait de la force égale des choses opposées, nous sommes conduits à l'équilibre – nous appelons “force égale” l'égalité dans ce qui nous apparaît plausible. »

1. « Sa conduite était d'accord avec sa doctrine : il ne se détournait, ne se dérangeait pour rien ; il suivait sa route quelque chose qui se rencontrât, chariots, précipices, chiens, etc. ; car il n'accordait aucune confiance aux sens. Heureusement, dit Antigonus de Caryste, ses amis l'accompagnaient partout et l'arrachaient au danger » (Diogène Laërce, *Vies et doctrines des philosophes illustres*, *op. cit.*, IX, XI, 222).

est-il que, dans les siècles qui suivirent, de nombreux auteurs se réclamèrent de cette influence, le plus important d'entre eux étant un auteur qui a vécu autour de l'an 200 (soit plus de cinq siècles plus tard) : Sextus Empiricus.

C'est dans ses écrits que l'on peut apprécier les subtilités de raisonnement dont les sceptiques faisaient preuve pour mettre à mal le dogmatisme de leurs adversaires. « Dogmatique » est un qualificatif que les sceptiques attribuaient à tout autre qu'eux : vous êtes dogmatique dès lors que vous donnez votre assentiment, même le plus faible, à quelque thèse que ce soit. Donc si vous vous estimez justifié à croire que la Terre est ronde, ou qu'elle ne l'est pas, ou si vous avez seulement une préférence pour l'une ou l'autre de ces thèses, vous êtes déjà dogmatique aux yeux d'un sceptique qui se fera un plaisir de vous montrer en quoi votre justification et votre prétention à la connaissance, quelle qu'elle soit, sont intenables. Et ne vous y trompez pas : les arguments sceptiques sont, sinon convaincants, en tout cas bien embarrassants ; certains sont même encore aujourd'hui au cœur de nombreuses discussions en épistémologie (c'est-à-dire la partie de la philosophie qui se penche sur la notion de connaissance). Je pense notamment au célèbre trilemme d'Agrippa[1].

Si un dilemme a deux branches, un trilemme en a trois ; et celui d'Agrippa, dans sa formulation contemporaine, se

1. Parfois aussi appelé *trilemme de Münchhausen* (en référence au baron du même nom qui se serait soulevé lui-même par les cheveux pour se tirer d'un marais), mais je préfère le désigner en référence à Agrippa, philosophe sceptique du Ier siècle dont les arguments ont été transmis par Sextus Empiricus. (Pour être tout à fait exact, le trilemme n'existe pas tel quel dans le texte de Sextus Empiricus ; c'est une reconstruction contemporaine qui se rattache au problème de la régression épistémique. Mais Agrippa n'était pas loin de l'avoir formulé.)

présente en gros ainsi. Pour qu'une certaine proposition A soit considérée comme une connaissance, il faut pouvoir la justifier (sans quoi ce n'est qu'un préjugé, fût-il vrai). La justification résidera dans un argument partant d'un certain nombre de prémisses et concluant la proposition A. Prenons le cas le plus simple et disons que A est justifié par un argument dont la seule prémisse est la proposition B. Nous nous demandons : B doit-il être considéré comme une connaissance ? Il semble difficile de le nier : si B n'est pas une connaissance, comment cela pourrait-il servir de prémisse à la justification de la connaissance de A ? Donc B doit être une connaissance, mais alors il faut que cette connaissance soit justifiée par un argument partant de certaines prémisses, disons de la prémisse C, qui doit elle-même être une connaissance, justifiée par un argument, partant d'une prémisse, disons D, qui doit être une connaissance, etc. Ainsi, les justifications de nos connaissances forment des chaînes (A est justifié par B, qui est justifié par C, etc.), et le trilemme d'Agrippa consiste à faire remarquer que ces chaînes ne peuvent avoir que trois structures : (1) soit elles se prolongent à l'infini, (2) soit elles forment une boucle, (3) soit elles s'arrêtent sur des propositions non justifiées. Et il semble que nous ne puissions établir de connaissances dans aucun de ces cas :

(1) *Régression à l'infini.* La justification ne s'achèvera jamais, et nous n'aurons donc jamais pu justifier notre proposition de départ.

(2) *Diallèle.* La justification forme ce que les sceptiques appelaient un *diallèle*, c'est-à-dire un cercle dans le raisonnement, ou une pétition de principe : pour justifier une certaine proposition nous avons fini par présenter un argument dont cette proposition est une prémisse. (Cela paraît aussi désespéré

que de se soulever soi-même par les cheveux comme le baron de Münchhausen.)

(3) *Arrêt dogmatique*. En l'absence de justification, la proposition sur laquelle nous nous arrêtons ne devrait pas être tenue pour une connaissance, et toutes les propositions qui suivent dans la chaîne de justification ne devraient pas non plus être tenues pour des connaissances.

Voilà qui est fort embarrassant[1] : il semble qu'il faille conclure que la connaissance n'est tout simplement pas possible. Mais n'est-ce pas contradictoire ? Au moment où je dis que « la connaissance n'est pas possible », ne suis-je pas en train d'affirmer cela *comme une connaissance* ? Est-ce bien sceptique que d'argumenter pour le scepticisme ?

Ma présentation du trilemme d'Agrippa n'est pas tout à fait celle qu'en donnerait un véritable sceptique. Il serait sans doute plus juste de présenter son argument de façon purement interrogative, comme une série de questions que l'on poserait à toute personne prétendant détenir une connaissance A : « A doit-il être justifié pour être une connaissance ? – Oui. – Qu'est-ce qui te justifie à croire A ? – Je crois A parce que B. – B doit-il être une connaissance pour justifier ta connaissance de A ? – Oui. » Etc. Ces questions peuvent nous amener à suspendre notre jugement sur A, ou plus généralement sur

1. De fait, les épistémologues contemporains n'ont pas d'autre choix que d'accepter l'une des trois branches du trilemme et montrer en quoi elle permet tout de même de fonder la connaissance ; chaque branche du trilemme correspond ainsi à un certain type d'épistémologie : la troisième au *fondationnalisme* (qui est l'approche la plus courante), la deuxième au *cohérentisme* (approche plus marginale), la première à l'*infinitisme* (qui n'est défendu que par une toute petite poignée d'auteurs dont je me demande s'ils ne sont pas avant tout motivés par l'opportunité d'occuper une case vide, et d'être souvent cités pour cela).

la possibilité de la connaissance, mais un véritable sceptique ne l'affirmerait jamais comme tel. Le sceptique ne doit rien affirmer, rien établir, pas même son doute.

La formule sceptique par excellence « Pas plus ceci que cela », autrement dit « À toute thèse on peut opposer une thèse de force égale », ne peut pas être affirmée de façon cohérente. Le sceptique doit plutôt reconnaître que l'on peut, à cette thèse aussi, opposer une thèse de force égale : ainsi « Pas plus “Pas plus ceci que cela” que “Plus ceci que cela” », et ainsi de suite. Autrement dit, un sceptique pleinement cohérent devrait être sceptique quant à son propre scepticisme : il doutera de son doute comme il doute de toute autre chose. Et il va de soi qu'il doutera aussi de son doute sur son doute, et de son doute sur son doute sur son doute, etc. Le sceptique doit être aussi *méta-sceptique* (et *méta-méta-sceptique*, et *méta-méta-méta-sceptique*, etc.)[1].

Cette dimension récursive du scepticisme, qui doute de son propre doute, est particulièrement bien illustrée par ce passage de Sextus Empiricus sur la question de savoir s'il y a un critère de vérité. (Spoiler : il faut suspendre son jugement.)

> « Parmi ceux qui ont consacré une étude au critère [de vérité], les uns ont soutenu qu'il y en a un, comme les stoïciens et certains autres, d'autres qu'il n'y en a pas [...] ; mais s'il y en a ou s'il n'y en a pas, sur ce point nous suspendons notre assentiment.
> « Or ils diront que ce désaccord est soit décidable, soit indécidable. S'il est indécidable, il sera immédiatement accordé qu'il faut suspendre son assentiment, mais s'il est décidable, qu'ils disent par quoi la décision sera faite alors que nous

1. Ce thème est récurrent chez Sextus Empiricus, voir notamment *Esquisses pyrrhoniennes*, *op. cit.*, I, 7, p. 61-63.

> n'avons pas de critère sur lequel nous soyons d'accord, ni ne savons, d'une manière générale, s'il existe, mais que nous le recherchons. Par ailleurs, pour que le désaccord qui existe sur le critère fasse l'objet d'une décision, il faut que nous ayons un critère sur lequel nous soyons d'accord, par lequel nous pourrons prendre une décision sur ce désaccord. Et pour que nous ayons un critère sur lequel nous soyons d'accord, il faut d'abord que le désaccord sur le critère ait fait l'objet d'une décision. Ainsi l'argument tombe-t-il dans le diallèle, et la découverte du critère devient aporétique[1], puisque nous ne leur accordons pas de prendre un critère par hypothèse ; et dans le cas où ils voudraient arriver à une décision sur le critère par un [autre] critère, nous les renvoyons à la régression à l'infini[2]. »

Vous aurez remarqué que la fin de ce passage présente allusivement deux branches du trilemme d'Agrippa, et il serait aisé d'y ajouter la troisième en posant le problème de la façon suivante : si la question « Y a-t-il un critère de vérité ? » est décidable, alors ou bien le critère permettant de décider cette question est précisément celui au sujet duquel la question est posée, et l'on tombe alors dans un diallèle (un cercle) ; ou bien nous utilisons un critère distinct, spécifique à cette question sur le critère, une sorte de *méta-critère* donc, mais il faudrait encore traiter la question « Y a-t-il un *méta-critère* de vérité ? », ce qui appellerait un *méta-méta-critère*, et ainsi de suite, d'où une régression à l'infini ; ou bien enfin poser dogmatiquement un critère de vérité, mais alors rien ne

1. Une aporie est une impasse argumentative ; en l'occurrence il s'agit plutôt d'un cercle mais le résultat est le même : il n'est plus possible d'avancer.

2. *Ibid.*, II, 4, p. 209-211.

justifierait ce critère. (Cette dernière option n'est pas envisagée par le passage, mais cela semble tout à fait dans l'esprit et cela permet de faire un beau trilemme d'Agrippa dans les règles de l'art.)

Notez bien qu'en fin de compte Sextus Empiricus ne conclut pas positivement qu'il n'y a pas de critère de vérité, seulement qu'il faut « suspendre son assentiment », c'est-à-dire suspendre son jugement sur cette question, et le suspendre de même sur la question de savoir si cette question est décidable par un critère de vérité, et sans doute faudrait-il encore le suspendre sur la question de savoir si la question de savoir si cette question est décidable par un critère de vérité est décidable par un critère de vérité, etc. Vous suivez ?

Les sceptiques sont embarrassants. Nous ne voulons pas adopter leur position radicale, mais il est difficile de s'extirper des diallèles et régressions à l'infini où ils nous embarquent dès lors que nous affirmons une connaissance même seulement probable. Peut-être avons-nous tort, après tout ? À trop y réfléchir, je me sens gagné par l'acatalepsie…

Pour aller plus loin :

Carlos Lévy, ***Les Scepticismes***, Paris, PUF, « Que sais-je ? », 2018.

Ce bref ouvrage offre un tour d'horizon des multiples traditions se réclamant du scepticisme, de l'Antiquité jusqu'à aujourd'hui (on y croisera notamment Montaigne, Hume et Russell), et témoigne de la plasticité de cette approche philosophique qui se laisse adapter à toute époque et à toute circonstance.

Anthony A. Long et David N. Sedley, *Les Philosophes hellénistiques*, traduit de l'anglais par Jacques Brunschwig et Pierre Pellegrin, Paris, Flammarion, « GF », 2001, 3 vol.

Ces trois volumes (plutôt savants, certes, mais qui restent accessibles à un lecteur motivé) sont des guides précieux pour se confronter aux textes des grandes philosophies de la période hellénistique, et en particulier à ceux du (ou plutôt des) scepticisme(s) : il réunit, ordonne et commente un grand nombre de sources qui seraient autrement difficiles d'accès. Cette anthologie, qui couvre aussi l'épicurisme et le stoïcisme, s'ouvre et se referme sur une étude approfondie du scepticisme : le pyrrhonisme de Pyrrhon est traité au début du premier volume ; et le troisième volume est entièrement consacré au scepticisme de la Nouvelle Académie et au renouveau du pyrrhonisme dont témoigne Sextus Empiricus.

Intermède médiéval

Ce sont vingt-cinq siècles d'histoire qui séparent Platon de Russell, et pour les couvrir en une vingtaine de chapitres, je vais devoir sacrifier quelques auteurs et quelques périodes. Le Moyen Âge sera, je le crains, ma plus grosse victime à l'autel de la brièveté. Je ne cache pas que mes choix d'auteurs reflètent en large partie mes préférences et mes habitudes de lecteur ; or, comme beaucoup de mes contemporains (même philosophes), j'ai relativement peu lu de philosophie médiévale. C'est une lacune sans aucun doute, car ce millénaire mal aimé ne manque pas de grands textes et de grands auteurs. Beaucoup de théologie s'y mêle sans que la philosophie disparaisse pour autant. L'opposition entre la foi et la raison ne va pas de soi pour les penseurs médiévaux : si la révélation qu'apportent les textes sacrés est vraie, et si l'enquête rationnelle elle aussi mène au vrai, l'une et l'autre ne sauraient se contredire : « La vérité ne peut être contraire à la vérité », écrira le subtil Averroès à ce propos[1]. Ainsi, beaucoup de

1. « Puisque donc cette Révélation est la vérité, et qu'elle appelle à pratiquer l'examen rationnel qui assure la connaissance de la vérité, alors nous, musulmans, savons de science certaine que l'examen [des étants] par la démonstration n'entraînera nulle contradiction avec les enseignements apportés par le Texte révélé : car la vérité ne peut être contraire à la vérité, mais s'accorde avec elle et témoigne en sa faveur »

théologiens seront autant (voire davantage) philosophes que théologiens. Les discussions et controverses philosophiques médiévales sont loin de se réduire à des querelles sur le nombre d'anges pouvant tenir sur la tête d'une épingle. La discussion indirecte entre Averroès et Thomas d'Aquin sur l'éternité du monde et la nature de l'intellect est un débat aussi passionnant qu'important dans l'histoire de la philosophie ; et n'oublions pas que c'est à un docteur de l'Église du XIVe siècle, Guillaume d'Ockham, que l'on doit le rasoir qui porte son nom[1] et qui, plus tard, servira bien souvent à raccourcir la barbe de Dieu.

Pour me faire pardonner d'enjamber cavalièrement le Moyen Âge et sa philosophie, je tenais à consacrer un chapitre à un texte médiéval. Que choisir ? J'ai d'abord songé au fameux argument ontologique d'Anselme sur l'existence de Dieu, ou pourquoi Dieu est trop grand pour ne pas exister[2].

(Averroès, *Discours décisif*, 18, traduit de l'arabe par Marc Geoffroy, Paris, Flammarion, « GF », 1999). Ce passage est suivi d'une discussion sur l'art d'interpréter le sens du texte révélé lorsque son sens littéral entre en contradiction avec ce qui est rationnellement démontré. En somme, pour peu qu'on soit assez souple dans l'interprétation, on peut toujours suivre la raison sans jamais donner tort au texte sacré !

1. Le *rasoir d'Ockham*, ou *principe de parcimonie*, exprimé par la formule suivante : « Les multiples ne doivent pas être utilisés sans nécessité », c'est-à-dire qu'il faut préférer l'explication recourant aux hypothèses les moins nombreuses et les plus simples. (Et il s'avère qu'il est souvent plus parcimonieux de se passer de l'intervention divine dans l'explication des phénomènes…)

2. Pour les curieux, l'argument d'Anselme, son excellente critique par le moine Gaunilon, la réponse d'Anselme, et un ensemble d'autres critiques postérieures (notamment de Thomas d'Aquin et Kant) sont réunis dans ce petit livre : Anselme de Cantorbéry, *Proslogion*, traduit du latin par Bernard Pautrat, Paris, Flammarion, « GF », 1993.

J'ai finalement opté pour deux textes qui serviront d'introduction à la pensée de Descartes avec qui, après ce chapitre, nous allons reprendre notre itinéraire dans la philosophie moderne. Les médiévistes se plaindront (et ils auront raison) que le seul chapitre que je consacre aux auteurs du Moyen Âge serve en fait de marchepied vers la philosophie moderne, mais cela me donne tout de même l'occasion d'évoquer deux figures majeures de la philosophie médiévale : Augustin et Avicenne.

Sur les traces du *cogito*

« L'âme se connaît dès lors qu'elle se cherche »

Augustin d'Hippone et Avicenne sont deux philosophes médiévaux que bien des choses séparent, à commencer par six siècles d'histoire et un continent : Augustin a vécu autour de l'an 400 entre l'Afrique du Nord et l'Italie, et Avicenne vers l'an 1000 du côté de l'Iran et de l'Ouzbékistan actuels. Le premier est de religion chrétienne, c'est l'un des quatre pères de l'Église, et vous pouvez l'appeler saint Augustin depuis qu'un pape en a décidé ainsi. (Mais ne faisons pas de chichis et laissons l'auréole au vestiaire, cher Augustin.) Le second est de religion musulmane, c'est l'un des plus grands savants de son temps, et s'il n'avait pas été lu et commenté par ces vieux auteurs latins qui latinisent sans vergogne tous les noms exotiques, il serait aujourd'hui plutôt appelé Ibn Sīnā. Si je réunis ces deux auteurs dans ce chapitre, c'est pour évoquer deux de leurs textes, assez surprenants, qui se ressemblent dans leur thème et leur argumentation, et qui ressemblent surtout à un troisième, plus tardif et plus fameux : le *cogito* de Descartes.

Cogito, c'est « je pense » en latin, et les philosophes emploient cette expression en référence à la plus célèbre formule de Descartes « Je pense, donc je suis ». Avant d'en venir aux deux textes d'Augustin et d'Avicenne, et pour mieux en apprécier le caractère étonnant et précurseur, je dois faire un détour dans le futur par ce *cogito* de Descartes.

Nous avons quitté la philosophie antique sur le scepticisme et l'idée fâcheuse qu'aucune connaissance n'est possible. Descartes, au début du XVIIe siècle, en cette époque où s'esquisse la révolution scientifique (Galilée est déjà vieux, Newton va bientôt naître), voulait faire table rase du passé et fonder une bonne fois pour toutes la science sur une base certaine, *absolument* certaine, que rien ne puisse ébranler, pas même l'assaut des sceptiques les plus radicaux et agaçants. Mais le doute est corrosif et semble pouvoir tout attaquer. Qu'à cela ne tienne, dira Descartes : mettons toute chose à l'épreuve du doute, nous verrons bien ce qui résiste. Et si rien ne résiste, tant pis pour la science. Notez que Descartes n'est pas sceptique, tout au contraire : il utilise le doute comme une méthode, un moyen d'identifier, par élimination, ce qui pourra être tenu pour certitude absolue. (On parle de *doute méthodique* chez Descartes, non de doute sceptique.)

Descartes commencera par admettre que nous pouvons douter de ce que nous présentent les sens : lorsque nous rêvons, nos sensations sont similaires à celles que nous avons à l'état de veille, et rien ne peut nous garantir à coup sûr que nous ne sommes pas, maintenant, en train de rêver. De façon plus audacieuse, Descartes ira ensuite jusqu'à douter des vérités mathématiques. Certes, 2 + 3 = 5 m'apparaît vrai, mais je peux imaginer qu'« un certain mauvais génie, non moins rusé et trompeur que puissant, a employé toute son industrie à me tromper[1] », et qu'il me donne ainsi l'illusion que 2 et 3 font

1. C'est la fameuse hypothèse du *malin génie* qui nous donne une bonne excuse pour évoquer *Matrix* en cours (et prendre un coup de

5, alors qu'il n'en est rien : je me trompe chaque fois que je veux faire cette addition. C'est un doute des plus extrêmes, des plus fous, un *doute hyperbolique*, une paranoïa épistémologique qui n'exige rien de moins qu'une persécution absurde et constante de la part d'un *malin génie* tout-puissant… Mais encore une fois, pourquoi pas ? Nous pouvons douter.

Dès lors que le doute est poussé si loin, n'y a-t-il rien qui puisse y résister ? Peut-être que je me trompe sur 2 + 3 = 5, mais pour qu'il y ait quelque chose à propos de quoi je me trompe, il faut bien que je *pense* à cette chose. Si je ne pensais pas que 2 + 3 = 5, il n'y aurait aucun sens à dire que je me trompe à ce propos. Il y a ainsi quelque chose de constant dans le doute : c'est le fait que je pense toutes les choses dont je doute, malin génie ou non[1]. Et donc, le fait que je pense, je ne peux pas en douter, puisqu'il faut bien que j'y pense pour en douter. Qu'en pensez-vous ?

Pour le dire encore autrement : *on peut douter de tout, sauf de ce qui rend le doute possible*. Or, la condition de possibilité du doute, c'est que *je pense* l'objet de mon doute. Il est donc certain, absolument certain, indubitable, que je suis en train de penser pendant que je doute : je peux me tromper

---

vieux en se rendant compte que le film est plus vieux que les élèves et qu'aucun ne l'a vu). Voir René Descartes, *Méditations métaphysiques*, I.

1. « Mais il y a un je ne sais quel trompeur très puissant et très rusé, qui emploie toute son industrie à me tromper toujours. Il n'y a donc point de doute que je suis, s'il me trompe ; et qu'il me trompe tant qu'il voudra, il ne saura jamais faire que je ne sois rien, tant que je penserai être quelque chose. De sorte qu'après y avoir bien pensé, et avoir soigneusement examiné toutes choses, enfin il faut conclure et tenir pour constant que cette proposition, je suis, j'existe, est nécessairement vraie, toutes les fois que je la prononce ou que je la conçois en mon esprit » (*ibid.*, II).

sur absolument tout, mais pas sur le fait qu'en ce moment *je pense*. Ou pour le dire en latin, car c'est toujours plus chic : *cogito*.

En outre, si je pense, il faut qu'il y ait *quelque chose* qui pense : le *sujet* de cette pensée. C'est-à-dire *moi*. Je peux douter que le monde extérieur existe (puisque je pourrais rêver, ou un malin génie pourrait tromper mes sens), mais je ne peux pas douter que j'existe, moi, en tant que sujet de cette pensée qui doute. Voilà le sens de ce fameux « Je pense donc je suis » que Descartes formule dans son *Discours de la méthode*, qui sera plus développé dans ses *Méditations métaphysiques*, et que l'on retient souvent sous sa forme latine : *Cogito ergo sum*. (Descartes, en fait, l'a bien écrit en français dans le *Discours de la méthode*, mais toute la discussion savante sur ces questions s'est faite en latin.) Et de là, le mot *cogito* sert communément à désigner cette certitude de ma propre existence comme être pensant.

Deuxième point important, qui suit immédiatement le *cogito* chez Descartes : ce moi qui pense est une substance distincte des substances matérielles. Dans un vocabulaire plus contemporain, cela revient à dire que l'esprit est une entité distincte des entités physiques. L'argument de Descartes[1], qu'on appelle aujourd'hui l'argument modal, repose sur ces deux prémisses : d'une part, il est possible de douter de l'existence des choses matérielles (hypothèse du rêve ou du malin

1. Il est rapidement exprimé dans ce passage : « Je ne suis point cet assemblage de membres que l'on appelle le corps humain ; je ne suis point un air délié et pénétrant, répandu dans tous ces membres ; je ne suis point un vent, un souffle, une vapeur, ni rien de tout ce que je puis feindre et imaginer, puisque j'ai supposé que ce corps n'était rien, et que, sans changer cette supposition, je trouve que je ne laisse pas d'être certain que je suis quelque chose » (*id.*).

génie) ; d'autre part, il est impossible de douter de l'existence d'un moi qui pense (certitude du *cogito*). Conclusion : ce moi qui pense (et dont on ne peut pas douter) est distinct des choses matérielles (dont on peut douter). Selon cet argument, donc, mon esprit est immatériel, distinct de mon corps, et est donc susceptible de survivre au corps (ce qui peut être avantageux et rassurant, il faut en convenir).

Le *cogito* a une importance fondamentale dans la philosophie de Descartes et, à travers lui, dans la philosophie moderne (c'est-à-dire le mouvement qui, à partir de la Renaissance, se développe en réaction à la philosophie médiévale et accompagne la révolution scientifique). En outre, même si la *substance pensante* à la Descartes n'est plus au goût du jour et même si l'on doute généralement de la validité de cet *argument modal* que je viens d'esquisser, l'idée que l'expérience subjective nous donne accès à une forme de connaissance absolument certaine, que cette infaillibilité est inhérente à la subjectivité et qu'elle peut servir de fondement aux connaissances, est encore au cœur de nombreuses discussions contemporaines aussi bien en épistémologie qu'en philosophie de l'esprit[1].

1. À partir de Wittgenstein, par exemple, l'impossibilité de l'erreur à la première personne sera au cœur de nombreuses réflexions en philosophie de l'esprit : « [L]orsque je dis "J'ai mal aux dents", demander "Es-tu certain que c'est toi qui as mal ?" serait absurde. […] Il est tout aussi impossible qu'en énonçant "J'ai mal aux dents" je confonde une autre personne avec moi-même, qu'il est impossible de gémir de douleur par erreur, en ayant confondu quelqu'un d'autre avec soi » (Ludwig Wittgenstein, *Le Cahier bleu et le Cahier brun*, traduit de l'anglais par Marc Goldberg et Jérôme Sackur, Paris, Gallimard, 1996, p. 125). Quant à l'*argument modal* pour l'immatérialité de l'esprit, même s'il est le plus souvent rejeté, il reste important comme point de départ de nombreuses discussions sur la justification du dualisme. Voir Howard

Il faut donc rendre grâce à Descartes pour tout cela, lui qui le premier mit en lumière qu'on ne peut douter que l'on pense, puisqu'il faut penser pour douter.

Tout au moins s'est-il *cru* le premier, et cela lui semblait, à juste titre, une découverte importante. Mais voici ce qu'Augustin d'Hippone écrivait plus de douze siècles avant Descartes, vers l'an 400 :

> « Est-ce l'air qui a la faculté de vivre, de se souvenir, de comprendre, de vouloir, de penser, de savoir ? Ou est-ce le feu, la cervelle, le sang, les atomes, ou je ne sais quel cinquième élément ajouté aux quatre autres, ou l'ensemble et l'organisation de notre corps ? C'est une question sur laquelle les opinions sont partagées, les uns adoptant celle-ci et les autres celle-là. Et cependant personne ne doute qu'il ait la faculté de vivre, de se souvenir, de comprendre, de vouloir, de penser, de savoir et de juger. Bien plus, s'il doute, il vit ; s'il doute de l'origine de son doute, il se souvient ; s'il doute, il comprend qu'il doute ; s'il doute, il veut être certain ; s'il doute, il pense ; s'il doute, il sait qu'il ne sait pas ; s'il doute, il juge qu'il ne doit pas croire au hasard. Quelle que soit donc d'ailleurs la matière de son doute, voilà des choses dont il ne doit pas douter ; car, sans elles, il ne pourrait douter de rien.
>
> « Mais ces choses, ceux qui pensent que l'âme est un corps, ou l'arrangement et l'organisation du corps, veulent les voir dans le sujet, en sorte que la substance de l'âme serait, selon eux, de l'air, du feu, ou un corps quelconque, qu'ils prennent pour l'âme [...].
>
> « Mais ni les uns ni les autres ne s'aperçoivent que l'âme se connaît dès lors qu'elle se cherche, comme nous l'avons

---

Robinson, « Dualism », *in* Edward N. Zalta (éd.), *The Stanford Encyclopedia of Philosophy*, 2017, § 4.3.

> montré plus haut. [...] Or, elle est certaine d'elle-même, comme nous l'avons prouvé plus haut ; et elle n'est nullement certaine qu'elle soit air, feu, ou corps ou partie d'un corps. Elle n'est donc rien de cela ; et l'ordre de se connaître elle-même tend à lui donner la certitude qu'elle n'est aucune des choses dont elle est incertaine, et qu'elle ne doit tenir pour certain que d'être ce qu'elle sait certainement qu'elle est[1]. »

Il est frappant de retrouver dans ces lignes la plupart des éléments du *cogito* de Descartes. D'une part, Augustin présente bien l'argument sur les conditions de possibilité du doute : « S'il doute, il pense », etc., « voilà des choses dont il ne doit pas douter ; car, *sans elles, il ne pourrait douter de rien* ». D'autre part, il développe le même argument modal sur la distinction de l'âme et du corps (justifié par le fait qu'on peut douter de l'existence du second et non de la première) : « [L'âme] est certaine d'elle-même, comme nous l'avons prouvé plus haut ; et elle n'est nullement certaine qu'elle soit air, feu, ou corps ou partie d'un corps. Elle n'est donc rien de cela. »

Bien sûr, certains aspects du texte de Descartes n'ont pas d'équivalent dans celui d'Augustin, comme le doute sur les vérités mathématiques et l'hypothèse du *malin génie*. Par ailleurs, certains points du texte d'Augustin peuvent sembler problématiques et moins précis aujourd'hui[2]. Mais il est

1. Augustin, *De Trinitate*, Livre X, 10, dans *Œuvres complètes* sous la direction de M. Raulx, Bar-le-Duc, 1869.

2. En particulier, un lecteur contemporain pourra trouver problématique qu'Augustin inclue la faculté de *vivre* parmi les facultés que l'âme ne peut douter d'avoir. Cette dimension biologique détonne à côté des autres facultés purement intellectuelles qu'Augustin mentionne : se

difficile de ne pas conclure après cette lecture que le *cogito* est largement une *redécouverte* cartésienne (si ce n'est un emprunt, je vais y revenir).

Passons maintenant à Avicenne. Voici ce que le « prince des savants » écrivait plus de six siècles avant Descartes, peu après l'an 1000 :

> « Il faut que l'un de nous s'imagine comme s'il était créé d'un seul coup et parfait, mais que sa vue soit voilée et [qu'il ne puisse] avoir une vision des choses extérieures ; qu'il est créé tombant dans l'air ou le vide de telle sorte que la constitution de l'air ne le heurte pas de façon telle que cela l'oblige à sentir ; que ses membres sont séparés de sorte qu'ils ne se rencontrent pas et ne se touchent pas. Alors il examine attentivement s'il établit l'existence de son essence. Il n'a pas de doute dans l'établissement de son moi comme existant et il n'établit pas avec cela une partie de ses membres, ni aucun de ses organes internes, ni un cœur, ni un cerveau, ni aucune des choses extérieures. Mais il établit son moi sans établir pour lui ni longueur, ni largeur, ni profondeur. Et s'il lui était possible, en cet état, d'imaginer une main ou un autre membre, il ne l'imaginerait ni comme une partie de son moi, ni comme une condition de son moi.

souvenir, comprendre, vouloir, penser, savoir, juger. Il faut comprendre que, pour un auteur du Ve siècle, la notion d'âme est avant tout une notion biologique : l'âme est par définition le principe qui anime les êtres vivants. (Le *Traité de l'âme* d'Aristote, par exemple, est surtout un traité de biologie.) Or l'argument du *cogito* aboutit à soutenir l'existence d'une âme dont les facultés sont seulement de l'ordre de la pensée, autrement dit un pur esprit. Ce changement dans l'usage du mot *âme* sera clairement assumé par Descartes (et par la philosophie moderne ensuite), pour qui *âme* (*anima*) deviendra bien synonyme d'*esprit* (*mens*) ; mais cela restait difficile à conceptualiser pour Augustin.

> [...] Ainsi, le moi dont [cet homme] a établi l'existence a la propriété d'être lui-même et d'être distinct de son corps et de ses membres qui n'ont pas été établis. Donc, celui qui affirme a un moyen d'éveiller son attention au fait que l'âme est une chose différente du corps, ou plutôt d'un corps – il sait cela et en a conscience. S'il l'avait oublié, il aurait besoin d'être frappé d'un coup de bâton[1] ! »

Cette expérience de pensée de l'homme volant est souvent considérée aujourd'hui comme une autre esquisse du *cogito*. Toutefois, on n'y trouve pas, comme chez Augustin, un véritable argument sur les conditions de possibilité du doute : Avicenne affirme simplement de son homme volant qu'il « n'a pas de doute dans l'établissement de son moi comme existant », ce que l'on peut concevoir en effet en tâchant de faire l'expérience de pensée, mais sans que la raison de cette absence de doute soit nettement explicitée. En revanche, nous retrouvons bien le même argument modal en faveur de la distinction de l'âme et du corps : « Ainsi, le moi dont [cet homme] a établi l'existence a la propriété d'être lui-même et d'être distinct de son corps et de ses membres qui n'ont pas été établis. » Le moi étant établi, c'est-à-dire affirmé comme existant, sans qu'on ait eu besoin d'établir par ailleurs l'existence du moindre corps, ni même de la moindre sensation, Avicenne conclut que « l'âme est une chose différente du

1. Avicenne, *Traité de l'âme du Šifā'*, I, 1, cité par Meryem Sebti, *Avicenne. L'âme humaine*, Paris, PUF, 2000, p. 117-118. J'ai modifié la traduction sur deux points : la phrase « Et s'il lui était possible… » était coupée dans l'extrait cité, mais j'ai pu l'ajouter à partir d'une autre traduction de Souâd Ayada ; et j'ai également utilisé cette traduction pour modifier la dernière phrase qui était traduite de façon moins vigoureuse (et moins littérale) par Sebti, ce qui me semblait un peu dommage !

corps, ou plutôt d'un corps », autrement dit qu'elle est distincte de la matière en général.

Une remarque en passant : si l'on prend au sérieux cette expérience de pensée, elle est extraordinairement angoissante. Imaginez-vous ainsi privé de toute sensation sans que le reste de votre cognition soit affecté, n'être plus qu'une pensée, un moi intérieur, sans la moindre interaction possible avec le monde extérieur. (Vous pouvez fort bien être matérialiste et vous imaginer cela : un cerveau brusquement coupé de toute entrée sensorielle devrait produire une telle expérience consciente. Et ce n'est pas loin de la situation dans laquelle se retrouve le personnage du film *Johnny s'en va-t-en guerre* de Dalton Trumbo, ayant perdu la vue, l'ouïe, l'odorat, et amputé de tous ses membres ; il lui reste tout de même la sensibilité de sa peau, mais l'eût-il perdue aussi, il serait tout à fait cet homme volant d'Avicenne.) Certes, je peux croire que je n'en serais pas moins convaincu de ma propre existence en tant que sujet pensant, mais je risque aussi de devenir assez vite fou : il est difficile et effrayant d'imaginer ce que serait cette existence flottante…

Si Descartes n'a pas eu accès aux textes d'Avicenne et n'a donc pas pu être influencé par leur lecture, il avait bien accès à ceux d'Augustin et il n'est pas saugrenu de se demander si ses idées n'ont pas tant été redécouvertes qu'inspirées voire empruntées, plus ou moins sciemment[1]. Dès la parution de son *Discours de la méthode*, l'un de ses premiers lecteurs, le père Mersenne, écrivit à Descartes pour lui signaler la ressemblance entre son « Je pense, donc je suis » et plusieurs passages d'Augustin. Dans une réponse lapidaire, Descartes se

1. Cette piste est explorée en détail dans l'ouvrage de Zbigniew Janowski, *Index augustino-cartésien*, Paris, Vrin, 2000.

contentera d'écrire : « Saint Augustin […] ne me semble pas s'en servir à même usage que je fais[1]. » Descartes semblait surtout un peu vexé que l'on remette en doute la paternité d'une idée dont il était si fier.

Mais, tout bien considéré, elle n'est pas d'une originalité si extraordinaire et il n'y a rien de surprenant à ce que des auteurs divers l'aient évoquée avant lui, voire l'aient développée comme Augustin ou Avicenne. Sans doute, en creusant un peu, pourrait-on déterrer encore bien d'autres esquisses de *cogito* pré-cartésiens…

En somme, Descartes a été le Christophe Colomb du *cogito* : non pas le premier à le découvrir, mais le dernier à avoir pu se croire le premier. Ce n'est pas un mérite si mince, car il fallait pour cela que Descartes souligne si bien

1. Lettre à Mersenne, 25 mai 1637. À un autre interlocuteur, il dira de façon plus précise : « Vous m'avez obligé de m'avertir du passage de saint Augustin auquel mon "Je pense donc je suis" a quelque rapport. Je l'ai été aujourd'hui lire en la bibliothèque de cette ville et je trouve véritablement qu'il s'en sert pour prouver la certitude de notre être et ensuite, pour faire voir qu'il y a en nous quelque image de la Trinité […] au lieu que je m'en sers pour faire connaître que ce moi qui pense est une substance immatérielle et qui n'a rien de corporel ; qui sont deux choses différentes » (Lettre à Colvius, 14 novembre 1640). (Les deux lettres sont citées par Zbigniew Janowski, *op. cit.*, p. 137.) Si Descartes a bien lu le passage du *De Trinitate* présenté dans ce chapitre, il fait preuve d'une certaine mauvaise foi… De fait, dans ses lettres, c'est la paternité de cet argument modal pour la distinction de l'âme qui semble lui tenir le plus à cœur, et ce n'est pourtant pas le point le plus original : on le trouve aussi bien chez Augustin que chez Avicenne. L'originalité de Descartes réside plutôt dans l'idée d'utiliser le *cogito* comme point de départ de toute connaissance, laquelle en effet n'est pas aussi présente chez ses prédécesseurs et constitue bien une nouveauté théorique importante. (Il insistera davantage sur ce point dans ses *Principes de philosophie*.)

l'importance et le caractère fondamental du *cogito* que personne dans son siècle ni pour les siècles suivants ne pourra plus l'ignorer. Le drapeau cartésien est définitivement planté sur cette *terra incognita*.

Pour aller plus loin :

Alain de Libéra, ***Penser au Moyen Âge***, Paris, Seuil, 1996.

Pour me faire pardonner d'avoir si peu parlé de philosophie médiévale, je vais conseiller quelques livres qui en parlent bien plus et bien mieux que je ne pourrais le faire. Ce premier livre ne ressemble pas à l'idée que vous vous feriez d'un livre sur la philosophie médiévale par l'un des plus grands spécialistes du sujet. Au demeurant, si vous tenez à lire un livre conforme à cette idée, vous pouvez toujours vous plonger dans le manuel du même auteur intitulé *La Philosophie médiévale* (Paris, PUF, « Quadrige », 2019), beaucoup plus complet mais aussi bien plus austère et moins amusant. Car *Penser au Moyen Âge* est souvent drôle et agréable à lire, et n'est pas une introduction à la philosophie médiévale dans son ensemble. Alain de Libéra construit son livre autour d'un événement précis et particulièrement significatif, du point de vue historique et philosophique : la condamnation en 1277, par l'évêque de Paris Étienne Tempier, de 219 thèses philosophiques qu'il sera désormais interdit d'enseigner à l'Université. De quoi cet événement était-il le signe, et quelle répercussion aura-t-il sur la vie intellectuelle européenne ?

Ali Benmakhlouf, ***Pourquoi lire les philosophes arabes ?***, Paris, Albin Michel, 2015.

Ali Benmakhlouf est spécialiste de philosophie de la logique et particulièrement des débuts de la philosophie analytique : Frege, Russell, Wittgenstein. (Que de doux sons à mes oreilles…) Je le connaissais notamment pour son ouvrage sur l'atomisme logique de Russell, l'une des rares sources en français sur ce sujet. Il se trouve que, par ailleurs, Ali Benmakhlouf a aussi écrit plusieurs ouvrages sur la philosophie arabe médiévale, dont *Pourquoi lire les philosophes arabes ?* Ce livre, qui comme son titre le suggère ne s'adresse pas au spécialiste, permet de découvrir et de comprendre cette tradition longtemps négligée en Occident mais particulièrement riche et qui eut une importance considérable sur les philosophes médiévaux chrétiens, notamment sur la question du rapport entre raison et foi.

DEUXIÈME PARTIE

Philosophie moderne

RENÉ DESCARTES
ET ÉLISABETH DE BOHÊME

La princesse et le philosophe

« Les sens me montrent que l'âme meut
le corps, mais ne m'enseignent point
la façon dont elle le fait »

En 1643, à La Haye, René Descartes, philosophe grisonnant, rencontre Élisabeth de Bohême, princesse palatine. Le premier s'est fait connaître par deux ouvrages majeurs, le *Discours de la méthode* (1637) et les *Méditations métaphysiques* (1641), qui entendent poser les bases d'une nouvelle méthode pour les sciences et d'une nouvelle métaphysique. La seconde est la fille d'un roi de Bohême détrôné, en exil en Hollande ; elle a vingt-cinq ans mais déjà la réputation d'une intelligence remarquable, aussi douée pour les mathématiques que pour les arts et les lettres, et montre un intérêt et des dispositions particulières pour la philosophie. Tous deux entretiendront, jusqu'à la mort de Descartes en 1651, une correspondance qui aura une grande influence sur celui-ci, et surtout sur son dernier ouvrage, *Les Passions de l'âme*. Sous ce titre, qui pourrait être celui d'une saga de l'été ou d'un roman sentimental contant l'amour contrarié d'un philosophe à la moustache frétillante pour une jeune princesse infortunée, se cache un traité de philosophie où la difficile question des interactions entre l'âme et le corps est abordée sous un jour nouveau.

Si je plaisante sur la moustache de Descartes, c'est d'une part parce qu'il arbore l'une des plus belles de l'histoire de la philosophie (après celle de Nietzsche, bien sûr) et d'autre part parce que certains passages croustillants de la correspondance ont pu nourrir l'imagination des lecteurs. Par exemple, en réponse à la première lettre de la princesse, Descartes assure qu'elle a mieux fait de mettre ses pensées par écrit car, en les recevant de sa bouche, il eût été trop ébloui par ses grâces pour pouvoir les comprendre :

> « Car j'aurais eu trop de merveilles à admirer en même temps ; et voyant sortir des discours plus qu'humains d'un corps si semblable à ceux que les peintres donnent aux anges, j'eusse été ravi de même façon que me semblent le devoir être ceux qui, venant de la terre, entrent nouvellement dans le ciel[1]. »

Pas très subtil, même pour le XVIIe siècle. Élisabeth répondra, après un silence d'un mois, par une lettre reprochant à Descartes non seulement de lui avoir fait, « au préjudice de son jugement, [...] de fausses louanges », mais surtout de n'avoir pas vraiment répondu aux questions judicieuses qu'elle posait sur l'interaction entre l'âme et le corps ; car enfin ce n'est pas pour conter fleurette mais bien pour discuter de philosophie qu'elle écrivait au philosophe !

En effet, la toute première lettre d'Élisabeth à Descartes mettait immédiatement le doigt sur la principale difficulté de

1. Lettre à Élisabeth du 21 mai 1643, *in Correspondance avec Élisabeth*, Paris, Flammarion, « GF », 1989, p. 67.

son système métaphysique : comment l'âme peut-elle agir sur la matière du corps alors qu'elle n'est rien de matériel ? Pour comprendre en quoi cette question est cruciale chez Descartes, il me faut d'abord expliquer en quelques mots son dualisme et son mécanisme.

La position de Descartes (déjà évoquée au chapitre précédent) selon laquelle l'âme est une substance distincte de toutes les substances matérielles est appelée *dualisme* ou plus rigoureusement *dualisme des substances*. Selon Descartes, la nature de l'âme n'est que de penser (en un sens large qui inclut les actes de la volonté et la sensation), tandis que la nature de la matière réside dans son extension dans l'espace (ce qu'on appellerait aujourd'hui ses propriétés physiques) : chose pensante d'un côté, chose étendue de l'autre, les deux types de substance, âme et corps, sont clairement distincts.

Cette approche cartésienne s'opposait à la conception dominante dans la scolastique médiévale selon laquelle tout être est un composé de matière et de forme, où la forme joue en quelque sorte le rôle d'*âme* animant les choses (et permettant d'expliquer leur activité d'une façon un peu magique : par exemple, si une plante croît, c'est en vertu de son âme végétative qui a précisément pour fonction de la faire croître, c'est commode). Ainsi, en retirant cette âme de la matière, Descartes ouvrait la voie à une conception beaucoup plus scientifique du monde matériel : tout phénomène physique devrait pouvoir s'expliquer par des causes physiques, sans faire appel à ces formes mystérieuses. Plus précisément, pour Descartes, il s'agissait seulement de causes *mécaniques*, comme un vaste jeu de boules de billard où la quantité de mouvement est toujours conservée : un corps ne peut être mis en mouvement qu'au contact d'un autre corps qui le lui transmet. Voilà, de façon très résumée, ce que l'on appelle le *mécanisme cartésien*. Et même s'il est erroné sur bien des points[1], il faut reconnaître une certaine justesse à cette intuition, par exemple lorsque Descartes conçoit le corps des êtres vivants comme des machines d'une extrême complexité.

Il lui est souvent reproché d'avoir défendu la théorie des animaux-machines qui nie à ces derniers la moindre sensibilité, mais cela occulte le point intéressant et novateur : Descartes soutient que le corps de tous les êtres vivants, y compris des êtres humains, est une sorte de machine. Sa théorie des animaux-machines est en fait une théorie des animaux-corps : les animaux se réduiraient à un corps-machine sans âme (et donc sans sensibilité) ; tandis que l'être humain aurait ceci de particulier, pour Descartes, qu'il y aurait, uni à ce corps-machine, une âme (et donc une sensibilité). Cette âme, nous savons que nous l'avons grâce au *cogito* : tant que je pense, je suis certain d'exister en tant que chose pensante, autrement dit d'être un esprit, une âme. Le *cogito* (ou plus exactement

---

1. Si l'idée que la quantité de mouvement doit être conservée était plutôt juste, les lois du choc que Descartes en tire dans les *Principes de philosophie* (1644) sont presque toutes fausses. D'autre part, cette conception mécaniste selon laquelle il n'y a de transmission de mouvement que par contact, lorsque les corps se choquent, s'opposait à l'idée d'une action à distance et instantanée pour expliquer la pesanteur, qui sera supposée quelques décennies plus tard par la théorie de la gravitation de Newton. Les cartésiens refusèrent avec obstination cette inexplicable force newtonienne qui avait à leurs yeux quelque chose d'aussi magique et occulte que les formes des scolastiques. Et même si les cartésiens n'avaient guère mieux à proposer, ce reproche à Newton n'en était pas moins légitime ; le rejet de cette idée de force s'exerçant à distance et d'une façon instantanée est un des éléments qui motiveront Einstein à envisager une toute nouvelle théorie de la gravitation qui en fera l'économie avec succès : la théorie de la relativité générale.

l'argument modal) convainc aussi Descartes que cette âme est distincte de tous les corps[1].

Nous voilà donc avec d'un côté ce dualisme strict qui pose l'âme comme pure substance pensante, et de l'autre côté ce mécanisme tout aussi strict d'après lequel les corps ne peuvent être mis en mouvement que par contact direct avec d'autres corps. Ces deux thèses prises ensemble posent une difficulté qu'Élisabeth, dans sa première lettre à Descartes, souligne avec raison :

> « [Je vous prie] de me dire comment l'âme de l'homme peut déterminer les esprits du corps, pour faire les actions volontaires (n'étant qu'une substance pensante). Car il semble que toute détermination de mouvement se fait par la pulsion de la chose mue, à manière dont elle est poussée par celle qui la meut, ou bien de la qualification et figure de la superficie de cette dernière[2]. L'attouchement est requis aux deux premières conditions, et l'extension à la troisième. Vous excluez entièrement celle-ci de la notion que vous avez de l'âme, et celui-là me paraît incompatible avec une chose immatérielle[3]. »

1. Pour comprendre pourquoi, voir le chapitre précédent sur l'*argument modal* en faveur de l'immatérialité de l'âme, que l'on retrouve chez Augustin et Avicenne, même si Descartes veut persuader le reste du monde qu'il est le premier à y avoir pensé.
2. Je dois reconnaître ne pas être tout à fait sûr de comprendre à quoi Élisabeth fait allusion en parlant de la « qualification et figure de la superficie » de la chose qui meut. (Le français n'est pas la langue maternelle de cette princesse de Bohême qui use de nombreuses tournures étranges…) Peut-être veut-elle dire que ce qui détermine le mouvement d'une chose mue est (1) la quantité de mouvement (« pulsion ») reçue par une chose motrice, (2) la façon (« qualification ») dont cette dernière pousse la chose mue et (3) la forme (« figure ») de cette chose motrice.
3. Lettre d'Élisabeth à Descartes du 16 mai 1643, *in Correspondance avec Élisabeth*, *op. cit.*, p. 66.

Il est amusant de voir Élisabeth utiliser les principes de Descartes contre Descartes : ainsi lui rappelle-t-elle que, d'une part, son mécanisme implique que seules les propriétés d'un corps peuvent déterminer le mouvement d'un autre corps, et que, d'autre part, son dualisme refuse à l'âme toute propriété du corps. Pourtant, il semble bien que l'âme agisse sur le corps dans le cas du mouvement volontaire : une pensée (la volition) semble déterminer un mouvement du corps. En sens inverse, on peut aussi remarquer que des affects du corps (par exemple un coup de marteau sur le petit doigt) semblent avoir des effets sur l'âme (une sensation de douleur assez vive, n'est-ce pas ?). En somme, il semble qu'il y ait des interactions entre l'âme et le corps, alors même que le dualisme et le mécanisme de Descartes impliquent que ces interactions sont impossibles. Voilà qui est fort embarrassant.

Descartes avait déjà en partie traité ces questions dans ses *Méditations métaphysiques*. Il y faisait remarquer que l'âme et le corps interagissent, certes, et qu'en outre l'âme n'est pas « comme un pilote en son navire », c'est-à-dire aux commandes du corps mais affectivement distinct de ce à quoi il commande. En effet, lorsqu'un câble du navire est rompu, le pilote ne ressent pas cette affection mais l'aperçoit seulement par l'esprit ; tandis que lorsqu'un câble du corps se rompt, l'expérience en notre âme est tout à fait différente : nous ressentons la douleur en nous-mêmes. Ainsi, écrit Descartes, cette expérience de la douleur nous montre que l'âme serait comme *unie avec le corps*, composant comme *un seul tout*. Descartes parlera de l'*union* du corps et de l'âme, ce qui, à première vue, est en totale contradiction avec son dualisme[1]. Et c'est donc bien légitimement sur ce point qu'Élisabeth attend des éclaircissements.

La première lettre du philosophe en réponse à la princesse est assez déroutante (et pas seulement parce que, dès le premier paragraphe, il compare le corps de son interlocutrice à celui d'un ange). Descartes se contente de faire valoir que nous avons une notion intuitive de l'union de l'âme et du corps, et présente une étrange comparaison entre cette intuition et celle que nous avons de la pesanteur : ainsi, nous avons l'impression que la force de pesanteur s'exerce à distance et sans contact et nous devrions plaquer cette même intuition sur le rapport de l'âme au corps[2]. Élisabeth ne se laissera pas convaincre par cet argument des plus douteux et reviendra à la charge dans sa deuxième lettre :

1. « La nature m'enseigne aussi par ces sentiments de douleur, de faim, de soif, etc., que je ne suis pas seulement logé dans mon corps, ainsi qu'un pilote en son navire, mais, outre cela, que je lui suis conjoint très étroitement et tellement confondu et mêlé, que je compose *comme un seul tout avec lui*. Car, si cela n'était, lorsque mon corps est blessé, je ne sentirais pas pour cela de la douleur, moi qui ne suis qu'une chose qui pense, mais j'apercevrais cette blessure par le seul entendement, comme un pilote aperçoit par la vue si quelque chose se rompt dans son vaisseau [...]. Car en effet, tous ces sentiments de faim, de soif, de douleur, etc., ne sont autre chose que de certaines façons confuses de penser, qui proviennent et dépendent de l'*union et comme du mélange de l'esprit avec le corps* » (René Descartes, *Méditations métaphysiques*, VI, je souligne).
2. Voir Lettre de Descartes à Élisabeth du 21 mai 1643, in *Correspondance avec Élisabeth*, *op. cit.*, p. 69-70. Cet argument est d'autant plus douteux d'un point de vue cartésien que Descartes s'est justement efforcé d'expliquer la pesanteur et le mouvement des planètes, dans le cadre de son mécanisme, en rejetant l'idée d'action à distance.

> « [Je ne peux] comprendre l'idée par laquelle nous devons juger comment l'âme (non étendue et immatérielle) peut mouvoir le corps. [...]
> « Et j'avoue qu'il me serait plus facile de concéder la matière et l'extension **à l'**âme, que la capacité de mouvoir un corps et d'en être ému, à un être immatériel. [...] [Il est] très difficile à comprendre qu'une âme, comme vous l'avez décrite, après avoir eu la faculté et l'habitude de bien raisonner, peut perdre tout cela par quelques vapeurs, et que, pouvant subsister sans le corps et n'ayant rien de commun avec lui, elle en soit tellement régie[1]. »

De façon intéressante, Élisabeth semble nettement pencher vers le matérialisme : elle confesse ici qu'il lui est plus facile de renoncer à l'immatérialité de l'âme que d'accepter l'idée qu'une âme immatérielle agisse sur la matière. Quelques siècles plus tard, cette position matérialiste (ou plutôt *physicaliste* disons-nous aujourd'hui, c'est-à-dire l'idée qu'il n'y a rien en dehors du monde physique) deviendra la plus commune, en philosophie comme ailleurs ; et Élisabeth en serait donc, mine de rien, une précurseuse à une époque où il n'y en avait guère[2]. C'est en soi assez remarquable. Malheureusement, les femmes de son temps n'étaient guère encouragées à écrire des traités de philosophie, si bien que sa pensée ne sera pas davantage développée en dehors de sa correspondance avec Descartes.

1. Lettre d'Élisabeth à Descartes du 20 juin 1643, *in ibid.*, p. 71-72.
2. Thomas Hobbes, l'un des rares autres matérialistes du XVIIe siècle, faisait une remarque similaire dans ses objections aux *Méditations* : « [...] de ce que nous ne pouvons séparer la pensée d'une matière qui pense, il semble qu'on doit plutôt inférer qu'une chose qui pense est matérielle, qu'immatérielle ».

La réponse de ce dernier à la deuxième lettre d'Élisabeth est beaucoup plus claire mais, me semble-t-il, tout aussi peu convaincante :

> « Premièrement, donc, je remarque une grande différence entre ces trois sortes de notions[1], en ce que l'âme ne se conçoit que par l'entendement pur ; le corps, c'est-à-dire l'extension, les figures et les mouvements, se peuvent aussi connaître par l'entendement seul, mais beaucoup mieux par l'entendement aidé de l'imagination ; et enfin, les choses qui appartiennent à l'union de l'âme et du corps, ne se connaissent qu'obscurément par l'entendement seul, ni même par l'entendement aidé de l'imagination ; mais elles se connaissent très clairement par les sens. D'où vient que ceux qui ne philosophent jamais, et qui ne se servent que de leurs sens, ne doutent point que l'âme ne meuve le corps, et que le corps n'agisse sur l'âme ; mais ils considèrent l'un et l'autre comme une seule chose, c'est-à-dire, ils conçoivent leur union ; car concevoir l'union qui est entre deux choses, c'est les concevoir comme une seule. Et les pensées métaphysiques, qui exercent l'entendement pur, servent à nous rendre la notion de l'âme familière ; et l'étude des mathématiques, qui exerce principalement l'imagination en la considération des figures et des mouvements, nous accoutume à former des notions du corps bien distinctes ; et enfin, c'est en usant seulement de la vie et des conversations ordinaires, et en

1. Dans sa lettre précédente, Descartes défendait que nous avons « certaines notions primitives, qui sont comme des originaux, sur le patron desquels nous formons toutes nos autres connaissances », et parmi lesquelles principalement les trois notions du corps (la chose étendue), de l'âme (la chose pensante) et de l'union de l'âme et du corps. Voir Lettre de Descartes à Élisabeth du 21 mai 1643, *in Correspondance avec Élisabeth*, *op. cit.*, p. 68.

s'abstenant de méditer et d'étudier aux choses qui exercent l'imagination, qu'on apprend à concevoir l'union de l'âme et du corps.

« J'ai quasi peur que Votre Altesse ne pense que je ne parle pas ici sérieusement ; mais cela serait contraire au respect que je lui dois, et que je ne manquerai jamais de lui rendre. Et je puis dire, avec vérité, que la principale règle que j'ai toujours observée en mes études et celle que je crois m'avoir le plus servi pour acquérir quelque connaissance, a été que je n'ai jamais employé que fort peu d'heures, par jour, aux pensées qui occupent l'imagination, et fort peu d'heures, par an, à celles qui occupent l'entendement seul, et que j'ai donné tout le reste de mon temps au relâche des sens et au repos de l'esprit. [...] Ce que je prends la liberté d'écrire ici à Votre Altesse, pour lui témoigner que j'admire véritablement que, parmi les affaires et les soins qui ne manquent jamais aux personnes qui sont ensemble de grand esprit et de grande naissance, elle ait pu vaquer aux méditations qui sont requises pour bien connaître la distinction qui est entre l'âme et le corps. Mais j'ai jugé que c'était ces méditations, plutôt que les pensées qui requièrent moins d'attention, qui lui ont fait trouver de l'obscurité en la notion que nous avons de leur union[1]. »

En somme, pour comprendre l'union de l'âme et du corps, n'y pensez pas : vivez. Si cette union semble obscure à la pauvre Élisabeth, c'est qu'elle passe justement trop de temps à philosopher, à méditer sur la nature de l'âme. Pourquoi se casser la tête sur des questions si difficiles, alors qu'elles se résolvent pourvu qu'on les oublie ? Descartes, plus raisonnable, ne consacre à la métaphysique que quelques heures

1. Lettre de Descartes à Élisabeth du 28 juin 1643, *in ibid.*, p. 73-75.

par an, juste assez pour un *cogito* qui lui rappelle que l'âme est distincte du corps, et il peut laisser le reste du temps « au relâche des sens et au repos de l'esprit » dans lesquels il sent bien, après tout, qu'il ne fait qu'un avec son corps. Eh quoi ! Cela entre-t-il en contradiction avec ce qu'il a conclu par sa méditation ? Il n'est plus l'heure de méditer avant l'année prochaine. Ô Descartes ou la sagesse de la paresse ! De fait, ce philosophe était un grand paresseux qui, dit-on, restait volontiers dix heures par jour au lit. (Sur la fin de sa vie, la reine de Suède qui le fit venir à sa cour aura la fantaisie de vouloir s'entretenir avec le philosophe chaque matin à 5 heures. Le lève-tard invétéré ne tiendra pas deux ans avant de mourir[1].)

Ainsi donc, l'union de l'âme et du corps est évidente dans l'expérience quotidienne de l'action et de la sensation. Soit. Mais cela répond-il vraiment aux questions de la princesse ? Ce qui l'intéressait, à juste titre, c'était de savoir comment cette union de l'âme et du corps pourrait être rendue compatible avec le dualisme des substances et le mécanisme cartésien, trois idées qui semblent impossibles à soutenir en même temps. Mais Descartes, dans sa lettre, n'a pas fait un pas

1. Descartes est mort d'une pneumonie le 11 février 1650 ; la rigueur du climat suédois et l'horaire inhabituellement matinal de ces cours sont habituellement présentés comme deux causes principales de la détérioration de sa santé. (Selon une hypothèse de l'universitaire allemand Theodor Ebert, qui ne convainc pas ses collègues mais a le mérite d'être romanesque, Descartes aurait plutôt été empoisonné par une hostie tendue par l'aumônier François Viogué : le prêtre aurait redouté que la reine ne soit dissuadée de se convertir au catholicisme par l'influence du philosophe, notamment parce que celui-ci doutait du dogme de la transsubstantiation selon lequel le corps du Christ est réellement présent dans l'hostie lors de l'eucharistie. De ce point de vue, le mode opératoire de l'assassinat serait assez ironique.)

vers une solution : il semble moins enclin à en discuter qu'à donner des raisons de ne pas le faire.

Sans surprise, Élisabeth, dans sa réponse, ne se rendra pas à l'invitation de Descartes de cesser de philosopher pour se contenter de sentir et vivre l'union de l'âme et du corps :

> « Je trouve aussi que les sens me montrent que l'âme meut le corps, mais ne m'enseignent point (non plus que l'entendement et l'imagination) la façon dont elle le fait. Et, pour cela, je pense qu'il y a des propriétés de l'âme, qui nous sont inconnues, qui pourront peut-être renverser ce que vos *Méditations métaphysiques* m'ont persuadée, par de si bonnes raisons, de l'inextension de l'âme. Et ce doute semble être fondé sur la règle que vous y donnez, en parlant du vrai et du faux, et que toute l'erreur nous vient de former des jugements de ce que nous ne percevons assez[1]. »

Il est savoureux de voir la princesse Élisabeth, pas moins philosophe que son interlocuteur, utiliser les principes de Descartes contre Descartes. On peut à nouveau constater qu'elle penche du côté matérialiste : face aux difficultés que posent les interactions entre l'âme et le corps, elle s'avoue encline à envisager que l'âme ne soit pas si immatérielle que Descartes le soutenait ; l'argument tiré de son *cogito* n'est peut-être pas si convaincant qu'elle l'avait cru… En tout cas, *sentir* l'union de l'âme et du corps ne la satisfait pas : elle veut *comprendre* ce qu'il en est. Et elle ne sera pas la seule : tous les philosophes qui réfléchiront à ces questions après Descartes, tout en s'appuyant sur son œuvre, s'efforceront de résoudre,

1. Lettre d'Élisabeth à Descartes du 1er juillet 1643, *in ibid.*, p. 77.

d'une façon ou d'une autre, cette difficulté centrale[1]. Et il est remarquable que ces questions sur les rapports entre l'esprit et le corps restent ouvertes et débattues dans la philosophie contemporaine : les objections d'Élisabeth à Descartes, quatre siècles après leurs échanges, sont encore les nôtres.

Pour aller plus loin :

René Descartes, ***Correspondance avec Élisabeth***, Paris, Flammarion, « GF », 1989.

Cette édition reproduit non seulement l'intégralité de la correspondance entre Descartes et Élisabeth mais aussi une sélection de lettres de Descartes à d'autres interlocuteurs sur les mêmes thèmes. Je n'ai évoqué dans ce chapitre que les cinq premières lettres qui concernent l'interaction de l'âme et du corps ; le reste de la correspondance est très différent, souvent personnel et touchant, et finit par développer surtout des thématiques morales et pratiques qui seront dans une large part à l'origine du traité des *Passions de l'âme* de Descartes. Élisabeth est une interlocutrice exigeante, mettant régulièrement le doigt sur les faiblesses des arguments de Descartes, comme dans les lettres du 30 septembre et du 28 octobre 1645

1. On peut citer l'occasionnalisme de Malebranche : les interactions entre l'âme et le corps sont des miracles réglés et réalisés par Dieu lui-même, rien que ça ; le monisme neutre de Spinoza : il n'y a en fait qu'une seule substance (appelez-la Dieu ou la nature si cela vous chante) et cette substance a un « aspect » physique et un aspect « mental » ; ou le parallélisme de Leibniz : il n'y a pas d'interaction entre l'âme et le corps, seulement l'illusion d'interactions grâce à des séries causales parallèles bien réglées (un peu comme l'illusion que l'image d'acteurs remuant leur bouche cause les sons que nous entendons, alors que les pistes vidéo et audio sont évidemment distinctes).

où elle argumente contre ce dernier, de façon ingénue mais audacieuse, que croire en l'existence de Dieu, en l'immortalité de l'âme et en la providence divine ne semble fournir aucune aide pratique pour guider nos jugements moraux (tandis que Descartes soutenait au contraire qu'il suffit de connaître ces vérités pour être assuré de bien juger). On peut en revanche reprocher à cette édition un oubli assez incroyable : Élisabeth de Bohême n'y est pas créditée. Un seul nom d'auteur en couverture, celui de Descartes, et nulle autrice. (Autrice ! Pour ceux qui auraient le mauvais goût de râler contre ce néologisme, sachez qu'il était précisément en usage du temps d'Élisabeth ; c'est donc bien plutôt un archaïsme, témoin d'une époque étrange où l'on croyait qu'*auteur* pouvait se dire au féminin.)

René Descartes, ***Méditations métaphysiques***, Paris, Flammarion, « GF », 2009.

C'est l'un des textes les plus classiques de l'histoire de la philosophie. Vous pouvez prendre six jours pour lire les six méditations, et vous reposer le septième, comme Dieu (dont vous aurez prouvé l'existence aux troisième et cinquième jours). Il y a bien des passages un peu touffus, surtout dans les objections et les réponses, mais vous pourrez sans peine lire les deux premières méditations (avant que Dieu ne vienne s'en mêler) qui sont les plus intéressantes et les plus étudiées.

Jaegwon Kim, ***Philosophie de l'esprit***, traduit de l'anglais par David Michel-Pajus, Mathieu Mulcey et Charles Théret, sous la direction de Mathieu Mulcey, Paris, Ithaque, 2008.

Si ces questions de l'interaction entre l'esprit et le corps vous intéressent, sachez que c'est au cœur d'une des branches les plus passionnantes et actives de la philosophie contemporaine : la philosophie de l'esprit. Ce livre excellent en est une introduction à la fois accessible et exigeante par l'un des plus grands spécialistes du sujet. Que demander de plus ?

THOMAS HOBBES

Dépasser ou être dépassé

« Et abandonner la course, c'est mourir »

Thomas Hobbes est fameux pour être l'auteur de la formule : « L'homme est un loup pour l'homme. » C'est un peu triste puisqu'il n'en est pas l'auteur : il s'agit d'un adage latin dont la plus ancienne variation se trouve dans une comédie de Plaute, poète comique du IIe siècle avant J.-C. Et non seulement cette formule, devenue proverbiale, avait été reprise par bien d'autres avant Hobbes, mais lui-même n'a fait que la mentionner une fois, au détour d'une phrase, sans lui donner une importance particulière[1]. Néanmoins, elle semblait si bien résumer la vision que le philosophe se faisait de la nature humaine que cette petite phrase lui est restée associée.

Il est intéressant de lire le passage de Plaute dont elle provient, car le sens n'en est pas tout à fait celui auquel on pourrait s'attendre. Le poète la met dans la bouche d'un

1. Thomas Hobbes, *De Cive* (1642), Épître dédicatoire : « Et certainement il est également vrai, et qu'un homme est un dieu à un autre homme, et qu'un homme est aussi un loup à un autre homme. La première assertion est vraie si l'on regarde les rapports des citoyens entre eux ; la seconde l'est pour les cités entre elles. » Ainsi, Hobbes n'applique ici la formule qu'au rapport des cités (ou plus largement des États) entre elles, pas aux individus.

marchand refusant de prêter de l'argent à un inconnu, faisant observer que :

> « L'homme est un loup, non un homme, à l'homme qui ne le connaît pas encore[1]. »

Ainsi, contrairement à l'interprétation commune, il ne s'agit pas de dire que chacun est prêt à égorger son semblable, mais seulement que nous nous en *méfions*, comme nous nous méfierions d'un loup, tant qu'il nous est inconnu. Et, précisément, la méfiance à l'égard d'autrui et la crainte de la violence qu'il pourrait exercer contre nous constituent un thème central chez Hobbes. Selon lui, en l'absence d'État qui nous protège mutuellement, chacun a tout à redouter des autres, puisque, livré à ses propres forces, même le plus fort n'est pas à l'abri d'être tué par le plus faible. La peur (et particulièrement la peur d'une mort violente) occupe une place prépondérante dans la pensée de Hobbes.

Il faut dire que nous avons affaire à un Anglais du XVIIe siècle et qu'il ne faisait pas bon vivre en ce XVIIe siècle en Angleterre où des troubles politiques intenses mèneront notamment à trois guerres civiles entre 1642 et 1651. Lorsque Hobbes parle de situations où l'État ne garantit plus la sécurité des individus et où chacun peut craindre la violence de tout autre, ce ne sont donc pas de pures abstractions : la guerre civile, dont il a été témoin et dans laquelle il craindra toujours que l'Angleterre retombe, en est le plus tragique exemple. D'où, peut-être, un certain pessimisme quant à la nature humaine[2].

---

1. Plaute, *Asinaria*, II, 495.
2. Ce sera un reproche souvent porté contre Hobbes que d'être surtout marqué par des circonstances historiques particulières. Par exemple,

Hobbes est un monument de la philosophie politique. C'est notamment le premier à avoir construit sa pensée à partir d'une réflexion sur l'*état de nature*, c'est-à-dire un état (qui est surtout une fiction théorique même s'il peut s'apparenter à certaines situations réelles comme la guerre civile ou les relations entre les États) qui précéderait l'établissement de toute société et de tout pouvoir central. Avant Hobbes, l'approche dominante, héritée d'Aristote, consistait à considérer que « l'homme est par nature un animal politique[1] », c'est-à-dire qu'il lui est naturel de vivre en société : la question de savoir pourquoi les êtres humains s'assemblent et forment des organisations sociales ne se pose alors pas plus que celle de savoir pourquoi les abeilles décident de former une ruche. Pour Hobbes, au contraire, les êtres humains ne sont pas naturellement sociaux, et c'est pourquoi sa philosophie politique devra en premier lieu répondre à la question de savoir comment et pourquoi les êtres humains sortent d'un premier état de nature asocial pour ensuite s'organiser en société et se soumettre à l'autorité d'un État.

La pensée politique de Hobbes est d'autant plus passionnante qu'elle est radicale et antipathique ; et, quoique ce ne

---

Diderot, pourtant élogieux à l'égard de Hobbes par ailleurs, écrivait assez durement dans l'article « Hobbisme » de son *Encyclopédie* : « Le Parlement était divisé d'avec la Cour et le feu de la guerre civile s'allumait de toutes parts. Hobbes, défenseur de la majesté souveraine, encourut la haine des démocrates. Alors voyant les lois foulées aux pieds, le trône chancelant, les hommes entraînés comme par un vertige général aux actions les plus atroces, il pensa que la nature humaine était mauvaise et de là toute sa fable ou son histoire de l'état de nature. Les circonstances firent sa philosophie ; il prit quelques accidents momentanés pour les règles invariables de la nature, et il devint l'agresseur de l'humanité et l'apologiste de la tyrannie. »

1. Aristote, *Politique*, I, 2.

soit pas vraiment le sujet de ce chapitre, il serait dommage de ne pas faire un petit voyage de l'état de nature à l'état civil. L'état de nature est donc pour Hobbes un état où dominent la peur et la méfiance de chacun envers tous les autres : vulnérable car potentiellement exposé à la violence d'autrui, chacun est prêt pour s'en prémunir à user de n'importe quel moyen, et notamment de cette même violence. En outre, chacun peut présumer qu'autrui fera le même raisonnement, ce qui le justifie d'autant plus à redouter sa violence, et éventuellement à l'exercer en prévention[1]. L'état de nature est fameusement décrit par Hobbes comme « un état de guerre de tous contre tous[2] ». Ce n'est évidemment pas un état propice à la joie de vivre et à la franche rigolade ; chacun préférerait avoir la paix. Toutefois, offrir la paix sans garantie que les autres en feront autant revient à s'exposer davantage encore à leur violence. Ainsi, même si chacun veut que le combat cesse, personne ne veut prendre le risque de se désarmer en premier.

1. Cette situation est souvent comparée à celle du dilemme du prisonnier en théorie des jeux : deux prisonniers sont interrogés et peuvent chacun soit se taire, soit trahir l'autre : si les deux se taisent, alors les deux écopent d'une peine légère (1 an de prison) ; si l'un trahit et l'autre se tait, alors celui qui a trahi sort libre et celui qui a été trahi écope d'une peine très lourde (10 ans de prison) ; si les deux trahissent en même temps, chacun écope d'une peine lourde (5 ans de prison.) La meilleure stratégie collective serait bien sûr de se taire ; mais si je me tais, je prends le risque que l'autre me trahisse, ce qui me mettrait dans la pire des conditions (10 ans de prison), et l'autre a effectivement une forte incitation à le faire (il pourrait sortir libre) ; dans ce cas, même si mon intention première n'était pas de trahir, il vaut mieux que je le trahisse par précaution, au cas où il me trahirait. Et c'est ainsi que les deux, même en ayant l'intention première de se taire, sont amenés, par peur de la trahison de l'autre, à se trahir mutuellement.
2. Thomas Hobbes, *De Cive*, préface, 14 ; *Léviathan*, I, 13, § 62.

De là, le seul moyen d'établir la paix serait de renoncer de façon *collective et simultanée* à l'exercice de la violence. Il ne suffit pas pour cela de se réunir autour d'une table et de passer un contrat : il faut encore une autorité supérieure qui garantisse que ce contrat sera respecté (sans quoi il sera toujours plus avantageux pour chacun d'en violer les termes à son propre avantage). Et cette autorité supérieure ne peut offrir cette garantie qu'en inspirant elle-même la plus grande des craintes à chacun des contractants. Ainsi, pour Hobbes, la paix à laquelle chacun aspire dans l'état de nature ne peut être obtenue que si chacun, à la condition que les autres en fassent autant, se soumet à un souverain chargé d'assurer la sécurité de tous et disposant d'un pouvoir coercitif absolu, puissance terrifiante que Hobbes symbolise par un monstre biblique : le *Léviathan*. (C'est le titre de son traité le plus célèbre, publié en 1651, et il faut avouer que ça en impose.)

La peur, comme tout amateur de *Star Wars* le sait, mène au côté obscur de la Force et à défendre l'absolutisme, et c'est tout à fait le cas de Hobbes : il faut donc selon lui remettre au souverain un pouvoir *absolu* pour que la crainte qu'il inspire suffise à garantir la paix civile. En somme, mieux vaut l'Empire qui exerce un pouvoir terrifiant mais assure au moins une certaine stabilité, plutôt que ces Rebelles irresponsables qui veulent replonger la galaxie dans une guerre civile encore plus hasardeuse. Dans tous les cas, la peur reste centrale, dans l'état de nature comme dans l'état civil ; mais la peur de la violence que chacun peut exercer sur chacun est ce qui entretient la guerre et l'instabilité dans l'état de nature, tandis que la peur d'un seul souverain au pouvoir absolu dans l'état civil permet au moins d'assurer la paix sur un temps long, et laisse ainsi espérer une certaine prospérité. C'est tout de même préférable : quitte à vivre avec la peur au ventre, autant que ce soit dans un État stable plutôt qu'au milieu d'une guerre civile. Méditez cela, *rebel scumbags* !

Il faudrait bien sûr préciser bien des points pour donner une image plus fidèle et convaincante de la pensée politique de Hobbes qui n'était pas un seigneur noir des Siths, n'exagérons rien, mais je m'en tiendrai là car, à vrai dire, le texte que je voudrais évoquer dans ce chapitre ne relève pas directement de philosophie politique : nous allons revenir au point de départ de celle-ci, à savoir sa conception de la nature humaine.

Comme je l'ai déjà mentionné, elle s'oppose radicalement à celle héritée de l'Antiquité, et je voudrais m'arrêter surtout sur sa conception du bonheur et de son rapport au désir.

Dans les chapitres sur l'épicurisme et le stoïcisme, nous avons vu que le bonheur (ou l'*eudaimonia*) des Grecs était étroitement liée à l'idée de repos, d'absence de trouble (ou *ataraxie*). On pourrait parler d'une conception *statique* du bonheur. Le désir, au contraire, est dynamique : il est source de troubles, d'agitations, et s'oppose donc à ce bonheur statique. Dans un passage du *Gorgias* de Platon, Socrate compare l'homme heureux à un homme possédant de nombreux tonneaux bien remplis et ne désirant y mettre rien de plus, tandis que le malheureux est comme un homme dont les tonneaux sont troués et qui doit sans cesse les remplir à nouveau pour compenser ce qui s'en échappe : ces tonneaux remplis d'une part et percés de l'autre illustrent parfaitement d'un côté l'idée d'un bonheur statique, de l'autre la course sans fin des désirs qui nous condamne au malheur (évoquant l'infernal tonneau des Danaïdes[1]).

---

1. Les Danaïdes dans la mythologie grecque sont condamnées aux Enfers à remplir continuellement des jarres percées. Une sorte de *bullshit job* pour l'éternité, belle idée de torture.

Dans ce même dialogue, Platon met en scène face à Socrate un personnage singulier nommé Calliclès, qui est l'une des rares voix de l'Antiquité à s'opposer à cette conception statique du bonheur. Pour Calliclès, si cet homme aux tonneaux remplis était heureux, ne désirant plus rien, alors il faudrait dire que les cadavres et les pierres, qui ne désirent rien non plus, sont tout aussi heureux que lui. Calliclès considère comme absurde l'idée de ce bonheur de pierre : pour lui, désirer toujours plus et réussir à réaliser ses désirs, jouir de tout sans entrave, voilà la vie heureuse ! Le bonheur de Calliclès est *dynamique* et non statique. Il réside dans le remplissage des tonneaux, et non dans le fait de les avoir remplis et de s'en satisfaire : verser et reverser toujours plus, c'est là ce qui nous rendra heureux. Socrate rétorquait malignement qu'il faut alors qu'il y ait de « bons gros trous » dans les tonneaux, pour que tout puisse s'en échapper à mesure que l'on verse, et qu'en somme Calliclès parle de « la vie d'un pluvier qui mange et fiente en même temps[1] ». Merci pour l'image… Aux yeux de Platon et de l'immense majorité des philosophes de l'Antiquité, il ne fait aucun doute qu'un personnage comme Calliclès représente l'opposé de la sagesse : c'est un épouvantail philosophique, l'anti-Socrate par excellence. (D'ailleurs, dans les dialogues de Platon, Calliclès est l'un des rares interlocuteurs de Socrate à ne jamais s'avouer convaincu par celui-ci, et Socrate le félicite à plusieurs reprises d'être cohérent et courageux dans sa position, assumant ses conséquences jusqu'au bout ; en fait, ce personnage est probablement une pure invention de Platon.) Deux millénaires plus tard, toutefois, certaines idées de cet épouvantail trouveront

1. Platon, *Gorgias*, traduit du grec ancien par Monique Canto, Paris, Flammarion, « GF », 1987, 493d-494b.

enfin un défenseur de bonne foi sous la plume de Hobbes qui osera, contre la vénérable tradition, remettre en cause cette conception purement statique du bonheur.

Il est intéressant de noter que Hobbes est un matérialiste assumé, chose rare au XVIIe siècle (et qui ajoute, pour ses contemporains, à son caractère infréquentable), et que son approche est purement descriptive ; il se borne donc à étudier l'être humain dans ce qu'il est matériellement : quels mécanismes du corps rendent compte de sa cognition, de ses passions, de ses actions ? En cela, la démarche de Hobbes s'inscrit tout à fait dans le mouvement de révolution scientifique qui traverse cette époque. Toutefois, ce n'est pas un expérimentateur et, quoiqu'il se réclame d'une méthode mathématique[1], il faut avouer que son propos sur la physiologie humaine est souvent assez fantaisiste et peu rigoureux. Mais peu importe : les conséquences qu'il en tire quant à la psychologie ont au moins le mérite d'être intéressantes et d'avoir une certaine vraisemblance. Pour Hobbes, l'être humain est avant tout mû par le désir et la crainte (ou l'appétit et l'aversion) ; contenter un désir procure ce qu'il appelle une *réjouissance*, et le bonheur (ou félicité) ne sera rien de plus que la *réjouissance continuelle*, obtenue donc en allant toujours de désir en désir :

> « Vu que toute réjouissance est appétit, et que l'appétit présuppose une fin plus éloignée, il ne saurait y avoir aucun contentement, sinon dans le fait de toujours avancer. Et, par conséquent, nous n'avons pas à nous émerveiller de ce

1. Plus exactement, il se réclame de la méthode axiomatique d'Euclide, intitulant l'un de ses ouvrages *Éléments de la loi naturelle et politique* en référence aux *Éléments* d'Euclide, et avance l'avoir construit *more geometrico*, à la façon des géomètres.

> que, à mesure que les hommes obtiennent plus de richesses, d'honneurs ou d'autres puissances, leur appétit s'accroisse aussi continuellement de plus en plus [...]. Et les hommes se plaignent à juste titre comme étant d'un grand chagrin le fait de ne pas savoir quoi faire. Par conséquent la *félicité* (par quoi nous voulons dire la réjouissance continuelle) ne consiste pas dans le fait d'avoir réussi, mais dans le fait de réussir[1]. »

Autrement dit, il ne s'agit pas d'*avoir rempli* ses tonneaux, mais de les *remplir*. Notez que Hobbes ne porte pas un jugement moral sur cette tendance insatiable de l'être humain : il ne fait que la constater, la déduire de mécanismes physiologiques et psychologiques qu'il a précédemment décrits dans son ouvrage. Notre nature, selon lui, est donc telle que, quoi que nous ayons déjà obtenu, nous ne serons heureux qu'en obtenant encore davantage. Et Hobbes ne présente cela ni comme un bien ni comme un mal : c'est un fait.

La tendance que Hobbes décrit est joliment illustrée dans ce qu'on appelle aujourd'hui en psychologie le *tapis roulant hédonique* : même lorsqu'un événement heureux augmente brusquement notre niveau de satisfaction, nous avons tendance à revenir, après quelque temps, à notre degré de satisfaction ordinaire[2]. En somme, c'est s'enrichir qui rend

1. Thomas Hobbes, *Éléments de la loi naturelle et politique*, traduit de l'anglais par Dominique Weber, Paris, Le Livre de Poche, 2003, p. 120-121.
2. Philip Brickman *et al.*, « Lottery Winners and Accident Victims : Is Happiness Relative ? », *Journal of Personality and Social Psychology*, 36 (8), août 1978, p. 917-927. Cette étude a été beaucoup critiquée depuis et il faut sans doute tempérer quelque peu ses conclusions : si le niveau de bien-être reste le même avant et après un gain à la loterie, la satisfaction de vie par contre semble bien augmenter durablement.

heureux, plutôt qu'être riche. (Et notez que cela marche aussi dans l'autre sens : un événement malheureux ne diminue que temporairement notre satisfaction qui remontera bientôt jusqu'à son niveau ordinaire.) Pour le dire encore autrement, la *dynamique* de l'amélioration (ou de la dégradation) détermine notre bonheur (ou malheur) davantage que l'état où nous sommes arrivés en fin de compte.

Cette image de la course, sous-jacente à l'idée de tapis roulant hédonique, est des plus éloquentes pour illustrer notre condition, et Hobbes lui-même filera longuement cette métaphore dans l'un des passages les plus singuliers des *Éléments de la loi naturelle et politique*, une page curieusement poétique (d'un ouvrage qui ne l'est guère par ailleurs), résumant avec force toute sa pensée quant aux passions humaines :

> « La comparaison de la vie de l'homme avec une course, bien qu'elle ne tienne pas en tout point, tient néanmoins si bien pour notre présent dessein que nous pouvons, grâce à elle, à la fois voir et nous rappeler presque toutes les passions mentionnées auparavant. Mais cette course, nous devons supposer qu'elle n'a d'autre but ni d'autres lauriers que le fait de chercher à être le plus en avant. Et en cette course :
> « S'efforcer, c'est appétit.
> « Se relâcher, c'est sensualité.
> « Considérer ceux qui sont derrière, c'est gloire.
> « Considérer ceux qui sont devant, c'est humilité.
> « Perdre du terrain en regardant en arrière, vaine gloire.
> « Être retenu, haine.
> « Retourner en arrière, repentir.

Voir Ed Diener *et al.*, « Beyond the Hedonic Treadmill : Revising the Adaptation Theory of Well-being », *American Psychologist*, 61 (4), mai-juin 2006, p. 305-314.

« Avoir du souffle, espoir.
« Être épuisé, désespoir.
« Tâcher d'atteindre celui qui est devant, émulation. [...]
« Chuter sur l'imprévu, c'est disposition à pleurer.
« Voir un autre chuter, disposition à rire.
« Voir quelqu'un être dépassé lorsque nous ne le voudrions pas, c'est pitié.
« Voir quelqu'un dépasser lorsque nous ne le voudrions pas, c'est indignation.
« Se serrer à un autre, c'est amour.
« Porter celui que l'on serre ainsi, c'est charité.
« Se blesser par précipitation, c'est honte.
« Continuellement être dépassé, c'est misère.
« Continuellement dépasser celui qui est devant, c'est félicité.
« Et abandonner la course, c'est mourir[1]. »

Aussi longtemps que l'on est en vie, et donc en course, il s'agit seulement de dépasser celui qui nous précède, et ne pas être dépassé par celui qui nous suit… On ne saurait évoquer de façon plus éloquente cette conception dynamique du bonheur dont Hobbes se fait ici le défenseur. Et il est intéressant de noter que cette dynamique est seulement relative aux autres coureurs : c'est en les dépassant, ou en étant dépassés par eux, que nous sommes heureux ou malheureux. Les êtres humains, selon Hobbes, sont donc fondamentalement en compétition, non pas parce qu'ils visent un même but qui serait au bout de la course (il n'y a pas de sens à gagner la course ni même à être premier), mais seulement parce que les mécanismes de leurs passions poussent chacun à vouloir dépasser les autres et à craindre d'en être dépassé, si absurde que soit la course.

1. Thomas Hobbes, *Éléments de la loi naturelle et politique*, *op. cit.*, chapitre IX, p. 145 (traduction modifiée).

Notez que sa philosophie politique, et en particulier ses réflexions sur l'état de nature, devient plus claire dès lors que l'on comprend qu'elle s'applique à des êtres humains ainsi conçus. J'ose espérer que nous ne leur ressemblons pas tant que cela, car même si les passages sur la pitié, l'amour et la charité témoignent du fait que cette course n'est pas si impitoyable et n'exclut pas la possibilité de l'entraide et la coopération, l'ensemble ne dresse tout de même pas un portrait de l'humanité des plus flatteurs. (« Voir un autre chuter, disposition à rire », voilà qui semble assez cruel[1].) En somme, l'être humain que décrit Hobbes reste fondamentalement égoïste, jeté dans une course perpétuelle sans autre but que dépasser les autres et ne pas en être dépassé, jusqu'à l'abandon qui signifie la mort.

Sur ce, pour vous remonter le moral, vous pouvez poser ce livre et aller faire un jogging.

Pour aller plus loin :

Thomas Hobbes, ***Léviathan***, choix de chapitres et présentation par Philippe Crignon, traduit de l'anglais par François Tricaud, Paris, Flammarion, « GF », 2017.

Le *Léviathan* est un texte essentiel en philosophie politique mais c'est aussi un pavé effrayant. Cette petite édition présente l'avantage de réduire la dimension du monstre à quelques chapitres importants, et de l'assortir d'une présentation et d'un

1. De fait, aux yeux de Hobbes, « la passion du rire n'est rien d'autre qu'une gloire soudaine résultant de la conception soudaine de quelque prééminence en nous-même, en comparaison des infirmités des autres ou de nos infirmités passées » (*Éléments de la loi naturelle et politique*, *op. cit.*, p. 137). Hobbes ne semblait pas vraiment goûter toutes les subtilités de l'humour anglais…

dossier éclairant les principales conceptions de la philosophie politique avant et après Hobbes. Cela en fait un parfait ouvrage pour s'initier à la pensée de Hobbes et à l'histoire de la philosophie politique.

Thomas Hobbes, *Éléments de la loi naturelle et politique*, traduit de l'anglais par Dominique Weber, Paris, Le Livre de Poche, 2003.

Rédigé dix ans avant le *Léviathan*, ce texte présente déjà, sous une forme plus ramassée, l'essentiel de la philosophie politique de Hobbes. L'ouvrage est divisé en deux parties de longueur à peu près égale ; la seconde contient sa philosophie politique à proprement parler, tandis que la première est consacrée à des questions de biologie et de psychologie : Hobbes examine ce que sont et font les êtres humains. Le passage de la course est justement extrait de ce petit traité *de la nature humaine* (qui est d'ailleurs souvent édité seul sous ce titre). Bien que du point de vue scientifique le propos soit souvent assez hasardeux, son approche radicalement matérialiste et détachée de tout jugement moral rend la lecture étrangement plaisante. Hobbes ne prend pas de pincettes ; en témoigne ce passage délicieux sur l'origine du plaisir des odeurs : « Les mêmes odeurs, lorsqu'elles semblent provenir des autres alors qu'elles proviennent de nous-mêmes, déplaisent ; mais lorsque nous pensons qu'elles proviennent de nous-mêmes, alors qu'elles viennent des autres, elles ne déplaisent pas. Par conséquent, le déplaisir, dans ces cas, est une conception du préjudice venant de quelque chose de malsain » (p. 123).

BLAISE PASCAL

Sur les épaules des géants

« Bornons ce respect que nous avons pour les Anciens »

Il y a deux Blaise Pascal. Le premier est un homme de sciences, parmi les plus brillants du XVIIe siècle : mathématicien, physicien, ingénieur, il est notamment l'un des pères de la théorie des probabilités (au côté de Fermat) ; on lui doit l'invention et la construction de la première machine à calculer mécanique (la « pascaline »), et il aura surtout marqué l'histoire des sciences par ses expérimentations sur le vide et la pression de l'air[1]. L'autre Blaise Pascal est bien différent : c'est un homme de foi, solitaire et rigoriste, tournant le dos au monde pour se consacrer à Dieu, viscéralement attaché à la religion catholique et surtout au jansénisme (une doctrine théologique très débattue à cette époque, mettant l'accent sur le fait que l'homme obtient son salut non par sa propre liberté mais par la seule grâce de Dieu).

1. Le système international s'en souviendra en associant son nom à l'unité de mesure de la pression : un *pascal*, noté *Pa*, est une contrainte uniforme qui, sur une surface de 1 m², exerce perpendiculairement à cette surface une force d'un N (c'est-à-dire un *newton*, seul autre savant du XVIIe siècle à qui le système international des unités de mesure rend honneur). La pression atmosphérique normale, par exemple, vaut 1 013,25 hectopascals. Eh non, on ne dit pas *pascaux*.

Ces deux Pascal n'ont pas vécu en même temps. Le premier a laissé place au second dans la soirée du 23 novembre 1654, aux alentours de minuit, heure propice au crime… En l'occurrence, ce fut une expérience mystique intense que Pascal traversa et dont il consigna immédiatement les impressions par écrit. Il n'en parla à personne mais recopia ce témoignage sur parchemin et conservera, sa vie durant, la copie et l'original cousus à l'intérieur de son manteau. C'est là qu'ils seront finalement découverts, après sa mort, huit ans plus tard. Dans ce texte singulier[1], écrit sur le vif, il est question pêle-mêle de « FEU » en lettres capitales, de « joie, joie, joie et pleurs de joie », du « Dieu d'Abraham, Dieu d'Isaac, Dieu de Jacob, non des philosophes et des savants », et de « soumission totale à Jésus-Christ ». (C'est bien la moindre des choses quand on vient d'être touché par la grâce.) Ainsi Pascal aurait-il trouvé la foi à la suite de cette extase religieuse, que l'on appellera plus tard sa « nuit de feu », et les huit dernières années de sa vie en seront profondément marquées.

Le nouveau Pascal dédaignera les occupations scientifiques de l'ancien : ces questions oiseuses qui accaparent tant d'esprits brillants ne sont, aussi bien que la chasse ou les jeux d'argent, que des divertissements qui nous écartent de l'essentiel, à savoir de Dieu. Dans ses dernières années, Pascal renonce donc aux travaux scientifiques[2] et s'efforce

1. On l'appelle aujourd'hui le *mémorial* de Pascal. Voir Louis Marin, *Pascal et Port-Royal*, Paris, PUF, 1997, p. 330-331.

2. Il retravaillera une seule fois sur un problème mathématique entre 1657 et 1658. Selon le récit de sa nièce Marguerite Périer, ce retour serait dû à une rage de dents : pour tâcher de se distraire de la douleur intense qu'elle lui causait, Pascal voulut occuper son esprit à résoudre un problème difficile sur les cycloïdes qui lui avait été posé dans sa jeunesse. Et il le résolut. Mais cette histoire est peut-être un peu trop

de rédiger un ouvrage qu'il souhaite intituler *Apologie de la religion chrétienne*, et qu'il n'achèvera jamais. Il laisse à sa mort un millier de fragments qui seront rassemblés et publiés de façon posthume sous le titre de *Pensées*, et qui forment son œuvre la plus importante. Elle contient bon nombre de pages magnifiques et de formules immortelles. En voici par exemple deux passages parmi les plus célèbres :

> « L'homme n'est qu'un roseau, le plus faible de la nature ; mais c'est un roseau pensant. Il ne faut pas que l'univers entier s'arme pour l'écraser : une vapeur, une goutte d'eau suffit pour le tuer. Mais quand l'univers l'écraserait, l'homme serait encore plus noble que ce qui le tue, parce qu'il sait qu'il meurt, et l'avantage que l'univers a sur lui, l'univers n'en sait rien. »

> « Le silence éternel de ces espaces infinis m'effraie[1]. »

Le but de Pascal dans ses *Pensées* semble être toujours l'apologie du christianisme. Quoi qu'il écrive, il s'agit de nous ramener à Dieu. Et, à cette fin, tous les moyens sont bons. L'usage d'arguments rationnels n'en est qu'un parmi d'autres, et pas nécessairement le meilleur. (Après tout, ce ne sont pas des arguments rationnels qui ont amené sa conversion…) Pascal insiste bien davantage sur l'impuissance de la raison et l'orgueil de ceux qui n'en tiennent pas compte ; le vertige face à l'immensité de l'univers ne sert pas à autre chose.

---

belle pour être tout à fait vraie. Cf. Alexandre Koyré, « Pascal savant », *in Études d'histoires de la pensée scientifique*, Paris, Gallimard, 1973, p. 371-372.

1. Blaise Pascal, *Pensées*, édition de Michel Le Guern, Paris, Gallimard, 1977, fr. 186-187, p. 161.

Revenons au premier Pascal, le brillant mathématicien et physicien qui n'a pas encore été touché (brûlé ?) par la foi. Il est plus terre à terre, moins enclin au sublime, mais n'en demeure pas moins philosophe.

Pascal, dans l'histoire des sciences, doit sa célébrité surtout à son expérience du puy de Dôme. Pour en faire comprendre les enjeux, il faut dire un mot du phénomène étonnant que l'on cherchait alors à expliquer. Remplissez un tube de mercure d'un mètre de long environ ; bouchez-le, retournez-le à la verticale, placez l'extrémité bouchée dans une cuve de mercure puis libérez le bouchon : le niveau dans le tube de mercure descendra aux alentours de 76 centimètres au-dessus du niveau de la cuve (la valeur précise variera de quelques centimètres selon les jours). Si vous remplacez le mercure par de l'eau, et le tube d'un mètre par un tube d'au moins 11 mètres, vous observerez un phénomène similaire : le niveau de l'eau descendra jusqu'à environ 10,33 mètres. Ce sont d'ailleurs les fontainiers de Florence qui ne parvenaient pas à faire monter l'eau dans leurs pompes au-delà de cette hauteur qui sont à l'origine de la découverte de ce phénomène déroutant. Le savant italien Torricelli, chargé de résoudre le problème des fontaines, fut le premier en 1643 à concevoir et réaliser l'expérience du mercure[1], et il fit l'hypothèse audacieuse que si la colonne de mercure descend jusqu'à ce niveau d'environ 76 centimètres (ou, de même, si une colonne d'eau ne peut monter plus haut que 10,33 mètres, ce qui correspond à la même pression, le mercure étant 13,6 fois plus lourd que l'eau), c'est parce qu'elle est alors *en équilibre*

1. Pascal ne fait jamais mention de Torricelli : il écrit seulement que ces expériences ont été faites en Italie. Il faut avouer que ce n'est pas très *fair-play*.

avec la pression exercée par la colonne d'air sur la surface de la cuve, tout à fait comme un équilibre entre deux poids sur une balance.

Mais cette idée d'une pression de l'air était alors nouvelle et très contre-intuitive : l'air, de toute évidence, ne pèse pas sur nos têtes ! En outre, cela s'opposait à l'explication plus commune selon laquelle *la nature a horreur du vide*. Ce principe, attribué à Aristote (et comme bien des formules qui lui sont prêtées, Aristote ne l'a jamais employée, mais il était effectivement convaincu de l'impossibilité du vide), semblait justifier intuitivement l'aspiration de l'eau dans les pompes à piston et bien d'autres phénomènes semblables. Mais les fontaines de Florence et l'expérience de Torricelli avaient apporté au débat un élément dont les auteurs de l'Antiquité ne pouvaient pas disposer, à savoir que cette horreur du vide semblait être en quelque sorte vaincue par un peu plus de 10 mètres d'eau ou 76 centimètres de mercure. Bizarre nature qui ne répugne au vide que jusqu'à un certain point… Mais était-il moins étrange de croire que l'océan d'air qui nous entoure pèse sur nos épaules autant que 10 mètres d'eau ? Nous ne ressentons assurément rien de tel. Aux yeux de la plupart des savants de l'époque, l'idée d'une pression de l'air restait malgré tout bien plus difficile à admettre que celle d'une répugnance au vide un peu moins implacable que prévu[1].

1. Il faut ajouter que beaucoup d'auteurs mettaient en doute que l'espace apparemment vide au-dessus de la colonne de mercure le fût réellement. Un excellent argument pour le justifier était le suivant : la lumière peut le traverser. En effet, soit la lumière était considérée comme une forme de matière, et dans ce cas cet espace n'était pas vide puisqu'il était traversé par ces corpuscules de lumière ; soit la lumière était considéré comme une onde, c'est-à-dire la propagation

Pascal faisait partie des rares personnes convaincues par l'explication de Torricelli et il voulait en fournir une preuve encore plus solide. L'expérience du mercure était déjà assez concluante mais ne suffisait pas à établir fermement la supériorité de la théorie de la pression de l'air ; il aurait fallu mettre en évidence un autre effet de celle-ci qui ne puisse pas se laisser expliquer aussi bien par celle de l'horreur du vide. Pascal eut alors l'idée suivante : en réalisant l'expérience de Torricelli au sommet d'une montagne, où la pression de l'air doit être moindre puisque, en raison de l'altitude, la colonne d'air y serait moins haute et donc pèserait moins, la colonne de mercure en équilibre avec celle-ci devrait être, elle aussi, moins haute que si l'expérience était réalisée au pied de cette montagne. La théorie de l'horreur du vide, à l'inverse, n'avait aucune raison de prédire une telle variation. Ainsi, l'expérience permettrait bien de trancher entre les deux théories.

Pour tester son hypothèse avec un maximum de sûreté, Pascal fait réaliser simultanément et devant témoins deux expériences : le 19 septembre 1648, à Clermont-Ferrand, deux tubes de mercure sont renversés dans des cuves de mercure et l'on constate que les colonnes descendent ce jour-là jusqu'à 71,2 centimètres au-dessus du niveau de la cuve. L'un des deux tubes est alors laissé là sous surveillance jusqu'à la fin de la journée, et son niveau ne variera pas, tandis que l'autre est emporté jusqu'au sommet du puy de Dôme, soit environ mille mètres plus haut. L'expérience de Torricelli y est répétée et l'on observe que la colonne de mercure descend jusqu'à 62,7 centimètres, ce qui ne laisse pas de surprendre

d'une perturbation dans un milieu (souvent appelé *éther*), et dans ce cas l'espace vide en apparence était en fait rempli par ce milieu. Dans les deux cas, pas de vide.

les témoins. Sur le chemin du retour, à mi-hauteur, l'expérience est encore répétée, et donne une valeur intermédiaire : 67,7 centimètres. Voilà qui tranche sans ambiguïté en faveur de la théorie de la pression de l'air. Comme le note Pascal : « On ne saurait pas dire que la nature abhorre le vide au pied de la montagne plus que sur son sommet[1]. »

Tout cela aujourd'hui peut sembler assez ordinaire et convenu : hypothèses, prédictions, double expérience (test et témoin), confirmation. Certains pourraient se plaindre que ce n'est pas de la philosophie mais de la science, et pas même de la science impressionnante et vertigineuse, rien que de la petite science propre sur soi qui suit scrupuleusement la méthode vue en cours. Mais ce serait oublier qu'à cette époque, précisément, la science telle que nous la connaissons n'existe pas. Pascal n'applique donc pas une *méthode scientifique* préexistante pour réaliser son expérience du puy de Dôme : c'est lui-même qui, à travers sa démarche, façonne cette méthode. Et si elle nous paraît aujourd'hui si évidente et exemplaire, c'est tout à son honneur.

Aux XVIe et XVIIe siècles, la philosophie ne se distingue pas encore de la science : la physique se confond avec la philosophie naturelle (ainsi, Newton intitulera son œuvre sur la théorie de la gravitation *Principes mathématiques de philosophie naturelle*), et sa méthode, ses outils, ses limites, la conception même des sciences en général sont en train de se dessiner à cette époque. Les acteurs de ce qui finira par être appelé la *révolution scientifique* ne sont donc pas des scientifiques travaillant dans un cadre méthodologique et conceptuel déjà établi, mais bien des philosophes élaborant petit à petit ce cadre, développant une nouvelle façon d'étudier la

1. Lettre de Pascal à Marguerite Périer du 15 novembre 1647.

nature. Deux des principales innovations sont le recours à l'expérimentation et un usage plus poussé de la formalisation mathématique, rendus possibles notamment par de nouveaux instruments de mesure et d'observation beaucoup plus précis. Les sciences modernes, à commencer par la physique, naîtront de ces efforts. Ce n'est pas rien ! Pascal, par ses travaux et expérimentations sur le vide et ses réflexions sur la méthode expérimentale, est un acteur de ce mouvement. (Pas un acteur aussi majeur que Galilée, Descartes ou Newton, certes ; l'eût-il été s'il n'avait pas été touché par la grâce un soir de novembre ? C'est possible, mais Dieu seul le sait et se garde bien de nous le dire.)

Dans son *Projet de préface à un traité du vide*, Pascal discute longuement du rapport des savants modernes aux auteurs de l'Antiquité. L'enjeu est crucial à cette époque, car si la révolution scientifique est une révolution, c'est notamment parce qu'elle s'oppose à certains aspects de la philosophie aristotélicienne qui, depuis la redécouverte de ses textes en Europe à la fin du Moyen Âge, s'était imposée comme le cadre théorique dominant pour l'explication de la nature[1]. Ainsi, à partir de la période moderne, blâmer les erreurs d'Aristote et des aristotéliciens deviendra le sport favori des philosophes et des scientifiques (et nous avons vu, dans le deuxième chapitre, que la tradition perdure encore aujourd'hui). Pascal aurait lui-même toutes les raisons de s'en donner à cœur joie sur la question du vide où sa position

1. Et contrairement à une idée répandue, cette situation ne résulte pas du fait que l'Église impose autoritairement l'enseignement d'Aristote comme une vérité incontestable ; c'est avant tout parce que sa philosophie naturelle est très solide et empiriquement fondée. Je vous renvoie au chapitre sur Aristote et à l'article de Carlo Rovelli, « Aristotle's Physics : A Physicist's Look », art. cité.

s'oppose frontalement à celle des aristotéliciens. Mais, de façon intéressante, Pascal ne tombe pas dans la critique caricaturale et prononce un éloge paradoxal des Anciens. Selon lui, en effet, il faut respecter ces auteurs de l'Antiquité et les prendre en exemple ; mais c'est justement pour cette raison que nous ne leur devons pas un respect inconditionné et qu'il est légitime de les corriger là où l'expérience ou le raisonnement leur découvre des erreurs.

Aristote aurait prononcé une formule cinglante sur son prédécesseur : « Platon est un ami, mais la vérité est une plus grande amie encore[1] » ; et, en effet, Aristote ne se gênait pas pour défendre ce qu'il tenait pour vrai, quitte à contredire au passage son ancien maître et ami. Pour Pascal, c'est précisément cette attitude des Anciens dont il faut s'inspirer : plutôt défendre la vérité que respecter l'autorité. C'est en critiquant les Anciens que nous nous montrerons dignes de leur exemple, puisque eux-mêmes ont gagné notre estime en n'hésitant pas à en faire autant vis-à-vis de leurs prédécesseurs :

> « Partageons avec plus de justice notre crédulité et notre défiance, et bornons ce respect que nous avons pour les Anciens. Comme la raison le fait naître, elle doit aussi le mesurer ; et considérons que, s'ils fussent demeurés dans cette retenue de n'oser rien ajouter aux connaissances qu'ils avaient reçues, et que ceux de leur temps eussent fait

---

1. La formule est célèbre en latin : « *Amicus Plato, sed magis amica veritas.* » On ne la trouve pas exactement chez Aristote mais elle est inspirée d'une formule assez proche au début de l'*Éthique à Nicomaque* (1096a13) qui fait allusion à Platon : « Si les amis et la vérité nous sont également chers, c'est à la vérité qu'il convient de donner la préférence. »

la même difficulté de recevoir les nouveautés qu'ils leur offraient, ils se seraient privés eux-mêmes et leur postérité du fruit de leurs inventions. Comme ils ne se sont servis de celles qui leur avaient été laissées que comme de moyens pour en avoir de nouvelles, et que cette heureuse hardiesse leur avait ouvert le chemin aux grandes choses, nous devons prendre celles qu'ils nous ont acquises de la même sorte, et à leur exemple en faire les moyens et non pas la fin de notre étude, et ainsi tâcher de les surpasser en les imitant. Car qu'y a-t-il de plus injuste que de traiter nos Anciens avec plus de retenue que n'ont fait ceux qui les ont précédés, et d'avoir pour eux ce respect inviolable qu'ils n'ont mérité de nous que parce qu'ils n'en ont pas eu un pareil pour ceux qui ont eu sur eux le même avantage ?

« Les secrets de la nature sont cachés ; quoiqu'elle agisse toujours on ne découvre pas toujours ses effets : le temps les révèle d'âge en âge, et quoique toujours égale en elle-même, elle n'est pas toujours également connue. Les expériences qui nous en donnent l'intelligence multiplient continuellement ; et, comme elles sont les seuls principes de la physique, les conséquences multiplient à proportion. C'est de cette façon que l'on peut aujourd'hui prendre d'autres sentiments et de nouvelles opinions sans mépris et sans ingratitude, puisque les premières connaissances qu'ils nous ont données, ont servi de degrés aux nôtres, et que dans ces avantages nous leur sommes redevables de l'ascendant que nous avons sur eux ; parce que, s'étant élevés jusqu'à un certain degré où ils nous ont portés, le moindre effort nous fait monter plus haut ; et avec moins de peine et moins de gloire nous nous trouvons au-dessus d'eux. C'est de là que nous pouvons découvrir des choses qu'il leur était impossible d'apercevoir. Notre vue a plus d'étendue, et, quoi qu'ils connussent aussi bien que nous tout ce qu'ils pouvaient remarquer de la nature, ils n'en connaissaient pas tant néanmoins, et nous voyons plus qu'eux[1]. »

Ce dernier passage développe le thème des nains sur les épaules des géants, qui sera souvent repris par les modernes, et notamment par Newton (qui n'avait pourtant rien d'un nain), qui écrit dans une lettre devenue célèbre : « Si j'ai vu plus loin, c'est en montant sur les épaules de géants[2]. » Autrement dit, le progrès des connaissances est cumulatif : chaque génération bâtit sur ce que la précédente a laissé. Et donc, quoique les plus grands soient souvent les premiers, les plus hauts placés seront toujours les derniers. Pour voir loin, ce n'est pas la taille qui compte, mais les épaules sur lesquelles on se tient.

Dans la suite du texte, Pascal va jusqu'à proposer un renversement paradoxal : il serait erroné de se représenter les auteurs de l'Antiquité comme de vieux sages aguerris par une longue expérience, ils sont au contraire comme des enfants, nouveaux en toutes choses ; tandis que nous, modernes, ayant pu recueillir et profiter des expériences accumulées de tant de siècles, nous sommes effectivement des anciens :

---

1. Blaise Pascal, « Préface au traité du vide », dans *De l'esprit géométrique, et autres textes*, Paris, Flammarion, « GF », 1985, p. 59-61.
2. Lettre de Newton à Robert Hooke du 5 février 1675. Cette idée est en fait formulée pour la première fois par un philosophe médiéval, Bernard de Chartres, justifiant la supériorité des grammairiens de son temps : « Nous sommes comme des nains assis sur des épaules de géants. Si nous voyons plus de choses et plus lointaines qu'eux, ce n'est pas à cause de la perspicacité de notre vue, ni de notre grandeur, c'est parce que nous sommes élevés par eux » (Jean de Salisbury, 1159, *Metalogicus*, livre III, chapitre 4).

« [L'homme] est dans l'ignorance au premier âge de sa vie ; mais il s'instruit sans cesse dans son progrès : car il tire avantage non seulement de sa propre expérience, mais encore de celle de ses prédécesseurs, parce qu'il garde toujours dans sa mémoire les connaissances qu'il s'est une fois acquises, et que celles des Anciens lui sont toujours présentes dans les livres qu'ils en ont laissés. Et comme il conserve ces connaissances, il peut aussi les augmenter facilement ; de sorte que les hommes sont aujourd'hui en quelque sorte dans le même état où se trouveraient ces anciens philosophes, s'ils pouvaient avoir vieilli jusqu'à présent, en ajoutant aux connaissances qu'ils avaient celles que leurs études auraient pu leur acquérir à la faveur de tant de siècles. De là vient que, par une prérogative particulière, non seulement chacun des hommes s'avance de jour en jour dans les sciences, mais que tous les hommes ensemble y font un continuel progrès à mesure que l'univers vieillit, parce que la même chose arrive dans la succession des hommes que dans les âges différents d'un particulier. De sorte que toute la suite des hommes, pendant le cours de tant de siècles, doit être considérée comme un même homme qui subsiste toujours et qui apprend continuellement : d'où l'on voit avec combien d'injustice nous respectons l'antiquité dans ses philosophes : car, comme la vieillesse est l'âge le plus distant de l'enfance, qui ne voit que la vieillesse dans cet homme universel ne doit pas être cherchée dans les temps proches de sa naissance, mais dans ceux qui en sont les plus éloignés ? Ceux que nous appelons Anciens étaient véritablement nouveaux en toutes choses, et formaient l'enfance des hommes proprement ; et comme nous avons joint à leurs connaissances l'expérience des siècles qui les ont suivis, c'est en nous que l'on peut trouver cette antiquité que nous révérons dans les autres[1]. »

1. Blaise Pascal, « Préface au traité du vide », art. cité, p. 61-62.

Belle idée que cette humanité vieillissant au fil des siècles ! Les vieux sages grecs ne sont que des enfants, tandis que le jeune Pascal, qui a lu Galilée aussi bien qu'Aristote, est comme un vieillard fort d'une expérience de deux millénaires. Et si l'âge donne quelque sagesse, c'est donc en nous aujourd'hui plus qu'en nos lointains aïeux qu'il faut la respecter.

Imaginons qu'Aristote ait pu vivre ou être transporté jusqu'au XVIIe siècle : aurait-il alors suivi l'opinion des aristotéliciens qui continuaient, contre Galilée et Pascal, à défendre le géocentrisme et l'horreur du vide ? Il est hasardeux de répondre mais j'ai tendance à penser qu'il se serait senti plus proche intellectuellement des savants audacieux qui le contredisaient que des scolastiques qui refusaient de remettre en cause son autorité. Aristote, après tout, était lui-même, en son temps, un esprit des plus curieux et novateurs, qui n'hésitait ni à s'opposer à ses maîtres ni à disséquer des poulpes ou des embryons de poulets pour en apprendre davantage sur le monde naturel. Les commentateurs d'Aristote, qui n'ont jamais disséqué que des textes, connaissent fort bien le Philosophe mais lui ressemblent fort peu. En fin de compte, ne respecte-t-on pas davantage sa pensée en l'imitant dans sa démarche plutôt qu'en l'approuvant dans ses conclusions ?

J'aime imaginer qu'Aristote au siècle de Pascal aurait pu prendre la défense de ce dernier et écrire : « Les aristotéliciens sont mes amis, mais la vérité est une plus grande amie. »

Pour aller plus loin :

Blaise Pascal, ***De l'esprit géométrique, et autres textes***, Paris, Flammarion, « GF », 1985, p. 59-61.

Ce petit recueil contient plusieurs textes courts et atypiques de Pascal (ou transcrivant des propos qui lui sont attribués), notamment cette « Préface au traité du vide » dont nous venons de lire quelques passages. Celui qui donne son titre au recueil, « De l'esprit géométrique et de l'art de persuader », porte lui aussi sur un sujet plutôt scientifique, tout au moins en apparence, puisqu'il devait servir de préface à un traité de géométrie. Mais sous certains aspects, ce texte (rédigé peu après sa « nuit de feu ») esquisse déjà des thèmes chers au Pascal des *Pensées*, notamment le vertige face à la double infinité dans laquelle toute grandeur est prise (entre l'infiniment grand et l'infiniment petit), et surtout l'impuissance de la raison devant les axiomes de la géométrie, ces indémontrables points de départ de toute démonstration, qui sont selon Pascal des *vérités de cœur*, dont nous ne pouvons pas être convaincus rationnellement mais que nous *sentons* vraies sous l'effet d'une *lumière naturelle*… Pascal avait foi en Euclide, avant d'avoir foi en Jésus-Christ.

Blaise Pascal, *Pensées*, édition de Michel Le Guern, Paris, Gallimard, 1977.

Je ne saurais mieux vous donner envie de plonger dans ces *Pensées* qu'en citant l'une des plus célèbres et sublimes, pour me taire ensuite : « Tout ce monde visible n'est qu'un trait imperceptible dans l'ample sein de la nature. Nulle idée n'en approche. Nous avons beau enfler nos conceptions au-delà des espaces imaginables, nous n'enfantons que des atomes, au prix de la réalité des choses. C'est une sphère dont le centre est partout, la circonférence nulle part. Enfin, c'est le plus grand caractère sensible de la toute-puissance de Dieu, que notre imagination se perde dans cette pensée. Que l'homme, étant revenu à soi, considère ce qu'il est au prix de ce qui est ;

qu'il se regarde comme égaré dans ce canton détourné de la nature ; et que de ce petit cachot où il se trouve logé, j'entends l'univers, il apprenne à estimer la terre, les royaumes, les villes et soi-même son juste prix. Qu'est-ce qu'un homme dans l'infini ? Mais pour lui présenter un autre prodige aussi étonnant, qu'il recherche dans ce qu'il connaît les choses les plus délicates. Qu'un ciron lui offre dans la petitesse de son corps des parties incomparablement plus petites, des jambes avec des jointures, des veines dans ces jambes, du sang dans ces veines, des humeurs dans ce sang, des gouttes dans ces humeurs, des vapeurs dans ces gouttes ; que, divisant encore ces dernières choses, il épuise ses forces en ces conceptions [...]. [Q]ui n'admirera que notre corps, qui tantôt n'était pas perceptible dans l'univers, imperceptible lui-même dans le sein du tout, soit à présent un colosse, un monde, ou plutôt un tout, à l'égard du néant où l'on ne peut arriver ? Qui se considérera de la sorte s'effrayera de soi-même, et, se considérant soutenu dans la masse que la nature lui a donnée, entre ces deux abîmes de l'infini et du néant, il tremblera dans la vue de ces merveilles ; et je crois que sa curiosité, se changeant en admiration, il sera plus disposé à les contempler en silence qu'à les rechercher avec présomption. Car enfin qu'est-ce que l'homme dans la nature ? Un néant à l'égard de l'infini, un tout à l'égard du néant, un milieu entre rien et tout » (p. 154-155).

BARUCH SPINOZA

L'infréquentable

« La volonté de Dieu, cet asile de l'ignorance »

L'histoire familiale de Baruch Spinoza est assez mouvementée. Son grand-père, Isaac Rodrigues d'Espinoza, est issu d'une famille juive espagnole ayant émigré au Portugal après le décret de l'Alhambra en 1492 forçant les juifs d'Espagne à choisir entre l'exil et la conversion. Vers la fin du XVIe siècle, l'Inquisition espagnole commençant à inquiéter aussi les juifs du Portugal, Isaac et sa famille quittent Lisbonne, rejoignent d'abord Nantes en France, puis les Provinces-Unies (actuels Pays-Bas) où, quelques années plus tard, en 1632, naîtra le petit Baruch. Celui-ci est éduqué dans une école juive où son intelligence est remarquée et le promet à un avenir brillant. Ses parents le destinent au rabbinat, mais, à la mort de son frère aîné, le jeune Spinoza interrompt ses études pour venir travailler dans l'entreprise familiale d'import-export. Vers vingt ans, il commence à suivre l'enseignement de Franciscus van den Enden, ancien jésuite, libre-penseur, anticlérical et probablement athée, qui l'introduit à la philosophie moderne, et notamment à Descartes. C'est en 1656 que se produit l'un des événements les plus marquants de sa vie, qui n'en est alors qu'à sa vingt-quatrième année : la communauté juive d'Amsterdam prononce contre Spinoza un *herem*, l'équivalent d'une excommunication. Les termes en sont particulièrement vigoureux : lui sont reprochés ses « horribles hérésies » et ses « actes monstrueux » (sans plus de précision), et il s'ensuit une litanie de malédictions : « Qu'il soit maudit le jour, qu'il soit maudit la nuit. [...] Veuille l'Éternel allumer contre cet homme toute Sa colère et déverser sur lui tous les maux mentionnés dans le livre de la Loi : que son nom soit effacé dans ce monde et à tout jamais[1]. » Sur ce dernier point, force est de constater que la malédiction n'a pas empêché Spinoza de rendre son nom célèbre. L'Éternel, s'il existe, n'est pas si rancunier (ou a un certain sens de l'humour).

Qu'a-t-il donc fait de si terrible pour s'attirer de telles foudres ? Nous n'en savons rien. Il n'est pas impossible que ce ne soit lié qu'à d'obscurs problèmes légaux dans la succession de l'entreprise familiale, mais le plus probable est que Spinoza ait commencé à faire état d'opinions fort peu orthodoxes sur la religion, Dieu, l'âme et la liberté... Il n'avait cependant rien publié et l'on peut trouver frappant à ce titre que le *herem* s'achève sur cette interdiction : « Que personne ne lise aucun de ses écrits. » Peu d'auteurs ont la chance de voir leur œuvre condamnée avant même qu'elle existe.

De fait, l'œuvre sera aussi scandaleuse qu'il fallait le craindre (ou l'espérer). En 1670, Spinoza publiera anonymement le *Traité théologico-politique*, qui comme son titre l'indique touche à d'épineuses questions de théologie et de politique : faut-il, en matière de religion, restreindre la liberté de philosopher ? Pour Spinoza, la réponse est un grand *non* : cette liberté non seulement n'est pas nuisible,

1. Voir Steven Nadler, *Spinoza*, traduit de l'anglais par Jean-François Sené, Paris, Bayard, 2003.

mais elle est même salutaire. Et comme si cela ne suffisait pas, Spinoza assortit son propos d'une critique rationnelle et historique des textes sacrés particulièrement provocante pour l'époque. Le traité sera attaqué de toutes parts. On ira jusqu'à parler d'« un livre forgé en enfer » par le diable lui-même[1] (ce qui donne plutôt envie de le lire, vous en conviendrez), et l'ouvrage sera interdit par les autorités des Provinces-Unies. Dès lors, Spinoza renonça à publier, mais pas à écrire. Il travaillera toute sa vie à son œuvre maîtresse, l'*Éthique*, qu'il ne fit pas imprimer de son vivant. C'est après sa mort, en 1677, que le texte sulfureux sera édité et commencera à circuler. L'Église le mettra à l'Index, ce qui est la moindre des choses[2], et le spinozisme restera longtemps perçu comme une doctrine des plus infâmantes : accuser votre interlocuteur d'être un dangereux spinoziste était un moyen commode de l'emporter dans un débat philosophique aux XVIIe et XVIIIe siècles. (Cela n'a plus la même efficacité aujourd'hui où il est devenu de bon goût d'être spinoziste : cela vous pare d'un air profond, même si personne ne sait précisément ce que cela signifie.)

De quoi est-il question dans l'*Éthique* ? Le titre complet, en latin *Ethica Ordine Geometrico Demonstrata*, c'est-à-dire « Éthique démontrée suivant l'ordre géométrique », met en lumière un trait commun avec les *Éléments de la loi*

1. Cette expression donne son titre au récent livre de Steven Nadler, *Un livre forgé en enfer*, traduit de l'anglais par Olivier Bosseau, Saint-Martin-de-Londres, H&O, 2018.
2. De fait, presque tous les auteurs de cette période, et notamment tous ceux dont nous parlons dans ce livre, s'y sont retrouvés pour un ouvrage ou un autre. Si ce n'était pas l'*Index librorum prohibitorum* (*Index des livres interdits*), ce serait une liste de recommandations de lectures du meilleur goût.

naturelle et politique de Hobbes dont nous avons discuté dans un chapitre précédent : les deux textes sont écrits selon la même méthode dite géométrique, mise en œuvre dans les *Éléments* d'Euclide[1], et que nous appelons aujourd'hui méthode axiomatique. Il s'agit de poser comme point de départ un petit nombre de définitions et de propositions aussi simples et évidentes que possible, les *axiomes*, pour ensuite en déduire un grand nombre d'autres propositions, les *théorèmes*, censées être les conséquences nécessaires de ces définitions et axiomes. L'efficacité et la rigueur de cette méthode pour la géométrie devait inspirer bon nombre de philosophes, avec plus ou moins de succès. Hobbes et Spinoza sont, au XVIIe siècle, les meilleurs exemples de cette tentative d'axiomatiser la philosophie, mais il faut reconnaître que leurs traités, portant sur des sujets plus difficiles à saisir par des définitions et axiomes que les points et grandeurs des géomètres, sont loin d'être aussi exacts et convaincants que leur modèle euclidien[2].

---

1. Les *Éléments* d'Euclide, rédigés vers le IIIe siècle avant J.-C., sont un traité de géométrie et d'arithmétique qui, par sa méthode, restera un modèle de rigueur inégalé jusqu'à la fin du XIXe siècle.

2. Une des difficultés tient au fait que ce modèle euclidien est lui-même assez imparfait : de nombreuses étapes de démonstration chez Euclide reposent sur l'intuition ou sur des principes non formulés. Il faudra attendre la formalisation de la logique à la fin du XIXe siècle pour qu'une véritable méthode axiomatique voie le jour et que la géométrie euclidienne ainsi que la plus grande part des mathématiques soient *complètement* axiomatisées. À ma connaissance, par contre, ni les *Éléments* de Hobbes, ni l'*Éthique* de Spinoza n'ont pu être reformulés sous une forme axiomatique rigoureuse. Et ce n'est pas faute de philosophes attachés à cette méthode : Edward Zalta, par exemple, a développé une impressionnante axiomatique métaphysique dans laquelle il a pu formaliser, entre autres choses, une large partie de la philosophie de Platon

La méthode axiomatique impose de construire son propos en partant du plus simple et fondamental pour aller au plus complexe et dérivé, si bien que les points de départ peuvent sembler étrangement éloignés du but général de l'ouvrage. Par exemple, alors que les *Éléments de la loi naturelle et politique* de Hobbes ont pour objet la philosophie politique, toute la première moitié de l'ouvrage traite uniquement de biologie et de psychologie. Cela tient à ce que chaque niveau d'explication dépend du précédent : la formation d'un ordre politique est justifiée par des mécanismes psychologiques, qui sont eux-mêmes expliqués par les mécanismes biologiques présentés au début de l'ouvrage. Autrement dit, la politique n'est que de la biologie appliquée (et l'on pourrait ajouter que la biologie n'est que de la physique appliquée…). De la même façon, l'*Éthique* de Spinoza est assez claire quant à sa visée ; il s'agit de traiter la question éthique par excellence : comment mener sa vie ? Mais parce qu'il la traite *en suivant l'ordre des géomètres*, ce n'est pas avant la quatrième partie (sur cinq) que cette dimension pratique prend une place importante. La partie précédente, intitulée « De l'origine et de la nature des affections », développe (dans un style d'ailleurs assez comparable à celui de Hobbes) une analyse des passions humaines, c'est-à-dire une sorte de théorie psychologique fondée sur les résultats de la deuxième partie, « De l'origine et de la nature de l'âme », qui étudie de multiples aspects des rapports entre l'âme et le corps, lesquels résultent des

et de Leibniz. Mais pas de Spinoza. (Voir Edward N. Zalta, *Principia Logico-Metaphysica*, en ligne : https://mally.stanford.edu/principia.pdf. Quoique assez redoutable, ce système axiomatique est l'une des plus belles choses que j'ai lues en logique et en philosophie.)

principes métaphysiques posés par Spinoza comme points de départ de tout l'ouvrage, dans la première partie sobrement intitulée « De Dieu ». On ne remontera pas plus loin.

Le point de départ de l'*Éthique*, donc, c'est cette chose infinie que Spinoza appelle « Dieu ». Pas le Dieu d'Abraham, d'Isaac et de Jacob, mais pas davantage le Dieu du premier philosophe théiste venu. À y regarder de plus près, le Dieu de Spinoza n'a pas grand-chose de Dieu, sinon le nom ; et si ce nom ne vous plaît pas, Spinoza en suggère lui-même un autre dans une formule qui le rendra aussi célèbre qu'infréquentable : *Deus sive natura* : « Dieu, ou la nature[1]. »

Le Dieu de Spinoza n'est donc pas le créateur du monde, puisque *c'est* le monde. Il ne saurait donner l'existence à quoi que ce soit en dehors de lui puisqu'il enferme en lui-même la totalité de ce qui existe : tout existe *en lui*. Autrement dit, vous êtes un petit bout de Dieu, et moi de même. Le chewing-gum collé sous ma chaussure depuis ce matin existe *en Dieu*. Rien d'extraordinaire : je viens seulement de dire que vous, moi, et ce chewing-gum, nous sommes dans l'univers, petites parties de ce grand tout. Pour un lecteur contemporain athée, c'est banal à pleurer. Seul l'usage peu conventionnel du mot « Dieu » peut faire passer cette banalité pour un paradoxe. (Les philosophes, et tout particulièrement Spinoza, nous jouent souvent de ces tours de passe-passe sémantiques…)

---

1. Spinoza le suggérait déjà dans le *Traité théologico-politique* : « […] dire que tout se fait par les lois de la nature ou par le décret et le gouvernement de Dieu, c'est dire exactement la même chose » (chap. III). La fameuse expression « Dieu, ou la nature » n'apparaît pas dans la première partie de l'*Éthique* consacrée à Dieu, mais à quatre reprises dans la quatrième partie.

Bien sûr, Spinoza n'affirme pas *immédiatement* que Dieu est synonyme de nature ; il s'appuie sur une définition qu'un théologien ou un philosophe serait, au moins à première vue, enclin à accepter : « J'entends par Dieu un être absolument infini[1]. » Et c'est par un raisonnement habile, qui tord le sens des termes juste autant qu'il faut, que Spinoza déduit que cet être infini ne peut être que l'unique substance en laquelle absolument tout existe. (L'argument, en très gros, consiste à faire valoir que si une autre substance existait, cela bornerait cet être infini, qui ne serait donc plus infini. Mais n'entrons pas dans le détail de l'argument qui demanderait d'éclaircir un vocabulaire métaphysique que Spinoza emprunte à la tradition et à Descartes tout en le déformant largement. Passons.)

En outre, selon Spinoza, toute chose découle nécessairement de l'essence de Dieu (c'est-à-dire les lois de la nature), et non d'un libre choix. Dieu, comme son nom ne l'indique pas, n'a rien d'un être ayant une volonté que nous pourrions infléchir à force de prières : ce n'est qu'un processus causal qui suit des lois s'appliquant immuablement à toute chose. Tout est soumis à ce déterminisme absolu, vous et moi compris. Pour reprendre une autre formule célèbre de Spinoza : « L'homme dans la nature [n'est pas] comme un empire dans un empire[2] » ; nous avons l'illusion d'être libres dans

1. Plus exactement « une substance constituée par une infinité d'attributs dont chacun exprime une essence éternelle infinie » (*Éthique*, I, définition VI). Cela dit, l'approche la plus usuelle en théologie consiste plutôt à définir Dieu comme un être absolument *parfait*.

2. « Ceux qui ont écrit sur les affections et la conduite de la vie humaine semblent, pour la plupart, traiter non de choses naturelles qui suivent les lois communes de la nature, mais de choses qui sont hors de la nature. En vérité, on dirait qu'ils conçoivent *l'homme dans*

nos actions seulement parce que nous ignorons les causes qui nous déterminent à agir, mais notre comportement obéit en fait à la même nécessité implacable que le mouvement des planètes. En somme, Spinoza est athée et déterministe : il n'y a ni Dieu ni liberté, seulement un univers soumis à des lois nécessaires[1]. Débrouillons-nous avec ça.

Spinoza est parfois présenté comme un panthéiste en ceci qu'il ne défend pas la thèse que Dieu n'existe pas mais au contraire que Dieu est partout, qu'il est en toute chose, qu'il se confond avec l'univers même. En quoi est-ce différent ? Athée et panthéiste sont d'accord sur ce qui existe : l'univers et rien d'autre, et notamment pas de créateur transcendant. Voir Dieu partout ne revient-il pas à le voir nulle part ? La principale différence tiendrait au fait que le panthéiste sera enclin à considérer que la nature, puisqu'elle est divine, doit être sacrée, ce qui justifierait certaines attitudes religieuses à son égard, par exemple des formes de vénération. Or, Spinoza est justement opposé à toute religiosité de cette

---

la nature comme un empire dans un empire. Ils croient, en effet, que l'homme trouble l'ordre de la nature plutôt qu'il ne le suit, qu'il a sur ses propres actions un pouvoir absolu et ne tire que de lui-même sa détermination » (Baruch Spinoza, *Éthique*, traduit du latin par Charles Appuhn, Paris, Flammarion, « GF », 1993, p. 133).

1. Notez bien que je parle de Dieu et de liberté *pris en leur sens usuel*. De fait, « Dieu » tel que Spinoza le définit existe bien, puisque c'est la nature tout entière ; et de même je n'ignore pas qu'il sauve la « liberté » dans la cinquième partie de l'*Éthique* en redéfinissant le terme à sa sauce, d'une façon tout aussi peu conventionnelle que Dieu. Mais en fin de compte, il n'y a aucun créateur vers qui tourner nos prières, et toute chose se produit nécessairement selon des lois déterministes ; Spinoza peut changer le sens des mots mais sa conception de l'univers restera celle-ci, et c'est en ce sens (usuel) que l'on peut dire qu'il n'y a pour lui ni Dieu ni liberté.

sorte : à ses yeux, il ne faut pas prier ou vénérer la nature, mais la comprendre, la connaître, et tirer de la joie de cette connaissance[1].

Revenons à l'*Éthique*. Après avoir expliqué ce qu'est (et surtout n'est pas) Dieu dans sa première partie, Spinoza ajoute un appendice qui deviendra l'un de ses textes les plus célèbres et dont je vais présenter quelques extraits pour conclure ce chapitre. Il y précise d'abord encore en quoi sa conception s'oppose aux préjugés ordinaires sur le sujet :

> « Tous [les préjugés] que j'entreprends de signaler ici dépendent d'ailleurs d'un seul, consistant en ce que les hommes supposent communément que toutes les choses de la nature agissent, comme eux-mêmes, en vue d'une fin, et vont jusqu'à tenir pour certain que Dieu lui-même dirige tout vers une certaine fin ; ils disent, en effet, que Dieu a tout fait en vue de l'homme et qu'il a fait l'homme pour que l'homme lui rendît un culte[2]. »

Dans la mesure où ce préjugé est au fondement des trois monothéismes et de la plupart des religions, Spinoza confirme (si l'on en doutait encore) le caractère profondément antireligieux de l'ouvrage. Il poursuit en analysant de façon plus détaillée l'origine de cette tendance à l'anthropomorphisme (c'est-à-dire à projeter notre façon humaine

1. Il y a certes une dimension plus mystique qui transparaît dans la dernière partie de l'*Éthique* avec cet énigmatique *troisième genre de connaissance* dont découle l'*amour intellectuel de Dieu* en lequel nous pouvons trouver une *béatitude*. Faut-il donner un sens religieux plus profond à tout cela ? Les commentateurs ont bien du mal à y voir clair et le texte est assez étrange et ambigu pour que l'on puisse y voir tout et son contraire… Je ne m'y risquerai pas.

2. *Ibid.*, p. 61.

de penser sur des choses ou des processus inanimés) et comment celle-ci nous mène à l'illusion qu'il y a un ou des dieux régissant la nature à notre avantage :

> « [T]ous les hommes naissent sans aucune connaissance des causes des choses, et [...] tous ont un appétit de rechercher ce qui leur est utile, et [...] en ont conscience. De là suit : 1° que les hommes se figurent être libres, parce qu'ils ont conscience de leurs volitions et de leur appétit et ne pensent pas, même en rêve, aux causes par lesquelles ils sont disposés à appéter et à vouloir, n'en ayant aucune connaissance. Il suit : 2° que les hommes agissent toujours en vue d'une fin, savoir l'utile qu'ils appètent. D'où résulte qu'ils s'efforcent toujours uniquement à connaître les causes finales des choses accomplies et se tiennent en repos quand ils en sont informés, n'ayant plus aucune raison d'inquiétude. S'ils ne peuvent les apprendre d'un autre, leur seule ressource est de se rabattre sur eux-mêmes et de réfléchir aux fins par lesquelles ils ont coutume d'être déterminés à des actions semblables, et ainsi jugent-ils nécessairement de la complexion d'autrui par la leur. Comme, en outre, ils trouvent en eux-mêmes et hors d'eux un grand nombre de moyens contribuant grandement à l'atteinte de l'utile, ainsi, par exemple, des yeux pour voir, des dents pour mâcher, des herbes et des animaux pour l'alimentation, le soleil pour s'éclairer, la mer pour nourrir des poissons, ils en viennent à considérer toutes les choses existant dans la nature comme des moyens à leur usage. Sachant d'ailleurs qu'ils ont trouvé ces moyens, mais ne les ont pas procurés, ils ont tiré de là un motif de croire qu'il y a quelqu'un d'autre qui les a procurés pour qu'ils en fissent usage. Ils n'ont pu, en effet, après avoir considéré les choses comme des moyens, croire qu'elles se sont faites elles-mêmes, mais, tirant leur conclusion des

> moyens qu'ils ont accoutumé de se procurer, ils ont dû se persuader qu'il existait un ou plusieurs directeurs de la nature, doués de la liberté humaine, ayant pourvu à tous leurs besoins et tout fait pour leur usage. N'ayant jamais reçu au sujet de la complexion de ces êtres aucune information, ils ont dû aussi en juger d'après la leur propre, et ainsi ont-ils admis que les Dieux dirigent toutes choses pour l'usage des hommes afin de se les attacher et d'être tenus par eux dans le plus grand honneur ; par où il advint que tous, se référant à leur propre complexion, inventèrent divers moyens de rendre un culte à Dieu afin d'être aimés par lui par-dessus les autres, et d'obtenir qu'il dirigeât la nature entière au profit de leur désir aveugle et de leur insatiable avidité[1]. »

En somme, nul besoin que Dieu existe et interagisse avec nous pour expliquer que les êtres humains se sont mis à croire en des dieux et en l'efficacité de leurs prières : les mécanismes de la psychologie humaine rendent inévitable l'émergence de telles croyances. Spinoza propose là en quelque sorte une généalogie de la superstition religieuse ! Quoique tracée à gros traits, je la trouve encore convaincante aujourd'hui, et je songe surtout à l'audace que cela représentait à l'époque de Spinoza : soutenir publiquement une telle thèse (ce que Spinoza évita de faire en ne publiant pas le traité de son vivant) l'aurait exposé à être inquiété par toutes les autorités religieuses.

Spinoza poursuit son appendice en critiquant les faiblesses de raisonnement dans la défense de cette conception de la nature selon laquelle toute chose est là pour une fin (et où il faudrait donc un agent divin derrière toutes ces

1. *Ibid.*, p. 61-62.

fins) : expliquer par la volonté de Dieu, c'est se réfugier dans l'asile de l'ignorance…

> « [L]es sectateurs de cette doctrine, qui ont voulu faire montre de leur talent en assignant les fins des choses, ont, pour soutenir leur doctrine, introduit une nouvelle façon d'argumenter : la réduction non à l'impossible, mais l'ignorance ; ce qui montre qu'il n'y avait pour eux aucun moyen d'argumenter. Si, par exemple, une pierre est tombée d'un toit sur la tête de quelqu'un et l'a tué, ils démontreront de la manière suivante que la pierre est tombée pour tuer cet homme. Si elle n'est pas tombée à cette fin par la volonté de Dieu, comment tant de circonstances (et en effet il y en a souvent un grand concours) ont-elles pu se trouver par chance réunies ? Peut-être direz-vous : cela est arrivé parce que le vent soufflait et que l'homme passait par là. Mais, insisteront-ils, pourquoi le vent soufflait-il à ce moment ? pourquoi l'homme passait-il par là à ce même instant ? Si vous répondez alors : le vent s'est levé parce que la mer, le jour avant, par un temps encore calme, avait commencé à s'agiter ; l'homme avait été invité par un ami ; ils insisteront de nouveau, car ils n'en finissent pas de poser des questions : pourquoi la mer était-elle agitée ? pourquoi l'homme a-t-il été invité pour tel moment ? et ils continueront ainsi de vous interroger sans relâche sur les causes des événements, jusqu'à ce que vous vous soyez réfugié dans la volonté de Dieu, cet asile de l'ignorance. De même, quand ils voient la structure du corps humain, ils sont frappés d'un étonnement imbécile et, de ce qu'ils ignorent les causes d'un si bel arrangement, concluent qu'il n'est point formé mécaniquement, mais par un art divin ou surnaturel, et en telle façon qu'aucune partie ne nuise à l'autre. Et ainsi arrive-t-il que quiconque cherche les vraies causes des prodiges et s'applique à connaître en savant les choses de la nature, au

> lieu de s'en émerveiller comme un sot, est souvent tenu pour hérétique et impie et proclamé tel par ceux que le vulgaire adore comme des interprètes de la Nature et des Dieux. Ils savent bien que détruire l'ignorance, c'est détruire l'étonnement imbécile, c'est-à-dire leur unique moyen de raisonner et de sauvegarder leur autorité[1]. »

Ces remarques restent malheureusement d'actualité : c'est en effet encore bien souvent par un appel à l'ignorance et à l'émerveillement face au mystère et à la complexité de la vie que les défenseurs contemporains du « dessein intelligent » soutiennent leur position. Contre la théorie de l'évolution qui s'efforce d'expliquer le vivant par des processus aveugles et non par une finalité éclairée, les créationnistes ont beau jeu de faire valoir que les origines de la vie restent mystérieuses, et les êtres vivants trop parfaits pour être le fruit du hasard : puisque nous ne savons pas tout expliquer, il faut se réfugier dans la volonté de Dieu ou d'un créateur… Ou accepter avec Spinoza de sortir de cet asile de l'ignorance et s'efforcer de comprendre après s'être étonné.

Pour aller plus loin :

Maxime Rovère, *Le Clan Spinoza*, Paris, Flammarion, 2017.

La vie de Spinoza et de son entourage admirablement restituée dans un roman érudit, entraînant, joyeux ! Loin de la légende que ses premiers biographes ont contribué à bâtir, le Spinoza de Rovère n'est ni un martyr ni un génie solitaire… En outre, l'auteur est philosophe avant d'être romancier, si bien qu'en dévorant son livre vous avalerez

1. *Ibid.*, p. 64-65.

au passage une excellente introduction à la pensée de Spinoza (ainsi que de beaucoup de ses contemporains). C'est en tout cas plus digeste que l'*Éthique démontrée suivant l'ordre géométrique*, et cela pourrait vous mettre en appétit pour le lire ensuite.

Baruch Spinoza, *Éthique*, traduit du latin par Charles Appuhn, Paris, Flammarion, « GF », 1993.

Ce n'est pas un livre facile à lire, certes, mais le voyage est fascinant, des premières définitions sur Dieu jusqu'aux dernières propositions sur la béatitude, en passant par toutes sortes d'étranges considérations (comme cette proposition XXXV de la cinquième partie : « Dieu s'aime lui-même d'un amour intellectuel infini » ; je n'ai qu'une mince idée de ce qu'il faut comprendre par là, mais ce n'est pas que Dieu souffre de narcissisme). Notez que le plus intéressant dans l'*Éthique* se trouve aussi à la périphérie du texte principal : préfaces, appendices, scolies, tous ces à-côtés sont souvent plus riches et agréables à lire que les démonstrations *more geometrico* qui forment la plus grande partie de l'ouvrage (et que nous sautons bien souvent, avouons-le).

Steven Nadler, *Un livre forgé en enfer*, traduit de l'anglais par Olivier Bosseau, Saint-Martin-de-Londres, H&O, 2018.

Ce livre forgé en enfer, c'est le *Traité théologico-politique* de Spinoza. Steven Nadler, l'un des plus grands spécialistes de Spinoza (également auteur d'une biographie de référence), présente ici l'histoire et l'impact de cet ouvrage scandaleux, qui a participé à façonner la conception européenne moderne de la religion et de sa place dans la société.

JOHN LOCKE

Qui suis-je ?

« Le soi qui a exécuté cette action est le même que celui qui, à présent, réfléchit sur elle »

John Locke est un philosophe anglais de la seconde moitié du XVIIe siècle, dont les deux œuvres principales sont l'*Essai sur l'entendement humain* et le *Traité du gouvernement civil.* Dans la première, il défend un empirisme radical selon lequel l'esprit serait comparable à une feuille vierge sur laquelle l'expérience et la réflexion impriment des idées[1] ; dans la seconde, il pose les bases du libéralisme politique avec, notamment, une défense du droit de propriété fondée sur le travail. Ces deux ouvrages resteront pour longtemps des références essentielles dans leurs champs respectifs, rivalisant à la fois avec Descartes sur le terrain de l'épistémologie et avec Hobbes sur celui de la philosophie politique. Ce n'est pas rien ! Locke est sans conteste l'un des deux ou trois auteurs les plus importants de la période moderne. Il est pourtant

1. On désigne souvent cette conception (d'après une métaphore qui remonte au *Théétète* de Platon) comme *tabula rasa*, la *tabula* étant la tablette de cire sur laquelle on écrivait : une tablette rase est donc une tablette sur laquelle rien n'est encore écrit. (C'est de là que l'expression *faire table rase* tire son sens : il s'agit d'araser la cire afin de récrire dessus.)

loin de susciter l'engouement, surtout auprès du grand public qui le connaît souvent à peine. La plupart des grands noms de la philosophie ont leurs fidèles : spinozistes exaltés, kantiens jusqu'au-boutistes, nietzschéens acharnés, élevant leur auteur fétiche au rang de prophète ou de rock-star ; le lockéen fanatique, en revanche, ne court pas les rues, même chez les historiens de la philosophie. Locke est certes apprécié, mais sans débordements. C'est sans doute une bonne chose : la propension à fasciner et à soulever l'enthousiasme n'est pas nécessairement un gage de la qualité de l'argumentation.

Un aspect de la pensée de Locke qui a le plus dérouté ses lecteurs et sur lequel je vais me concentrer ici est sa théorie de l'identité personnelle qu'il présente au chapitre 27 du livre II de l'*Essai sur l'entendement humain*. Ce long chapitre forme une sorte de petit traité à part entière. Ses réflexions sur le sujet sont parmi les plus intrigantes et novatrices de son œuvre et continuent d'être au cœur de nombreuses discussions aujourd'hui. La question qui sous-tend l'ensemble de ce chapitre est la suivante : en quoi reste-t-on soi-même à travers le temps ? Par exemple, en quoi suis-je le même hier qu'aujourd'hui, et le même aujourd'hui que demain ? La question peut sembler très générale et métaphysique, et elle l'est en partie, mais je tiens à souligner dès maintenant que Locke l'envisage en fait sous l'angle plus particulier de la justice et de la responsabilité, si bien que l'on pourrait tout autant la formuler ainsi : en quoi des actions commises à différents moments peuvent-elles m'être imputées en toute justice ? Lors d'un procès, par exemple, si la condamnation nous paraît juste, c'est parce que nous pensons que celui qui a commis le crime est bien le même que celui qui reçoit la sentence (et le même aussi que celui qui purgera la peine par la suite). Mais qu'est-ce exactement que cette relation d'identité ?

Ce chapitre 27 du livre II de l'*Essai sur l'entendement humain* est sobrement intitulé « De l'identité et de la diversité », ce qui ne laisse pas apparaître au premier coup d'œil cette dimension pratique et judiciaire. En effet, Locke commence par discuter la notion d'identité en général, qui, sous des dehors anodins, est loin d'être une notion triviale. Il en distingue en premier lieu différents types selon les différents types de choses désignées comme identiques.

Le type d'identité le plus fort est l'identité de *substance* : il s'agit soit de l'identité d'un esprit, c'est-à-dire une substance pensante (car Locke admet le dualisme), soit de l'identité d'un corpuscule de matière ou d'un assemblage de corpuscules, autrement dit une identité matérielle (ou physique) au sens le plus strict. Selon ce critère d'identité, il est clair qu'un être vivant n'est jamais le même puisque la matière de son corps change et se renouvelle sans cesse. Il faut donc penser pour eux un autre type d'identité :

> « Un chêne qui croît d'une petite pousse jusqu'à un grand arbre, puis qu'on taille, est toujours le même chêne. Et un poulain qui devient un cheval, qui tantôt engraisse et tantôt maigrit, n'en demeure pas moins le même cheval, bien que dans les deux cas il puisse y avoir une transformation manifeste dans les parties qui les constituent ; en sorte qu'en vérité aucun des deux n'est plus la même masse de matière, bien que l'un soit vraiment le même chêne, et l'autre vraiment le même cheval. Donc la raison est que, dans le cas d'une masse de matière et dans le cas d'un corps vivant, la notion d'identité ne s'applique pas à la même chose.

« Il nous faut donc considérer en quoi un chêne se distingue d'une masse de matière, et il me semble que c'est en ceci : l'une ne consiste que dans l'agrégation de corpuscules matériels quelle que soit la façon dont ils sont réunis, tandis que dans l'autre les corpuscules sont disposés de façon à former les parties d'un chêne ; et l'organisation de ces parties est propre à recevoir et à distribuer la nourriture qui lui permet de se maintenir, et de former le bois, l'écorce, les feuilles d'un chêne, etc., ce qui constitue la vie végétale. Si donc est une plante unique ce qui possède une telle organisation de ses parties en un corps d'un seul tenant, partageant une seule vie commune, elle continue d'être la même plante aussi longtemps qu'elle partage la même vie, bien que cette vie se communique à de nouveaux corpuscules de matière organiquement unis à la même plante vivante, dans une même organisation qui se maintient semblable, selon la forme caractéristique de cette espèce végétale.

« [...] Ceci montre également en quoi consiste l'identité d'un même homme : c'est tout simplement la participation ininterrompue à la même vie entretenue par un flux permanent de corpuscules matériels, entrant à tour de rôle dans une unité vivante avec le même corps organisé[1]. »

Locke introduit ainsi une identité fondée sur un critère plus subtil que l'identité de substance : un critère *fonctionnel* ou *organique*. Tant que les fonctions vitales sont assurées, peu importe la matière changeante qui réalise ces fonctions, nous avons bien affaire au même être vivant, en tant que même *organisme*. Cette notion d'identité fonctionnelle ou organique, opposée à l'identité strictement matérielle, permet d'éclairer

1. John Locke, *Essai sur l'entendement humain*, II, 27, § 3-6, dans *Identité et différence*, traduit de l'anglais par Étienne Balibar, Paris, Seuil, 1998, p. 139-143.

le vieux paradoxe du bateau de Thésée : le bateau sur lequel s'embarqua Thésée est-il bien le même que celui sur lequel il revint alors même que chacune des planches qui constituaient le bateau à son départ a été remplacée au moins une fois au cours des longues aventures du héros[1] ? Autre exemple plus simple : le bracelet d'or que je porte aujourd'hui est-il bien celui que mon arrière-grand-mère portait à son mariage un siècle plus tôt, alors qu'au cours de ce siècle, après de multiples réparations, chaque maillon en a été successivement remplacé par un autre (en or aussi et de même forme) ? Le problème dans ces deux cas naît de ceci qu'aucun élément matériel de l'objet n'a été conservé tandis que sa fonction et sa forme sont restées les mêmes, sans interruption. Les cas sont d'autant plus troublants que le remplacement des éléments matériels s'est fait progressivement, si bien que si l'on veut défendre qu'il ne s'agit plus du même objet, il nous est très difficile de préciser *quand* il a cessé d'être le même.

Nous avons confusément envie de répondre que le bateau et le bracelet deviennent plus ou moins différents tout en restant à peu près les mêmes, ce qui n'est guère satisfaisant. La distinction de Locke permet de préciser notre pensée et

1. C'est à Plutarque que l'on doit la première mention de ce problème sous une forme un peu différente : « Le navire à trente rames sur lequel Thésée s'était embarqué avec les jeunes enfants, et qui le ramena heureusement à Athènes, fut conservé par les Athéniens jusqu'au temps de Démétrius de Phalère. Ils en ôtaient les pièces de bois, à mesure qu'elles vieillissaient, et ils les remplaçaient par des pièces neuves, solidement enchâssées. Aussi les philosophes, dans leurs disputes sur la nature des choses qui s'augmentent, citent-ils ce navire comme un exemple de doute, et soutiennent-ils, les uns qu'il reste le même, les autres qu'il ne reste pas le même » (Plutarque, *Vies des hommes illustres*, « Thésée », traduit par Alexis Pierron).

de lever ce trouble : c'est l'identité *fonctionnelle* de l'objet qui est préservée, l'identité *matérielle* (ou identité de substance) étant quant à elle rompue. La confusion naît seulement du fait que nous utilisons le même vocabulaire de l'identité pour exprimer ces deux notions distinctes et en réalité très différentes. (C'est l'un des grands plaisirs que procure la philosophie, à mon sens, que de dénouer et de séparer ce qui est ainsi emmêlé dans le langage ordinaire.)

En quoi suis-je donc le même hier qu'aujourd'hui ? Je peux dire maintenant que je suis le même *être humain*, c'est-à-dire le même organisme (quoique j'aie perdu quelques cheveux et que quelques millions de cellules de mon corps aient été remplacées). En admettant le dualisme, je pourrais dire aussi que le même esprit est uni à ce même organisme. Cela ne suffit-il pas pour déclarer que je suis le même ? Locke considère qu'il y a encore un autre type d'identité pour un autre type de chose qui n'est ni une substance ni un organisme : l'*identité des personnes*. Voici la première définition classique qu'il donne de la personne :

> « [Une personne] est, je pense, un être pensant et intelligent, doué de raison et de réflexion, et qui peut se considérer soi-même comme soi-même, une même chose pensante en différents temps et lieux. Ce qui provient uniquement de cette conscience qui est inséparable de la pensée, et lui est essentielle à ce qu'il me semble [...]. L'identité de telle personne s'étend aussi loin que cette conscience peut atteindre rétrospectivement toute action ou pensée passée ; c'est le même soi maintenant qu'alors, et le soi qui a exécuté cette action est le même que celui qui, à présent, réfléchit sur elle[1]. »

---

1. John Locke, *Essai sur l'entendement humain*, *op. cit.*, p. 149-151.

Lisons un autre passage du chapitre où Locke développe de façon plus précise l'origine de cette idée de personne :

> « Tout être intelligent, capable de ressentir du bonheur ou du malheur, nous accordera qu'il y a quelque chose qui est lui-même, dont il se soucie et qu'il voudrait rendre heureux ; que ce soi a existé et continue d'exister sans interruption depuis plus d'un instant, et que pour cette raison il est possible qu'il existe encore pendant des mois et des années à venir, sans que nous puissions assigner de limites certaines à sa durée ; et qu'il est toujours, par la même conscience, le même soi qui continue son existence dans le futur. Ainsi, par cette conscience, il se découvre lui-même être le même soi qui a accompli tel ou tel acte il y a quelques années, ce qui le rend présentement heureux ou malheureux[1]. »

Locke lie ainsi la notion de personne à celle de conscience de soi. Ce vocabulaire est alors une nouveauté en philosophie et c'est en grande partie à Locke que l'on doit d'avoir répandu cet usage du terme *consciousness* qui posa d'ailleurs une difficulté aux traducteurs français : le mot *conscience* dans notre langue renvoyait jusque-là seulement à l'idée de *conscience morale* (ainsi dans le fameux mot de Rabelais « Science sans conscience n'est que ruine de l'âme ») et semblait peu approprié dans le sens que lui donne Locke. La première traduction de l'*Essai* par Pierre Coste, parue en 1700, introduit le néologisme *con-science*. Leibniz, dans ses *Nouveaux essais sur l'entendement humain*, tentera le mot *consciosité*. Et c'est finalement *conscience* en un seul mot qui s'imposera, donnant un sens nouveau à un terme ancien.

1. *Ibid.*, p. 175.

Quelle est la différence entre cette notion de conscience et celle, plus classique, d'âme ou d'esprit ? Un esprit, si l'on est dualiste, est une certaine substance pensante particulière. La conscience, par contre, est un certain *type de pensée*. Dans le cas de Locke, il s'agit d'une pensée réflexive (« qui peut se considérer soi-même comme soi-même ») et qui a surtout un certain rapport au temps : Locke lie toujours la conscience au fait d'apercevoir sa propre pensée présente mais aussi de reconnaître que l'on a agi par le passé (du fait que l'on s'en souvient) et que l'on se soucie du bonheur futur[1].

Ce qui distingue une conscience d'une autre, c'est donc cet ensemble de pensées, quelle que soit la substance dont elles dépendent : cela pourrait être une substance pensante immatérielle, mais Locke, conciliant, n'exclut pas non plus que la pensée puisse résulter de phénomènes purement physiques. Toutes ces questions de support sont en fait indifférentes à celle de savoir ce qu'est une conscience, et donc une personne. On pourrait dire aujourd'hui que la conscience relève du *software*, peu importe le *hardware* qui le fait tourner.

L'identité de la personne ne coïncide donc ni avec l'identité de substance ni avec l'identité de l'organisme. Par exemple, on pourrait avoir plusieurs personnes distinctes pour une même substance pensante : c'est précisément l'idée de la transmigration des âmes (ou de la réincarnation) que Platon et Pythagore avaient défendue. Locke développe ce point à partir d'une anecdote assez amusante :

---

1. Le terme *conscience* chez Locke a donc un sens très déterminé et qui ne recouvre pas les nombreux usages modernes (par exemple lorsqu'on parle de *conscience phénoménale* ou de *conscience d'accès*). On pourrait dire que la conscience de Locke est avant tout la *conscience réflexive*.

> « Supposons un Platonicien ou un Pythagoricien chrétiens, pour qui Dieu a achevé toute son œuvre de création le septième jour, et qui en conclut que son âme existe depuis ce moment ; supposons qu'il croie qu'elle a successivement habité plusieurs corps humains, comme j'en ai une fois rencontré un qui était convaincu que son âme était celle de Socrate (je ne discuterai pas de savoir si c'était raisonnable : tout ce que je sais, c'est qu'à la place qu'il occupait, qui n'était pas des moindres, il passait pour un homme de grand sens, dont les publications ont montré les capacités et l'érudition), est-ce qu'on estimerait pour autant qu'il pouvait être la même personne que Socrate, alors qu'il n'avait conscience d'aucune des actions ou des pensées de Socrate[1] ? »

On ne peut qu'imaginer la figure satisfaite de ce cuistre qui revendique avoir reçu l'âme de Socrate… Mais peut-il dire : « Je suis Socrate ? » Quand bien même on lui accorderait qu'il a bien l'âme de Socrate, cela ne transfère en rien les qualités morales du philosophe car celles-ci ne s'attachent qu'à la personne. Or, pour être la même personne, il faudrait avoir conscience des actions et des intérêts de Socrate et les reconnaître comme étant les siens ; cette réincarnation anglaise ne peut certainement pas le prétendre. L'héritage d'une même substance pensante est, du point de vue de l'identité personnelle, tout à fait insignifiant, aussi insignifiant que si les atomes qui composaient son corps étaient ceux qui ont composé le corps de Socrate (et c'est d'ailleurs sûrement le cas de centaines de milliers d'entre eux)[2].

---

1. *Ibid.*, p. 159.
2. Considérez l'eau contenue dans la coupe de ciguë bue par Socrate. Un verre de 30 centilitres contient 10^{25} molécules d'eau ; si l'on

En somme : peu importe le support, tant que la conscience tourne. Locke résume encore mieux l'absence de coïncidence entre ces différents types d'identité à travers ces deux expériences de pensée symétriques :

> « Si nous pouvions supposer d'un côté deux consciences différentes, sans communication entre elles, mais faisant agir le même corps, l'une tout au long du jour, et l'autre de nuit, et d'autre part une même conscience faisant agir alternativement deux corps distincts, la question ne se poserait-elle pas bel et bien de savoir, dans le premier cas, si l'Homme du jour et l'Homme de la nuit ne seraient pas deux personnes aussi différentes que Socrate et Platon ? Et, dans le second cas, s'il n'y aurait pas une seule personne dans deux corps différents, tout autant qu'un homme est le même dans deux costumes différents[1] ? »

Si l'on envisage un état de conscience comme un programme installé sur un certain support, le propos de Locke revient à défendre le fait que ce programme (avec tout son historique) peut être copié sur d'autres supports, et que ce support (matériel ou immatériel) peut exécuter d'autres programmes.

---

suppose, après vingt-cinq siècles, que ces molécules d'eau ont été également réparties sur la planète, sachant qu'il y a environ 10^{21} litres d'eau sur Terre, chaque litre d'eau aujourd'hui contiendrait en moyenne 10 000 molécules d'eau qui se trouvaient dans la coupe de ciguë de Socrate. Mon corps contenant environ 45 litres d'eau, j'ai bien en moi des centaines de milliers de molécules qui ont appartenu au corps de Socrate ! (C'est grâce à l'excellente chaîne de vulgarisation scientifique *Science étonnante* que j'ai appris ce joli raisonnement : c'était le sujet de sa toute première vidéo.)

1. *Ibid.*, p. 171.

Une fois ce cadre posé, vous pouvez composer à loisir toutes sortes d'expériences de pensée étranges. La philosophie contemporaine s'en est donné à cœur joie (afin surtout de mettre à l'épreuve et critiquer cette conception lockéenne de l'identité personnelle[1]), mais Locke n'est pas en reste dans ce singulier chapitre de l'*Essai sur l'entendement humain* ; les deux passages déjà cités en témoignent, et ce n'est qu'un échantillon. Il n'hésite pas lui-même à mettre en évidence les étranges conséquences de sa position, notamment celle-ci :

> « Tout ce qui a la conscience d'actions présentes et passées est la même personne à laquelle elles appartiennent ensemble. Si j'avais conscience d'avoir vu l'Arche et le Déluge de Noé [...] comme j'ai conscience maintenant d'écrire, je ne pourrais pas plus douter que moi qui écris ceci maintenant [...] et qui aurais vu la terre noyée par le Déluge, j'étais le même soi, dans quelque substance qu'il vous plaira de le placer, que je ne puis douter que moi qui écris suis le même soi ou moi-même que j'étais hier, tandis qu'à présent j'écris (que je sois entièrement constitué ou non de la même substance, matérielle ou immatérielle). [...] Car je suis aussi justement soucieux et comptable d'un acte accompli il y a mille ans, que cette conscience de soi m'attribuerait maintenant en propre, que je le suis de ce que j'ai fait il y a un instant[2]. »

De façon plus radicale encore, Locke écrit un peu plus loin : « Si Socrate et l'actuel maire de Quinborough en conviennent, ils sont la même personne. » Locke donne ainsi

1. Par exemple dans le classique *Reasons and Persons* de Derek Parfit ou les articles de Bernard Williams réunis dans le recueil *Problems of the Self*.

2. John Locke, *Essai sur l'entendement humain*, *op. cit.*, p. 163.

à la conscience des actes passés un rôle prépondérant dans l'identité personnelle : si je trouvais brusquement en moi la mémoire de toutes les actions de Socrate jusqu'au jour de son exécution, tout en perdant celle de mes propres actions passées (et ce n'est pas absolument impossible : cela pourrait se produire à la faveur d'un étrange dérèglement de mon cerveau ou parce qu'un malin génie s'amuse à mettre en pratique les idées de Locke[1]), alors *je* serais Socrate, aussi Socrate que Socrate était Socrate le soir de son exécution. Mon flux de conscience me donnerait l'impression de m'être endormi après avoir bu la ciguë et réveillé devant un étrange objet rectangulaire lumineux (dont j'apprendrais plus tard qu'il s'agit d'un écran). Après quoi j'irais probablement me balader pieds nus dans les rues en demandant aux passants s'ils connaissent la définition de la vertu.

La position de Locke est souvent résumée à ceci : le critère de l'identité personnelle est la mémoire. C'est un raccourci, mais il tient la route : la conscience d'actes passés, le fait que je reconnaisse ces actes comme étant les miens, est bien pour Locke un critère suffisant pour considérer que je suis la *personne* qui a commis ces actes, et pour m'en rendre comptable à mes propres yeux comme aux yeux de la justice. Le criminel n'est pas l'être humain qui a matériellement commis le crime, mais la personne qui s'en souvient et se l'impute : si, oubliant que je suis Socrate, je me réveille ensuite avec les souvenirs de Jack l'Éventreur, si je reconnais ses meurtres

1. C'est précisément le sujet d'un sympathique film de science-fiction dont j'hésite à mentionner le titre puisque, ce faisant, je vous en divulgâche une bonne partie. Vous êtes prévenu. *Spoiler alert* : si vous voulez garder intacte l'intrigue de *Dark City* d'Alex Proyas, oubliez que vous avez lu cette note.

comme étant mes propres actions passées (et notez que, si j'hérite vraiment de toute sa conscience malsaine, je pourrais aussi être tenté d'en projeter d'autres...), Locke considérerait que je suis bien la personne qui a commis ces crimes à Whitechapel en 1888 et qui pourrait en être tenu pour responsable du point de vue de la justice (tout au moins si j'étais jugé par Dieu lui-même[1]).

Le fond de toute cette affaire est sans doute en effet judiciaire : même si le chapitre de Locke se présente comme une réflexion très générale sur l'identité, et même si la notion particulière d'identité personnelle n'est pas introduite explicitement à cette fin, beaucoup d'indices laissent penser que c'est bien avant tout pour servir de fondement à la justice et à la responsabilité qu'est ainsi définie cette notion de personne. Locke le dit lui-même de façon assez claire :

> « C'est dans cette identité personnelle que se fondent tout le droit et toute la justice de la récompense et du châtiment,

1. Locke souligne à plusieurs reprises que la justice humaine peut difficilement statuer sur l'état de conscience de l'organisme qui est au tribunal, si bien que l'on peut être tenté de croire que c'est l'être humain que l'on juge et non la personne ; mais la justice divine, parfaite, n'a pas de tels soucis : « Bien que le châtiment soit attaché à la personnalité, et la personnalité à la conscience, et que peut-être l'ivrogne n'ait pas conscience de ce qu'il a fait, les tribunaux humains cependant le punissent à bon droit, parce que contre lui il y a la preuve du fait, tandis qu'en sa faveur il ne peut y avoir la preuve du manque de conscience. Mais au jour du Jugement dernier, quand les secrets de tous les cœurs seront mis à nu, on peut raisonnablement penser que personne ne sera tenu de répondre pour ce dont il n'a pas eu connaissance ; mais il recevra le verdict qui convient, sa seule Conscience l'accusant ou l'excusant » (*ibid.*, p. 171).

c'est-à-dire du bonheur et du malheur dont chacun se soucie pour lui-même[1]. »

La conscience d'actes passés, le fait que je me les impute, me permet bien de répondre de ces actes (et en ce sens que cela fonde bien ma *responsabilité* si l'on comprend ce terme, de façon étroite, comme signifiant *capacité à répondre*) ; et la conscience de mes intérêts vis-à-vis du futur, notamment la conscience que j'ai de durer dans le temps et de pouvoir ressentir plaisir ou peine, me rend sensible à la perspective d'une punition ou d'une récompense. Sans identité personnelle, la justice serait une étrange mascarade où l'on est condamné pour le crime d'un autre à une punition qu'un autre encore subira… Cela nous semble extravagant et nous sommes bien plus enclins à attribuer une même identité au criminel passé, au condamné présent, et au prisonnier futur.

La position de Locke sur l'identité personnelle prête toutefois le flanc à beaucoup d'objections. En faire le tour, même en restant allusif, demanderait un deuxième chapitre trois fois plus long. Une des principales sources de difficultés est qu'il ne semble pas que le critère de la conscience puisse satisfaire les propriétés attendues de l'identité, telles que la transitivité (si A = B et B = C alors A = C)[2] ou même la symétrie

1. *Ibid.*, p. 165.

2. Le philosophe écossais Thomas Reid a par exemple proposé l'exemple suivant pour souligner l'absence de transitivité : « Supposez un brave officier qui, étant enfant, a été fouetté à l'école pour avoir dérobé des fruits dans un verger, qui, au cours de sa première campagne, a réussi à prendre un étendard à l'ennemi, et qui a été fait général à un âge avancé. Supposez également, ce qui est dans l'ordre du possible, que, lorsqu'il prit l'étendard, il était conscient d'avoir été fouetté à l'école et que, lorsqu'il fut nommé général, il était conscient

(si A = B alors B = A). Mais en dépit de ces difficultés, Locke est resté une référence sur le sujet de l'identité personnelle : la raison en est que, bien que sa théorie soit très imparfaite, il est loin d'être facile d'en proposer une meilleure. Toute théorie de l'identité personnelle expose à des conséquences contre-intuitives ; et, de fait, celle de Locke reste l'une des moins mauvaises. Cela en dit long sur le caractère insatisfaisant et obscur de cette notion.

Si l'on ne peut faire mieux que la théorie de Locke, c'est peut-être que l'idée même d'identité personnelle est problématique, voire incohérente, et qu'il serait préférable de la rejeter tout de bon. C'est précisément la leçon que certains philosophes tireront de Locke et de ces difficiles discussions sur l'identité : le *moi* personnel n'a pas de sens, cela ne désigne rien. *Il n'y a pas de moi*, seulement des perceptions qui se suivent, sans unité, sans durée à travers le temps. Position vertigineuse s'il en est ! C'est pourtant bien celle vers laquelle tendra le philosophe écossais David Hume un siècle plus tard, et qui était déjà au fondement du bouddhisme il y a deux mille cinq cents ans[1].

---

d'avoir pris l'étendard mais n'avait absolument plus conscience d'avoir été fouetté. Cela étant posé, il s'ensuit, d'après la doctrine de M. Locke, que celui qui a été fouetté à l'école est la même personne que celui qui a pris l'étendard et que celui qui a pris l'étendard est la même personne que celui qui a été fait général. D'où il s'ensuit, s'il existe une vérité logique, que le général est la même personne que celui qui a été fouetté à l'école. Mais le général n'a plus conscience d'avoir été fouetté ; par conséquent, d'après la doctrine de M. Locke, il n'est pas la personne qui a été fouettée. D'où il s'ensuit que le général est, et en même temps n'est pas, la même personne que celui qui a été fouetté à l'école » (Thomas Reid, *Essays on the Intellectual Powers of Man*, 1785, III, 6, je traduis).

1. C'est la notion bouddhique d'*anattā* ou *anātman*, que l'on résume souvent à l'idée qu'il n'y a pas de moi ou d'âme permanente dans

La simplicité, l'unité, la durée de ce *moi* dont j'ai conscience, tout cela n'est-il qu'une illusion ? Même lorsque je m'efforce de l'admettre, je dois avouer que c'est une illusion à laquelle je tiens et dont je suis tout à fait incapable de me défaire. Et Locke soulignerait que c'est au moins une fiction utile à notre vie sociale et particulièrement à notre conception de la justice et de la responsabilité morale : pour juger, punir et récompenser, il semble bien nécessaire (ou en tout cas confortable) de croire qu'il y a une même personne qui a commis le crime, que l'on juge maintenant, et que l'on punira ensuite.

Pour aller plus loin :

John Locke, *Identité et différence. L'invention de la conscience*, présenté, traduit et commenté par Étienne Balibar, Paris, Seuil, 1998.

Comme je l'écrivais plus haut, ce chapitre 27 du livre II de l'*Essai sur l'entendement* est un véritable petit traité de l'identité personnelle : il peut tout à fait se lire à part et il est ici édité comme tel. L'ouvrage contient le texte original

l'être humain. Le thème de l'inexistence du moi est développé par Hume notamment dans le passage suivant : « J'ose affirmer du reste des hommes qu'ils ne sont rien d'autre qu'un faisceau ou une collection de différentes perceptions qui se succèdent les unes les autres avec une inconcevable rapidité et qui sont dans un perpétuel flux et mouvement. [...] L'esprit est une sorte de théâtre où diverses perceptions font successivement leur apparition ; elles passent, repassent, se perdent, et se mêlent en une variété infinie de positions et de situations. Il n'y a en lui proprement ni simplicité à un moment, ni identité dans des moments différents, quel que soit notre penchant naturel à imaginer cette simplicité et cette identité » (David Hume, *Traité de la nature humaine*, 1739, I, 4, 6, traduit de l'anglais par Michel Malherbe).

en anglais, avec une nouvelle traduction d'Étienne Balibar, mais aussi la traduction originelle de Pierre Coste (où le néologisme de *con-science* est pour la première fois osé !), une introduction substantielle et un corpus de textes de la même période sur le même sujet. Cela en fait une édition de référence pour s'attaquer à la difficile question de l'identité personnelle telle qu'elle a été posée par Locke et continue de se poser aujourd'hui.

Derek Parfit, ***Reasons and Persons***, Oxford, Oxford University Press, 1984.

Cet ouvrage est un des classiques les plus importants de la philosophie contemporaine et n'est malheureusement pas traduit en français, mais je ne pouvais pas conclure ce chapitre sans le recommander car une large part en est consacrée aux problèmes relatifs à l'identité personnelle et à la discussion des différentes théories, dont celle de Locke. On y trouve notamment la fameuse expérience de pensée du téléporteur à la *Star Trek* : monteriez-vous dans un téléporteur qui détruira votre corps à votre point de départ mais reconstruira au point d'arrivée un corps de constitution parfaitement identique ? (Et si le corps au point de départ continue d'exister cinq minutes, puis est exécuté sommairement par un agent d'entretien chargé de veiller à la non-prolifération des personnes ?) Pour ma part, je ne monterais pas. Mais un vrai lockien, en toute rigueur, ne devrait-il pas accepter de prendre le téléporteur ?

Greg Egan, ***Axiomatique***, traduit de l'anglais par Sylvie Denis *et al.*, Saint-Mammès, Le Bélial, « Quarante-Deux », 2006.

Ce recueil de nouvelles par le maître de la *hard SF* contemporaine est une exploration vertigineuse de la conscience et de l'identité personnelle. Greg Egan est un auteur prodigieusement intelligent et quelques-unes des nouvelles de ce recueil sont de petits chefs-d'œuvre d'expériences de pensée, tout particulièrement *En apprenant à être moi* et *Plus près de toi*. Dans la même veine, pour continuer à se faire des nœuds au cerveau, je vous recommande aussi son roman *La Cité des permutants*.

GOTTFRIED WILHELM LEIBNIZ

Dieu fait de son mieux

« Il est injuste de prononcer un jugement sans avoir examiné la loi tout entière »

Peu d'élèves dans leur scolarité échappent à *Candide* de Voltaire, classique parmi les classiques. Si vous n'en avez pas tout oublié, vous vous souviendrez peut-être du personnage de Pangloss, pédant professeur de « métaphysico-théologo-cosmolo-nigologie », déclarant en toute occasion que « tout est au mieux dans le meilleur des mondes possibles », et aux yeux de qui, par conséquent (et par raison suffisante), les trente mille morts du tremblement de terre de Lisbonne sont « ce qu'il y a de mieux [...], car tout est bien[1] ». N'est-ce pas en effet de la nigologie de premier ordre ? Il se trouve que Pangloss est une caricature, pas très subtile, du philosophe allemand Gottfried Leibniz ; lorsque ce doux nom évoque un souvenir aux lycéens qui l'entendent prononcé en cours de philosophie, c'est presque toujours en lien avec ce Pangloss. Et c'est bien dommage, car Leibniz

1. Voltaire, *Candide*, chapitre V : « Pangloss les consola, en les assurant que les choses ne pouvaient être autrement : "Car, dit-il, tout ceci est ce qu'il y a de mieux ; car s'il y a un volcan à Lisbonne, il ne pouvait être ailleurs ; car il est impossible que les choses ne soient pas où elles sont, car tout est bien." »

est loin d'être le nigologue que Voltaire voulait tourner en ridicule.

Soit dit en passant, les lycéens sont familiers au moins des travaux mathématiques de Leibniz puisque celui-ci est l'inventeur du calcul infinitésimal et de sa notation encore en usage aujourd'hui[1] : chaque fois que vous vous amusez à calculer une dérivée ou que vous tracez l'élégant S long d'une intégrale, songez que c'est à Leibniz que vous devez tant de belles choses ! (Ce n'est d'ailleurs pas le seul philosophe que collégiens et lycéens fréquentent sans le savoir en cours de mathématique et de physique : Descartes nous a aussi laissé les lois de la réfraction et les inépuisables joies de la géométrie analytique.)

Leibniz n'était donc pas seulement philosophe : c'était aussi l'un des plus importants mathématiciens de son temps et le logicien le plus fécond depuis Aristote ; par ailleurs juriste, philologue, historien, diplomate, précurseur en bien des domaines, notamment en linguistique et en psychologie ; on le décrit souvent comme un génie universel, ce qui est assez flatteur.

Que pouvait donc lui reprocher Voltaire ? Son optimisme. (*L'optimisme* est d'ailleurs le sous-titre de *Candide*.) À travers le personnage de Pangloss, Voltaire reproche en effet à Leibniz de soutenir que « tout est au mieux dans le meilleur des

1. La paternité du calcul infinitésimal est en fait disputée entre Newton et Leibniz ; il semble que l'un et l'autre l'aient découvert à la même époque et indépendamment. Mais la notation moderne nous vient de Leibniz, qui est aussi à l'origine de plusieurs autres notations encore en usage aujourd'hui, notamment le point médian pour noter la multiplication et les deux points pour noter la division ; Leibniz avait une conscience aiguë de l'exigence d'un langage bien construit pour guider le raisonnement.

mondes possibles », ou encore que « tout est bien », ce qui, nous pouvons l'admettre, semble démesurément optimiste au regard de l'état du monde. Est-ce vraiment fidèle à la pensée de Leibniz ? Pas tout à fait : tout ne va pas bien, non, tout n'est pas au mieux ; en revanche, il est vrai que Leibniz considère que notre monde, avec ses catastrophes, ses génocides et ses autres désagréments, n'en est pas moins le meilleur des mondes possibles. C'est une thèse pour le moins surprenante. Vous pouvez vous en moquer sans la comprendre, comme Voltaire, ou bien tâcher de l'examiner : qu'est-ce donc qui justifie, aux yeux de Leibniz, une thèse aussi radicalement optimiste ? Et que signifie-t-elle exactement ?

Le raisonnement de Leibniz part, en quelque sorte, d'une seule prémisse : Dieu a créé le monde. Cette prémisse, pour discutable qu'elle nous semble aujourd'hui, était admise par la plupart des philosophes de ce temps où l'athéisme était plutôt l'exception[1] ; Voltaire lui-même (qui reconnaissait dans *Les Cabales* : « L'univers m'embarrasse et je ne puis songer / Que cette horloge existe et n'ait point d'horloger ») n'aurait pas eu l'audace de contredire Leibniz sur ce point. Par contre, que notre monde soit le meilleur des mondes possibles, voilà qui semblait plus difficile à avaler. Comment Leibniz pouvait-il tirer cette conséquence apparemment inacceptable d'un principe si largement accepté en son temps ?

Il faut commencer par préciser ce que l'on entend par Dieu. L'argument de Leibniz ne suppose rien de plus que trois

1. Leibniz et la plupart des philosophes théistes auraient considéré par ailleurs que cette thèse est justifiable par diverses preuves de l'existence de Dieu, mais laissons cela de côté ici et considérons seulement le raisonnement qui prend pour prémisse que le monde est créé par Dieu et conclut au fait que nous sommes dans le meilleur monde possible.

attributs tout à fait classiques de la divinité : toute-puissance, omniscience et bénévolence[1]. Autrement dit, Dieu *peut* tout, *sait* tout, et *veut* bien faire. Si vous admettez qu'un être ayant ces attributs a créé le monde (ou si vous admettez à plus forte raison que Dieu est absolument parfait, ce qui semble devoir impliquer notamment ces trois attributs), alors il sera difficile de ne pas conclure que notre monde est le meilleur monde possible. Voyons pourquoi.

Tout d'abord, Dieu est *tout-puissant* (ou *omnipotent*), c'est-à-dire qu'il peut faire tout ce qui est logiquement possible[2]. Dieu a notamment pu créer notre monde[3] mais il aurait pu en créer un autre tout à fait différent. Les *mondes possibles* dont parle Leibniz sont donc des mondes que Dieu *aurait pu créer* au lieu du nôtre.

Ensuite, Dieu est omniscient : il a connaissance de toute chose, du premier instant jusqu'au dernier. La prescience

1. Ce mot ne s'utilise presque plus en français mais il est bien utile pour signifier littéralement *qui veut le bien*. (Les mots *bon* et *bienveillant* ne font pas entendre cette référence à la volonté.)
2. Ce concept posait des problèmes logiques amusants aux théologiens dont le plus célèbre est sans doute le suivant : Dieu peut-il créer une pierre si lourde que lui-même serait incapable de la soulever ? S'il le peut et le fait, alors il ne sera plus tout-puissant puisqu'il ne pourra pas soulever la pierre ; et s'il ne peut pas la créer, c'est qu'il n'est pas tout-puissant… La solution apportée à ce genre de difficulté consiste le plus souvent à montrer que ce qui est demandé relève d'une absurdité logique, la toute-puissance divine ne s'étendant qu'à ce qui est au moins *logiquement possible*. À l'impossible logique, nul n'est tenu, pas même Dieu.
3. Il ne faut pas entendre *monde* au sens de *notre planète* mais en un sens maximalement inclusif, comme l'univers tout entier. D'un point de vue logique, un monde serait décrit par un ensemble maximalement cohérent de propositions, c'est-à-dire un ensemble M de propositions tel que pour toute proposition p, ou bien M implique déjà p, ou bien p entre en contradiction avec M.

divine a toujours posé des difficultés pour penser la liberté : en quel sens sommes-nous libres alors que Dieu sait déjà quel usage nous ferons de notre liberté ? Laissons les théologiens se débrouiller avec ce problème ; il est, quoi qu'il en soit, tout à fait convenu d'admettre que Dieu est omniscient, et il s'ensuit qu'il a créé notre monde *en sachant à l'avance* tout ce qu'il contiendrait, et donc en sachant, parmi bien d'autres choses, que le grand tremblement de terre de Lisbonne de 1755 tuerait plus de 30 000 personnes. Ajoutons à cela que Dieu ne connaît pas seulement le monde actuel : il connaît aussi dans le même détail tous les mondes qu'il aurait pu créer, c'est-à-dire les autres mondes possibles. La question se pose donc de savoir : pourquoi sa volonté s'est-elle portée sur notre monde plutôt qu'un autre ?

Pour répondre à cette question, il faut parler du troisième attribut : la bénévolence. Dieu est de bonne volonté, c'est la moindre des choses[1]. Un point important dans la pensée de Leibniz est que vouloir le bien revient à vouloir le meilleur parmi les options que l'on peut réaliser : c'est la recherche d'un optimal, d'un maximum de bien.

Une fois cela admis, examinons le cas de la Création du monde : étant omniscient, Dieu connaît dans le moindre détail tous les mondes possibles ; étant tout-puissant, il peut créer n'importe lequel de ces mondes ; et enfin, par bénévolence,

1. Il y a, en rapport à cela, un problème classique appelé *dilemme d'Euthyphron* (en référence à un dialogue de Platon du même nom) : est-ce parce que Dieu veut une chose que cette chose est bonne, ou bien est-ce parce qu'elle est bonne que Dieu la veut ? Dans le premier cas, ce qui est bon ou mauvais semblerait relever d'un étrange arbitraire divin ; dans le second cas (qui est l'option la plus suivie), la distinction entre le bien et le mal ne dépend pas de Dieu qui ne fait, somme toute, qu'obéir à une loi morale supérieure.

il fera le meilleur choix possible, c'est-à-dire qu'il créera le meilleur de ces mondes. Voilà pourquoi, s'il y a un être tout-puissant, omniscient et bénévolent qui a créé le monde où nous sommes, alors nous sommes dans le meilleur monde possible.

On peut mener le même raisonnement par l'absurde : supposons qu'un monde meilleur que le nôtre est logiquement possible. Il faut alors se demander : pourquoi Dieu n'a-t-il pas créé ce monde meilleur ? Est-ce parce qu'il ne le pouvait pas ? Cela revient à nier sa toute-puissance. Si l'on admet qu'il pouvait créer ce monde, ne l'a-t-il pas créé parce qu'il ne savait pas que ce monde serait meilleur que le nôtre ? Cela reviendrait à nier son omniscience. Et enfin si l'on admet qu'il savait que ce monde est meilleur et qu'il pouvait le créer, la seule explication restante serait qu'il n'a pas voulu le créer, ce qui revient à nier sa bénévolence.

L'argument de Leibniz est d'une logique imparable : si la prémisse concernant Dieu est acceptée (et de fait elle l'était par la plupart de ses contemporains et par beaucoup des nôtres encore), il semble bien qu'il en découle nécessairement cette conclusion pour le moins dérangeante que notre monde est le meilleur possible[1].

1. Il y a tout de même deux points qui peuvent être remis en cause. Le philosophe Alvin Plantinga s'est efforcé de montrer qu'il y aurait des mondes logiquement possibles que Dieu ne pourrait pas faire sans contradiction et sans pourtant que cela limite sa toute-puissance : l'*erreur de Leibniz* aurait été de confondre *monde possible* et *monde créable*. (Voir Alvin Plantinga, *God, Freedom, and Evil*, Grand Rapids, William B. Eerdmans Publishing Company, 1974, p. 32-44.) Nous sommes dans le meilleur monde créable, pas le meilleur monde possible. L'autre objection concerne l'idée qu'il y ait une série infinie de mondes possibles (ou créables) de valeur morale croissante : ainsi

Mais alors comment expliquer le *mal* que nous y constatons chaque jour ? Comment expliquer les 30 000 morts du tremblement de terre de Lisbonne, les 100 millions de morts de la pandémie de grippe espagnole, ou l'indigestion que j'ai faite hier soir ? (J'ignorais ce qui m'attendait en commandant les huîtres au *Jardin d'Épicure*, mais Dieu le savait, lui ! Que n'a-t-il créé un monde où j'aurais passé une autre commande et une meilleure nuit ?)

C'est le fameux *problème du mal* : si Dieu est bon et a créé le monde, comment expliquer le mal ? Ce type de question est tout à fait classique en théologie mais la spécificité de l'approche de Leibniz est de toujours envisager ces questions au niveau de la totalité de ce qui existe dans la recherche d'un maximum de bien : la perfection divine aura donc pour conséquence, non pas qu'aucun mal n'existe dans le monde, mais seulement que notre monde, cette totalité dont nous ne voyons qu'un infime fragment, est le *meilleur* possible, c'est-à-dire qu'on y trouve le maximum de bien possible ; et pour Leibniz, ce maximum de bien ne pourrait être obtenu sans un minimum de mal.

Il semble assez facile d'objecter à cela que je peux imaginer un monde possible où je n'aurais pas eu d'indigestion hier soir, et rien que cela suffirait à en faire un monde meilleur que le monde actuel. À la limite, nous pouvons même imaginer un monde qui ne contiendrait aucune forme de mal, quel qu'il soit, où les hommes seraient des anges : un tel monde serait sans aucun doute meilleur que le nôtre !

---

il n'y aurait pas plus de sens de créer le *meilleur* de ces mondes que de trouver *le plus grand entier*. Mais il semble surtout que cette idée remette en cause la possibilité pour Dieu d'être bénévolent en créant le monde puisqu'il ne pourrait pas faire autrement que créer un monde tout en sachant que ce n'est pas le meilleur possible (ou créable), ce qui semble contraire à l'idée de bénévolence ou de perfection morale.

Pour comprendre pourquoi il n'en est pas ainsi aux yeux de Leibniz, il faut préciser ce que Leibniz comprend par ce *bien* que Dieu cherche à maximiser. Leibniz en fait une lecture beaucoup moins morale (et beaucoup plus métaphysique) que l'on pourrait se le figurer de prime abord : la notion de bien est pour lui liée avant tout à celle d'*existence*, de sorte que créer le meilleur monde possible revient à amener à l'existence un *maximum de choses possibles* à partir d'un minimum de principes. Autrement dit, il s'agit de maximiser la richesse, la fécondité, la complexité du monde.

Ce point est clairement exprimé par exemple dans ce passage d'un opuscule de Leibniz intitulé *Sur l'origine radicale des choses* :

> « Parmi les combinaisons infinies des choses possibles et des séries possibles, la seule à exister vraiment est celle par laquelle la plus grande quantité d'essence ou de possibilité est amenée à exister […], de telle sorte que l'effet maximal soit fourni au prix, pour ainsi dire, d'un effort minimal. […] [S]e réalise le monde qui entraîne la production maximale des possibles[1]. »

Un monde qui ne contiendrait aucune forme de mal serait sans doute bien plus pauvre et inintéressant que le nôtre, comme une musique qui ne contiendrait que des accords parfaits : ce n'est assurément pas la *meilleure* musique possible.

---

1. Gottfried Wilhelm Leibniz, *Sur l'origine radicale des choses* (1697), § 5-6, traduit du latin par Martine Étrillard, Paris, Hatier, 1984, p. 44-45. Il faut noter que l'idée sous-jacente, celle de lier le bien à l'existence, est en fait très consensuelle à l'époque : il était en effet courant de considérer que le mal n'a pas d'existence positive, qu'il réside toujours dans l'*absence* ou le *défaut*.

De façon inattendue, on peut établir un certain rapport entre cette pensée de Leibniz et la réflexion contemporaine sur l'*ajustement fin* (*fine-tuning*) de l'univers. L'idée est la suivante : il y a des constantes fondamentales de la physique dont la valeur semble en quelque sorte arbitraire (au sens où l'on ne fait que les constater et les mesurer) ; or il apparaît que, si elles avaient été dans des rapports ne serait-ce que très légèrement différents, aucune forme de vie n'aurait jamais pu exister. (L'univers doit être en expansion suffisamment rapide pour ne pas s'effondrer immédiatement sur lui-même ; mais, à l'inverse, l'expansion ne doit pas être trop forte, sans quoi les étoiles et les galaxies ne pourront pas se former, ce qui rendrait l'univers tout aussi inintéressant.) Aussi est-on tenté de penser que les valeurs de ces constantes ont été *réglées de façon fine* pour produire l'univers le plus riche et complexe possible (en tout cas plus riche et complexe que la quasi-totalité des autres univers que l'on pourrait baser sur les mêmes lois physiques mais avec d'autres constantes). Cette idée ne déplairait pas à Leibniz puisqu'il semble alors que son Dieu pourrait expliquer l'origine de l'optimisation de la complexité par les valeurs des constantes fondamentales de la physique. Au moins du point de vue de ces constantes, il est raisonnable de dire que nous vivons, sinon dans le meilleur univers possible, en tout cas dans l'un des très rares univers possibles d'après les lois de la physique qui traversent une phase d'une si grande complexité[1].

1. S'il y a chez Leibniz beaucoup de réflexions sur ce qu'on appellerait aujourd'hui la *complexité*, c'était encore une notion très mal cernée à son époque. Il faut en fait attendre les années 1960 et les travaux de Kolmogorov, Solomonov et Chaitin sur la théorie algorithmique de l'information pour que cette notion commence à être mieux comprise et définie. On distingue aujourd'hui plusieurs types de complexité, principalement

Il va de soi que cela ne prouve pas l'existence de Dieu (car on pourrait expliquer autrement cet ajustement fin de l'univers), mais cela montre que la conclusion de l'argument de Leibniz est moins absurde que Voltaire pouvait le penser.

---

la *complexité de Kolmogorov* et la *profondeur logique de Bennett*. La complexité de Kolmogorov d'un ensemble de données correspond, en gros, à la longueur du plus petit algorithme permettant de produire ces données. Ainsi, une suite d'un milliard de 0 a une complexité de Kolmogorov très faible puisqu'elle peut être produite par un algorithme très simple (un algorithme aussi simple que : *écrire un milliard de 0*). Par contre, une suite d'un milliard de 1 et de 0 totalement aléatoire a une complexité de Kolmogorov très grande puisqu'il n'y a pas d'autre choix, pour la décrire exactement, que de spécifier une à une chaque valeur de la suite. (L'algorithme le plus court sera donc aussi long que les données décrites.) Il y a pourtant un sens selon lequel l'aléatoire n'est pas vraiment complexe, et c'est ce sens que tâche de capturer la notion de profondeur logique de Bennett. Cette profondeur correspond au nombre d'étapes de calcul nécessaire pour produire les données à partir du plus petit algorithme qui permette de les décrire. Une suite aléatoire de 1 et de 0 a donc une profondeur logique très faible puisque l'algorithme le plus court qui la décrit doit spécifier une à une les valeurs de cette suite et il n'y aura presque aucune étape de calcul nécessaire ensuite pour produire la suite à partir de cet algorithme. L'aléatoire est *complexe au sens de Kolmogorov*, mais n'est pas *profond au sens de Bennett*. Les données ayant la plus grande profondeur logique sont celles qui peuvent être obtenues à partir d'un algorithme assez simple, mais qui nécessitent un très long temps de calcul. (De bons exemples de cela sont donnés par les automates cellulaires comme le *jeu de la vie* de Conway : les règles en sont très simples et peuvent produire, au bout d'un grand nombre d'étapes de calculs, des configurations extrêmement riches et variées. Et il semble raisonnable de croire que notre univers, de même, est aujourd'hui dans une configuration extraordinairement complexe alors que les conditions initiales et les lois fondamentales qui le régissent sont relativement simples.) Pour en revenir à Leibniz, la complexité dont il veut parler semble se rapprocher de la profondeur logique de Bennett : il insiste en effet régulièrement sur le fait qu'il faut considérer la richesse

Le Dieu des philosophes n'est souvent qu'une vague cause première du monde, bien éloigné du Dieu personnel des religions en ceci qu'il ne semble pas devoir s'intéresser au sort particulier de chaque être humain. Le Dieu leibnizien *maximisateur de la production de possibles* (aussi bien que le Dieu *fin ajusteur de constantes fondamentales*) en est un bel exemple : dans son calcul du meilleur monde, mon indigestion d'hier est une quantité aussi négligeable que la pandémie de grippe espagnole. Ces imperfections ponctuelles font partie d'un tout qui, si Leibniz a raison, reste meilleur que n'importe quel autre tout possible. Nous nous en rendrions compte nous-mêmes si seulement nous pouvions voir ce monde dans son entièreté ainsi que tous les autres mondes possibles ; malheureusement, nous sommes limités et ne le pouvons pas[1].

S'il y a un optimisme de Leibniz, ce n'est jamais qu'un optimisme cosmique : il n'a de sens qu'à l'échelle du monde ou de l'univers tout entier, passé, présent et futur. Cela n'exclut donc pas un certain pessimisme local. Leibniz ne nie jamais qu'il y ait du mal ; nulle part il n'est écrit ni même

---

et la diversité du monde par rapport à la simplicité des principes qui en sont à l'origine. Un monde qui ne serait qu'une suite d'événements aléatoires n'aurait donc pas cette diversité. Bien qu'anachronique, il me semble correct de dire qu'aux yeux de Leibniz le meilleur monde possible est celui qui a la plus grande profondeur logique de Bennett.

1. La fin des *Essais de Théodicée* de Leibniz présente le récit imaginaire d'un homme transporté par Athéna dans la pyramide des mondes possibles : il y peut à loisir, dans chaque pièce, observer un monde possible dans son entier, et constater l'amélioration des différents mondes à mesure qu'il monte les étages de la pyramide, jusqu'au monde qui en constitue le sommet, le meilleur monde possible, lequel est précisément le monde actuel dont il vient. Mais Leibniz n'est pas Athéna et nous ne pouvons qu'imaginer cette pyramide et ces mondes, ce qui est bien moins convaincant.

suggéré que « tout est bien », et si Voltaire avait bien lu et compris l'auteur qu'il voulait critiquer, il n'aurait pas dû mettre ces mots dans la bouche de Pangloss. Ce que Leibniz nie, c'est l'idée que tel ou tel mal particulier que nous constatons pourrait être corrigé dans un monde meilleur : si Dieu a créé ce monde et non un autre, c'est que les mondes possibles où le tremblement de terre de Lisbonne n'a pas eu lieu sont tous, considérés en leur entier, des mondes moins bons, c'est-à-dire moins riches, moins complexes que le nôtre ; et s'il est difficile de le comprendre, c'est d'une part que nous n'apercevons jamais qu'une insignifiante partie de notre monde, et d'autre part qu'il nous est encore plus difficile de connaître les autres mondes possibles auxquels il faudrait le comparer pour pouvoir juger qu'il n'est pas le meilleur. Dans ces conditions, n'est-il pas en effet bien présomptueux de coller, comme Voltaire, un « Peut mieux faire » à l'œuvre de Dieu[1] ?

Ce point est joliment développé dans un autre passage de *Sur l'origine radicale des choses* :

> « Mais, dira-t-on, c'est le contraire dont nous faisons l'expérience dans le monde, car, le plus souvent, le pire revient

1. Bien sûr, rien ne vous empêche de noter l'élève Dieu *Absent* (c'est ce que je ferais pour ma part) ; mais je raisonnais ici selon le point de vue de Leibniz (et de beaucoup d'autres) pour qui Dieu est bien là et le monde est son œuvre. Si Dieu nous rend une dissertation dont nous ne pouvons lire que la moitié d'une ligne, quand bien même celle-ci nous semblerait assez médiocre (« De tout temps, les hommes… »), il me semblerait fort malavisé de juger de ce qu'elle mérite sur cette seule base. En admettant par ailleurs que cet élève sait tout, peut tout et veut bien faire (c'est le propre de Dieu), il faut plutôt estimer *a priori* que c'est la meilleure dissertation possible et lui donner la note parfaite de 20/20 : « Excellent ! Ne relâchez pas vos efforts au septième jour. »

aux meilleurs hommes ; les innocents, bêtes ou hommes, sont frappés, parfois tués sous les tortures. En somme, envisagé surtout sous l'aspect du gouvernement du genre humain, le monde apparaît plutôt comme un chaos plein de désordres que comme l'effet de l'organisation d'une sagesse suprême. […]

« À la vérité, il est injuste de prononcer un jugement sans avoir examiné la loi tout entière – comme l'affirment les juristes. Nous, nous ne connaissons qu'une infime partie de l'éternité qui doit s'étendre à l'infini. Les quelques milliers d'années dont l'histoire nous fait la relation sont bien dérisoires ; et cependant, malgré cette expérience minime, nous n'hésitons pas à juger de l'immensité et de l'éternité, comme des hommes emprisonnés, ou si l'on préfère, nés et élevés dans les salines souterraines des Sarmates, qui croiraient qu'il n'existe aucune autre source lumineuse dans le monde que cette méchante torche qui suffit à peine à diriger leur pas.

« Imaginons une très belle peinture, couvrons-la entièrement à l'exception d'une toute petite partie : qu'y verra-t-on, même de très près ? ou même en s'approchant davantage ? Rien de plus qu'une accumulation confuse de couleurs placées au hasard, sans art ; et cependant, après avoir enlevé ce qui le couvrait, on observera le tableau tout entier dans la perspective qui convient, on s'apercevra que ce qui, de prime abord, semblait barbouillé sur la toile était le résultat du très grand talent de l'auteur de l'œuvre.

« La perception des yeux en peinture est du même ordre que celle des oreilles en musique. D'éminents maîtres dans l'art de la composition mêlent très souvent des sons inharmonieux aux sons harmonieux afin de surprendre l'auditeur, et, pour ainsi dire, de piquer son attention ; pour que l'auditeur, comme inquiet de la suite, ressente, au moment où, peu après, tout a été remis dans l'ordre, une joie d'autant

> plus grande. [...] C'est pour le même motif qu'on se lasse de se nourrir continuellement de mets qui flattent le goût : les saveurs âcres, aigres, et même amères, doivent avoir leur place, afin d'exciter le goût. Qui n'a pas goûté à l'amer n'a pas mérité le doux et, même, ne saura pas l'apprécier. Telle est la loi même du plaisir : il ne se maintient pas toujours égal parce que cela nous engendre le dégoût, nous engourdit au lieu de nous rendre heureux[1]. »

Peut-on vraiment considérer la pandémie de grippe espagnole ou le génocide rwandais comme une dissonance passagère dans un tout harmonieux, ou comme une petite saveur âcre sans laquelle on se lasserait d'un bonheur sucré ? C'est, pour le moins, difficile à concevoir. Ces images musicales, picturales ou gustatives, très fréquentes sous la plume de Leibniz, ont bien quelque chose de profondément choquant, comme s'il excusait les pires monstruosités pour l'effet esthétique que l'on en retire en considérant les choses d'assez loin. Cette approche n'est peut-être pas la plus adéquate ni même la plus fidèle à l'idée leibnizienne (même si, de fait, c'est celle que Leibniz utilise le plus souvent).

Il en est une autre qu'il n'évoque qu'à une seule reprise à ma connaissance et que je trouve bien plus subtile et intéressante. Elle est tirée d'un domaine plus abstrait : la géométrie. Leibniz fait remarquer que la diagonale d'une figure même aussi simple et harmonieuse qu'un carré a quelque chose d'imparfait : aucun nombre rationnel ne peut exprimer la longueur de cette diagonale par rapport au côté. En effet, si le côté vaut 1, la diagonale vaut $\sqrt{2}$, un nombre *irrationnel*. (Leibniz en son temps parlait de *nombre sourd*, ce qui

1. Gottfried Wilhelm Leibniz, *Sur l'origine radicale des choses*, § 13, *op. cit.*, p. 47-49.

est assez joli.) Les pythagoriciens frémissaient devant cette monstruosité mathématique[1] !

Imaginez maintenant que nous voulions placer des points sur un plan de façon à obtenir en les reliant des formes géométriques aussi diverses que possible ; s'il fallait faire en sorte que toutes les grandeurs que déterminent ces points restent commensurables les unes aux autres, nous serions en fait immédiatement bloqués[2]. Ainsi faut-il permettre cette petite imperfection de l'incommensurabilité pour maximiser la richesse et la complexité des formes. Et il en irait de même pour le mal en général, aux yeux de Leibniz : si l'on veut une plus grande richesse globale, il faut permettre des imperfections locales[3].

Leibniz peut souvent donner l'impression qu'il se fait l'avocat de Dieu, tâche au moins aussi difficile que se faire l'avocat du diable, puisque si Dieu a tout créé, il doit aussi répondre du diable. La métaphore judiciaire est d'ailleurs fréquente chez Leibniz qui commença par étudier le droit. L'une

1. L'École pythagoricienne, fondée par Pythagore au VIe siècle avant J.-C., était une organisation à la fois scientifique et religieuse, entretenant un rapport mystique aux nombres et à la géométrie. Hippase de Métaponte aurait été le premier pythagoricien à divulguer l'incommensurabilité de la diagonale du carré et aurait été pour cela noyé par ses compagnons (ou se serait suicidé, selon les versions). On ne plaisante pas avec les nombres.
2. La question est d'ailleurs assez amusante : quel est le nombre maximal de points que l'on peut placer dans le plan de sorte que toutes les aires et distances entre ces points soient exprimées par des nombres rationnels (et en supposant qu'ils ne soient pas tous alignés, bien sûr) ?
3. L'argument sur la diagonale du carré est développé par Leibniz dans le *Dialogue effectif sur la liberté de l'homme et l'origine du mal*, un texte bref que l'on peut lire dans le recueil *Système nouveau de la nature, et autres textes*, présentation par Christiane Frémont, Paris, Flammarion, « GF », 1994, p. 49-58.

de ses œuvres principales s'intitule *Essais de Théodicée*, ce néologisme signifiant littéralement « justice de Dieu », où il s'agit surtout de disculper Dieu du mal dont on l'accuse. Le plaidoyer de Leibniz tient donc essentiellement à ceci : Dieu veut le meilleur monde possible, et celui-ci contient une certaine part de mal qu'il ne veut pas en lui-même mais qu'il permet en tant que partie de ce meilleur monde. (Pour filer la métaphore géométrique, on pourrait dire que Dieu ne veut pas ces scandaleuses longueurs incommensurables, mais il faut bien tolérer qu'il y en ait dès lors que l'on veut placer quelques points sur un plan.)

Que ce soit par l'image du détail de la peinture, de la dissonance de la musique, ou de l'incommensurabilité de la diagonale, il me semble que Leibniz s'efforce surtout de donner un sens à cette idée presque inimaginable : notre monde, qui nous semble si imparfait et monstrueux, doit être du point de vue de Dieu le meilleur monde possible. Cet optimisme cosmique est contre-intuitif et même choquant à bien des égards, mais c'est aussi, nous l'avons vu, une conséquence nécessaire des principes sur lesquels Leibniz fonde son raisonnement, à savoir que le monde a été créé par un Dieu tout-puissant, omniscient et bénévolent. Et les auteurs qui développent rigoureusement les conséquences des principes qu'ils admettent (même lorsque je n'y adhère pas moi-même) me semblent plus intéressants que ceux qui nagent entre deux logiques, acceptant des prémisses tout en renâclant face aux conclusions.

Notez enfin que s'il vous semble tout à fait clair que ce monde ne peut être le meilleur possible, vous pouvez alors considérer que le raisonnement de Leibniz donne au moins un excellent argument *contre* l'existence de Dieu. C'est toujours ça.

Pour aller plus loin :

Jacques Bouveresse, *Dans le labyrinthe. Nécessité, contingence et liberté chez Leibniz*, Paris, Collège de France, 2013.

Je serais tenté de conseiller la *Monadologie*, les *Essais de Théodicée* ou le *Discours de métaphysique*, mais ces textes sont tout de même assez difficiles à lire et il vaut peut-être mieux vous conseiller, pour introduire à Leibniz, ces cours des années 2009 et 2010 de Jacques Bouveresse au Collège de France. Ils sont disponibles gratuitement en format numérique sur Internet et pourront vous donner envie de lire les grands ouvrages susmentionnés. Bouveresse offre une présentation vive, instruite et passionnante de la pensée de Leibniz, mettant l'accent sur le labyrinthe logique et métaphysique entourant la notion, cruciale chez lui, de *possibilité*. Et il y a de quoi se perdre, en effet. Ceux qui ont approché l'aporie de Diodore sauront de quoi je parle…

Gottfried Wilhelm Leibniz, *Sur l'origine radicale des choses*, traduit du latin par Martine Étrillard, Paris, Hatier, 1984.

C'est l'une des rares éditions de ce texte *Sur l'origine radicale des choses* qui me semble parmi les plus claires et synthétiques de Leibniz. Au pire, vous ne perdrez qu'un quart d'heure de votre vie puisqu'il n'en faut pas davantage pour lire la petite dizaine de pages de cet opuscule. Notez que cette édition en contient un autre assez intéressant également, quoique plus théologique, intitulé *La Cause de Dieu*, qui présente lui aussi l'intérêt de résumer de nombreuses idées centrales de la philosophie de Leibniz (notamment sur la prescience, la volonté et la liberté).

Gottfried Wilhelm Leibniz, *Système nouveau de la nature, et autres textes*, Paris, Flammarion, « GF », 1994.

Ce sont surtout pour les *autres textes* que j'apprécie l'ouvrage. Il contient notamment ce dialogue qui fait l'analogie entre la permission du mal et l'irrationalité de la diagonale du carré (le texte s'intitule « Dialogue effectif sur la liberté de l'homme et l'origine du mal ») et de nombreuses autres curiosités leibniziennes…

DAVID HUME

Le joueur de trictrac

« Aucun témoignage n'est suffisant pour établir un miracle »

David Hume est un Écossais rondouillet qu'un de ses plus célèbres portraits présente à la postérité affublé d'un improbable bonnet d'intérieur en tissu rose et mou. Il me fait l'effet d'être sympathique et bon vivant, chose assez rare chez les philosophes pour être soulignée. En somme, il ne m'aurait pas déplu d'être invité à dîner chez lui ; sans doute aurait-il eu le bon goût de ne pas parler seulement de philosophie de l'apéritif jusqu'au dessert, voire de ne pas en parler du tout et de proposer plutôt de m'initier aux subtilités du jeu de trictrac[1].

1. Un délicieux passage du *Traité de la nature humaine* évoque cette fatigue de la réflexion philosophique et sa préférence pour un bon dîner et une partie de trictrac (une sorte de backgammon) : « Où suis-je ? et que suis-je ? De quelles causes tiré-je mon existence et à quelles conditions retournerai-je ? Quel est l'être dont je dois briguer la faveur, et celui dont je dois craindre la colère ? Quels êtres m'entourent ? Sur qui ai-je une influence, et qui en exerce une sur moi ? Toutes ces questions me confondent et je commence à me trouver dans la condition la plus déplorable qu'on puisse imaginer, enveloppé de l'obscurité la plus profonde et absolument privé de l'usage de tout membre et de toute faculté. Très heureusement il se produit que, puisque la raison est incapable de chasser ces nuages, la Nature elle-même suffit à y parvenir ; elle me guérit de cette mélancolie philosophique et de ce délire soit par

Sous ses airs bonhommes, Hume n'en est pas moins l'un des philosophes les plus importants de l'histoire. Si Julien Lepers me lance : « Je suis un auteur né au XVIIIe siècle, j'ai apporté des contributions décisives sur le fondement des connaissances, de la morale, et du jugement esthétique, je suis, je suis… », il y a fort à parier que la réponse soit… « Kant », à vrai dire, mais par esprit de contradiction je répondrai « Hume », et je serai fondé à me plaindre si le présentateur refuse ma réponse car elle est tout aussi pertinente et légitime. Certes, Emmanuel Kant, boss final de la philosophie moderne qui nous attend dans le prochain chapitre, a pondu trois Critiques volumineuses (*Critique de la raison pure*, *Critique de la raison pratique*, *Critique de la faculté de juger*) traitant respectivement et systématiquement de ces trois champs, épistémologie[1], morale et esthétique, qui resteront à jamais marqués de l'empreinte de ces trois pavés ; toutefois pour ma part j'avoue leur préférer, sur les mêmes sujets mais dans un style plus léger et plus vif, la lecture de l'*Enquête sur l'entendement humain*, l'*Enquête sur les principes de la morale* et l'*Essai sur la norme du goût* de notre sémillant

---

relâchement de la tendance de l'esprit, soit par quelque divertissement et par une vive impression sensible qui effacent toutes ces chimères. Je dîne, je joue au trictrac, je parle et je me réjouis avec mes amis ; et si, après trois ou quatre heures d'amusement, je voulais revenir à mes spéculations, celles-ci me paraîtraient si froides, si forcées et si ridicules que je ne pourrais trouver le cœur d'y pénétrer tant soit peu. Alors donc je me trouve absolument et nécessairement déterminé à vivre, à parler et à agir comme les autres hommes dans les affaires courantes de la vie… » (David Hume, *Traité de la nature humaine*, traduit de l'anglais par André Leroy, Paris, Aubier, 1946, p. 361).

1. L'épistémologie est la partie de la philosophie qui s'intéresse à la notion de connaissance et dont nous avons parlé notamment dans le chapitre sur Sextus Empiricus et le scepticisme.

Écossais. J'avoue aussi préférer, de façon générale, son empirisme et son scepticisme stimulant à l'idéalisme kantien et aux brumes de la philosophie allemande.

Les trois œuvres de Hume que j'ai citées, plus minces et moins velues que les trois *Critiques*, n'en ont pas moins marqué la philosophie. L'*Enquête sur l'entendement humain*[1], tout particulièrement, a posé le problème crucial de l'*induction* : est-il rationnel de croire qu'une régularité passée implique une régularité future ? Si le soleil s'est toujours levé jusqu'à aujourd'hui, et si mon corps a toujours été entraîné vers le sol, qu'est-ce qui m'assure que le soleil se lèvera demain et que je ne vais pas m'envoler en sautant par la fenêtre ? Selon Hume, il n'y a pas de justification purement rationnelle à cela : non seulement il est illusoire d'espérer, sur des questions empiriques de cette sorte, parvenir à une certitude *a priori* du même ordre que pour les vérités mathématiques, mais même la justification de probabilités plus ou moins grandes restera tout aussi irrationnelle.

Pour autant, je n'essaierai pas de me jeter par la fenêtre. Par le passé, chaque fois que je me suis trouvé en chute libre à la surface de la Terre, je suis invariablement retombé sur le sol, et cette régularité a créé dans mon esprit une habitude et une attente ; c'est pourquoi, si d'aventure je passais par la fenêtre, je m'attendrais à m'écraser lamentablement sur le trottoir et non à m'envoler telle une colombe. Pourtant, selon

1. L'*Enquête sur l'entendement humain* est en fait une version remaniée de la première partie du *Traité de la nature humaine*, ouvrage majeur publié alors que Hume n'avait pas même trente ans et qui est aujourd'hui reconnu comme l'une des œuvres les plus importantes du XVIIIe siècle. Elle n'eut presque aucun lecteur lors de sa publication et cet échec poussa Hume à reformuler ses idées sous une forme plus accessible dans l'*Enquête*.

Hume, je n'ai pas d'argument rationnel pour le justifier, je n'ai que cette attente forgée par l'habitude et la répétition. On pourrait objecter qu'il y a tout de même une relation *causale* tout à fait claire et évidente entre le fait de se jeter par la fenêtre et le fait de s'écraser sur le trottoir ; mais pour Hume, précisément, l'idée de causalité, l'idée que *A cause B*, ce n'est rien d'autre qu'une idée née de l'habitude d'avoir toujours observé par le passé l'événement de type *A* être suivi par l'événement de type *B*. Une relation causale n'a rien d'une implication logique : elle ne se laissera jamais établir de façon purement rationnelle.

Kant confessera que c'est cette critique de la causalité par Hume qui l'a « tiré de son sommeil dogmatique[1] » et lui a donné l'impulsion nécessaire pour écrire sa *Critique de la raison pure*, dans laquelle il répond au défi de Hume en établissant un fondement *a priori* de la causalité, sans lequel il lui semblait que toute la physique devait être remise en question. (Kant y est-il parvenu ? Ma foi, je n'en dirai rien ici mais nous en reparlerons au prochain chapitre.) Chez les amateurs de philosophie allemande, Hume n'est parfois connu qu'à travers ce prisme : une étincelle qui n'éclaire rien par elle-même mais dont le mérite est d'avoir allumé la philosophie kantienne, seule source de lumière[2]. C'est évidemment fort injuste et réducteur. Le problème de l'induction, tel que

1. L'expression se trouve dans la préface des *Prolégomènes à toute métaphysique future qui voudrait se présenter comme science*.
2. Kant lui-même présente les choses sous cet angle dans la préface des *Prolégomènes* : « [Hume] n'apporta aucune lumière dans cette espèce de connaissance ; mais il fit jaillir une étincelle qui eût pu produire la lumière, si elle était tombée sur une matière inflammable. » Il va sans dire que cette matière inflammable était l'esprit de Kant, et la lumière naîtra de la *Critique* – selon Kant, en tout cas.

Hume l'a formulé et traité, constitue encore aujourd'hui un enjeu central de l'épistémologie. Son rôle ne s'est pas limité à réveiller Kant ; ce sont tous les philosophes après Hume qui feront des insomnies en méditant l'idée que rien ne justifie rationnellement que le soleil se lèvera demain.

Son œuvre a marqué d'autres champs que l'épistémologie (notamment la philosophie morale et l'esthétique) mais, dans ce chapitre, je resterai sur ces questions relatives au fondement des connaissances. Hume est avant tout un défenseur de l'empirisme : toutes nos connaissances proviennent ultimement des diverses impressions transmises par nos sens. Il est loin d'être le premier empiriste (on peut citer Hobbes, Locke ou Berkeley avant lui, par exemple – les îles britanniques offrant, semble-t-il, le meilleur climat pour cette espèce de philosophes), mais il développera cette pensée dans certaines de ses conséquences les plus radicales. L'une des plus frappantes, que j'ai déjà évoquée à la fin du chapitre sur Locke et l'identité personnelle, est la suivante : Hume nie l'existence d'un *moi* substantiel et unique qui se maintiendrait à travers le temps. En effet, en s'examinant attentivement, il ne trouve pas en lui l'impression d'une telle unité mais plutôt un faisceau de diverses perceptions mouvantes. *Il n'y a pas de moi.*

C'est encore son empirisme qui le pousse à ses conclusions sceptiques sur l'induction et la causalité. Puisque nous ne pouvons pas faire réellement l'expérience d'une connexion nécessaire entre des événements de type *A* puis de type *B* qui se succèdent dans le temps (et puisqu'il est tout aussi illusoire d'espérer démontrer une telle connexion à la façon d'un théorème mathématique), alors l'idée que *A cause B* ne semble pouvoir tirer son origine que dans les lois psychologiques qui gouvernent notre nature humaine : notre esprit est ainsi fait qu'à force de voir *A* suivi de *B*, l'habitude crée l'attente qu'après *A* vienne *B*, et l'idée de cause naîtrait de cela seulement. Toutes les observations passées ne suffisent pas à justifier rationnellement la conclusion qu'il y a entre *A* et *B* une connexion nécessaire. D'où le scepticisme de Hume quant à l'induction.

Hume est certainement le plus sceptique des modernes ; mais est-il un sceptique au sens ancien ? Est-il un disciple éloigné de Pyrrhon et de Sextus Empiricus considérant toujours, selon leur maxime, *pas plus ceci que cela* ? Non, très loin de là. Tout d'abord, concernant ce qu'il appelle les vérités *de raison*, c'est-à-dire les vérités mathématiques et formelles en général, Hume n'est pas le moins du monde sceptique : il admet sans sourciller que de telles vérités peuvent être rationnellement justifiées. S'il y a du scepticisme chez Hume, ce sera seulement à l'égard de ce qu'il appelle des vérités *de fait* (en dehors de celles qui concernent l'observation actuelle des choses). Par exemple, Hume, en bon sceptique, ne considère-t-il *pas plus ceci* : « Le soleil se lèvera demain », *que cela* : « Le soleil ne se lèvera pas demain » ? Là encore, non. Si Hume considère que toutes les observations passées ne permettent pas de justifier rationnellement l'une ou l'autre de ces propositions, ni même la plus grande probabilité de l'une ou l'autre, de fait il reconnaît aussi que notre esprit est ainsi fait qu'il aura tendance à pencher vers l'idée que le soleil se lèvera demain comme hier. Cette tendance n'est pas une justification rationnelle mais elle est bien là et nous ne pouvons pas l'ignorer ni lui résister. Le scepticisme des Anciens, qui prétendait en toute occasion *suspendre son jugement*, n'est tout simplement pas humain.

En somme, on peut dégager deux degrés dans le scepticisme de Hume : d'abord (et ce n'est pas un point si original que cela), l'inclination à croire que le soleil se lèvera demain ne garantit pas avec une *certitude absolue* que le soleil se lèvera demain ; ensuite (et c'est à cet égard que Hume est véritablement radical), il soutient qu'une inclination de cette sorte restera toujours fondamentalement *irrationnelle*. Aucune forme d'induction n'est valide, pas même une induction qui ne conclut qu'à une plus grande probabilité.

Le scepticisme de Hume n'est donc pas un scepticisme absolu déclarant toute connaissance impossible et poussant à une surhumaine *acatalepsie* (vous n'aviez pas oublié ce mot, j'espère !), mais un scepticisme plus subtil et à la mesure de l'esprit humain, qui invite à admettre le caractère irrémédiablement incertain et irrationnel de nos croyances empiriques (en dehors de celles qui portent sur l'observation immédiate). Et c'est déjà beaucoup, à vrai dire. C'était assez pour tirer plus d'un philosophe des Lumières de son sommeil dogmatique ! La révolution scientifique avait été portée par l'idée que l'étude de la nature était bien une démarche rationnelle. Les plus optimistes en attendaient même une certitude absolue : c'était le fond de la pensée de Descartes, qui voulait rebâtir l'édifice des sciences sur un fondement absolument certain. Et devant l'incroyable efficacité de la théorie de Newton qui parvenait à prédire avec précision jusqu'à l'orbite des comètes, n'avait-on pas toutes les raisons de penser que sa théorie tirait bien de ces observations, à défaut d'une certitude absolue, au moins une justification rationnelle ? Eh bien, non. La critique de Hume portait un coup d'arrêt brutal, non pas aux sciences bien sûr, mais à cet espoir de rationalité : même si le livre de la nature *est écrit en langage mathématique*, selon le mot fameux de Galilée, les lois inscrites dans ce livre ne se déduisent pas des observations passées de façon purement rationnelle.

L'idée d'une marge d'incertitude irrémédiable dans nos connaissances même les mieux établies ne nous choque guère aujourd'hui. Après tout, nous nous sommes bien rendu compte que la théorie de Newton n'était pas si parfaite : la théorie de la relativité générale d'Einstein est passée par là et l'a complétée et corrigée. Elle est elle-même sans doute à corriger aussi, même si nous ne savons pas encore quelle théorie plus complète lui succédera. En somme, nous avons fini par admettre que les sciences se construisent sur des marais instables (dans lesquels rien n'empêche de planter des pilotis pour un temps) et non sur un sol ferme[1]. Va pour l'incertitude, donc. Mais l'irrationalité, c'est une autre affaire. L'idée que la justification de nos croyances empiriques, et notamment des meilleures théories physiques, n'est pas fondamentalement rationnelle est beaucoup plus difficile à admettre et fait bien de Hume, encore aujourd'hui, un auteur scandaleux.

Examinons donc ce point d'un peu plus près : pourquoi serait-il irrationnel de tenir pour seulement *plus probable* que le soleil se lèvera demain plutôt qu'il ne se lèvera pas ? Après tout, que le soleil se soit toujours levé jusqu'à aujourd'hui semble bien, d'une certaine façon, justifier de pencher du

1. J'emprunte cette image des pilotis dans un marécage à un beau passage de Karl Popper : « La science ne repose pas sur une base rocheuse. La structure audacieuse de ses théories s'édifie en quelque sorte sur un marécage. Elle est comme une construction bâtie sur pilotis. Les pilotis sont enfoncés dans le marécage mais pas jusqu'à la rencontre de quelque base naturelle ou “donnée” et, lorsque nous cessons d'essayer de les enfoncer davantage, ce n'est pas parce que nous atteint un terrain ferme. Nous nous arrêtons, tout simplement, parce que nous sommes convaincus qu'ils sont assez solides pour supporter l'édifice, du moins provisoirement » (Karl Popper, *La Logique de la découverte scientifique*, Paris, Payot, 1973, p. 111).

côté qu'il en ira de même demain. Mais examinez de près cette justification : les observations passées toutes seules *n'impliquent pas logiquement* une probabilité de quoi que ce soit ; cela *ne se déduit pas* selon des principes purement logiques. Vous pourriez essayer de contourner le problème en vous adossant à un principe probabiliste comme, par exemple, le suivant : l'observation de régularités passées *augmente la probabilité* qu'il en aille de même à l'avenir. Ainsi, les observations passées et ce principe pris ensemble impliquent bien une plus grande probabilité que le soleil se lève demain. Mais Hume pourrait objecter : pouvez-vous justifier rationnellement ce principe probabiliste ? Pouvez-vous le *déduire logiquement* de vos expériences passées ? Cela semble hasardeux. Si vous le posez plutôt comme une sorte de dogme, votre justification ne sera pas rationnelle. Si vous vous basez sur les succès passés de ce genre d'induction (faisant ainsi une sorte de méta-induction), votre raisonnement est circulaire. Et quel que soit le principe plus général dont vous vouliez tirer votre principe probabiliste, il faudrait à nouveau vous poser la question de savoir comment justifier rationnellement ce nouveau principe[1]. En fin de compte, selon Hume, vous ne retrouverez jamais le sol ferme de la raison pour fonder votre croyance en ceci qu'il est plus probable que le soleil se lèvera demain. Et c'est en ce sens que Hume peut déclarer que cette inclination à le croire n'est pas rationnelle.

Cela étant dit, il est important de noter que Hume ne semble pas exclure qu'il y ait une forme de logique ou tout au moins de bonne pratique dans la façon d'établir la probabilité de telle ou telle proposition empirique. Hume n'est pas un sceptique

1. Les lecteurs attentifs auront reconnu un nouvel avatar du trilemme d'Agrippa. Voir la fin du chapitre 6.

pour qui toute croyance en vaut une autre. Tout en soutenant qu'attribuer des probabilités à des propositions empiriques restera ultimement irrationnel, il semble par ailleurs admettre qu'il y a des façons plus ou moins correctes (à défaut de dire rationnelles) de distribuer ces probabilités. Le joueur de trictrac qu'il était ne pouvait guère l'ignorer en lançant les dés ! L'un des passages où ressort le plus nettement cet aspect de la pensée de Hume est le chapitre de l'*Enquête sur l'entendement humain* consacré aux miracles, dont je propose de lire quelques passages éclairants :

> « Nous hésitons fréquemment devant les récits des autres hommes. Nous mettons en balance les circonstances opposées qui causent un doute ou une incertitude, et quand nous découvrons une supériorité d'un côté, nous penchons vers lui, mais pourtant avec une assurance diminuée en proportion de la force du côté opposé.
>
> « [...] Supposez, par exemple, que le fait que le témoignage essaie d'établir participe de l'extraordinaire et du merveilleux ; dans ce cas, l'évidence qui résulte du témoignage admet une diminution plus ou moins grande en proportion de ce que le fait est plus ou moins inhabituel. La raison qui nous fait accorder du crédit aux témoins et aux historiens ne se tire pas d'une connexion perçue *a priori* entre le témoignage et la réalité ; elle vient de ce que nous sommes accoutumés à trouver de la conformité entre eux. Mais quand le fait attesté est tel qu'il est rarement tombé sous notre observation, il se produit alors une lutte entre deux expériences contraires ; l'une d'elles détruit l'autre dans la mesure de sa force, et l'expérience supérieure peut seulement opérer sur l'esprit par son surcroît de force. C'est exactement ce même principe de l'expérience qui nous donne un certain degré d'assurance en l'attestation des témoins et qui nous donne aussi, dans

ce cas, un autre degré d'assurance contre le fait qu'essaient d'établir les témoins ; cette contradiction engendre nécessairement un balancement et une destruction mutuelle de croyance et d'autorité.

« *Je ne croirais pas une telle histoire, même si Caton me la racontait*, c'était une maxime proverbiale à Rome, même du vivant de ce patriote philosophe[1]. L'incrédibilité d'un fait pouvait, accordait-on, invalider une autorité aussi grande.

« Le prince indien qui refusait de croire les premiers témoignages sur les effets du gel raisonnait correctement, et il fallait naturellement de très forts témoignages pour gagner son assentiment à des faits produit par un état de la nature qui ne lui était pas familier et qui soutenait si peu d'analogie avec les événements dont il avait une expérience constante et uniforme. Bien que ces faits ne fussent pas contraires à son expérience, ils n'y étaient pas conformes[2]. »

Hume esquisse dans ces lignes une véritable *théorie de la confirmation* ; il ne lui manque que les outils du formalisme mathématique pour quantifier précisément l'évolution de ces « degrés d'assurances » et de ces rapports de « forces » entre les justifications qui nous font pencher plus ou moins de tel ou tel côté[3]. Quel est le statut de cette esquisse de théorie ?

1. [Note de Hume :] « Plutarque, *Vie de Caton* ; *Caton le jeune*, chap. XXX. »
2. David Hume, *Enquête sur l'entendement humain*, traduit de l'anglais par André Leroy, Paris, Flammarion, « GF », 1983, p. 186-188.
3. Ce formalisme pourrait être celui de la théorie des probabilités que le mathématicien Pierre Laplace (et avant lui, mais indépendamment, Thomas Bayes) mettra au point quelques décennies plus tard, et qu'il appliquera justement au problème de l'induction et à la question de savoir quelle est la probabilité que le soleil se lève demain. Cette théorie humienne de la confirmation semble ainsi se rapprocher de ce que l'on appelle aujourd'hui le *bayesianisme* qui est généralement reconnu

N'est-elle aux yeux de Hume qu'une description de la façon dont, de fait, nous avons tendance à estimer les probabilités ? Les premiers paragraphes cités peuvent donner cette impression, mais lorsque Hume mentionne ce prince indien qui « raisonnait correctement » en doutant des témoignages sur le gel de l'eau, il semble bien conférer à sa théorie une valeur de norme : elle prescrit comment raisonner *correctement* dans l'estimation des probabilités (ce qui revient à dire comment raisonner correctement sur les questions empiriques en général). La suite du texte est encore plus claire à ce sujet, abordant la question de savoir à quelle condition il est légitime de croire en un miracle. Nous allons voir que Hume formule une réponse particulièrement forte et qui ne manque pas de pouvoir servir encore aujourd'hui :

> « Pour que quelque chose soit considéré comme un miracle, il faut qu'il n'arrive jamais dans le cours habituel de la nature. Ce n'est pas un miracle qu'un homme, apparemment en bonne santé, meure soudainement, parce que ce genre de mort, bien que plus inhabituelle que d'autres, a pourtant été vu arriver fréquemment. Mais c'est un miracle qu'un homme mort revienne à la vie, parce que cet événement n'a jamais été observé, à aucune époque, dans aucun pays. Il faut donc qu'il y ait une expérience uniforme contre tout événement miraculeux, autrement, l'événement ne mérite pas cette appellation de miracle. Et comme une expérience uniforme équivaut à une preuve, il y a dans ce cas une preuve directe et entière, venant de la nature des faits, contre l'existence d'un

comme l'approche correcte de la confirmation. Voir Lê Nguyên Hoang, *La Formule du savoir*, Les Ulis, EDP Sciences, 2018, et particulièrement chapitre 6, p. 94-95, sur Laplace et son calcul de la probabilité que le soleil se lève.

quelconque miracle. Une telle preuve ne peut être détruite et le miracle rendu croyable, sinon par une preuve contraire qui lui soit supérieure.

« La conséquence évidente (et c'est une maxime générale qui mérite notre attention) est : *aucun témoignage n'est suffisant pour établir un miracle à moins que le témoignage ne soit d'un genre tel que sa fausseté serait plus miraculeuse que le fait qu'il veut établir ; et même dans ce cas, il y a une destruction réciproque des arguments, et c'est seulement l'argument supérieur qui nous donne une assurance adaptée à ce degré de force qui demeure, déduction faite de la force de l'argument inférieur.* Quand quelqu'un me dit qu'il a vu un mort revenu à la vie, je considère immédiatement en moi-même s'il est plus probable que cette personne me trompe ou soit trompée, ou que le fait qu'elle relate ait réellement eu lieu. Je soupèse les deux miracles, et selon la supériorité que je découvre, je rends ma décision et rejette toujours le plus grand miracle. Si la fausseté de son témoignage était plus miraculeuse que l'événement qu'elle relate, alors, et alors seulement, cette personne pourrait prétendre commander ma croyance et mon opinion[1]. »

En somme, un miracle aurait besoin d'un miracle pour être seulement crédible : il faudrait qu'il soit *miraculeux* que l'ensemble des témoignages en sa faveur soit erroné, autrement dit que la probabilité de leur fausseté nous semble aussi faible que la probabilité que le miracle ait bien lieu. Et notez que ce cas apporterait non une raison de pencher en faveur du prétendu miracle, mais seulement une raison de balancer également sa croyance entre deux miracles opposés : le miracle dont on témoigne, et le miracle que les témoins

1. David Hume, *Enquête sur l'entendement humain*, *op. cit.*, p. 188-190.

soient dans l'erreur. Or, on voit mal en quel sens ce dernier cas pourrait proprement relever du miraculeux. Que des témoins se trompent (fût-ce nos propres sens ou notre propre mémoire, qui ne sont pas des témoins si fiables) n'a rien de bien extraordinaire ; cela restera toujours plus probable que la moins probable des choses, à savoir un miracle.

De façon plus générale, on peut tirer de Hume l'idée suivante : pour évaluer la crédibilité d'une théorie *a priori* extraordinaire (en prenant le terme *théorie* en un sens très large), demandez-vous à quel point il serait extraordinaire que les preuves qui justifient cette théorie soient en fait erronées. Par exemple, il serait *a priori* extraordinaire que des extraterrestres aient visité la Terre, et les preuves que présentent certaines personnes pour justifier cette théorie consistent, pour l'essentiel, en quelques témoignages et vidéos floues ; que ces preuves soient erronées serait-il en soi plus extraordinaire que la visite d'extraterrestres ? Il me semble que non, pour ma part. Et si l'éventualité d'erreurs dans les preuves reste ainsi *moins extraordinaire* que la théorie qu'elles sont censées justifier, vous n'avez en fait aucune raison de vous laisser convaincre par cette théorie. (Si les preuves ont quelque valeur, vous devriez tout au plus augmenter légèrement le degré de probabilité que vous accordez à cette théorie extraordinaire, mais cela resterait très faible.) S'il vous semble à peu près *aussi extraordinaire* que ces preuves soient erronées ou que la théorie soit correcte, ce ne sera pas encore suffisant pour vous convaincre de cette dernière : vous devriez seulement considérer le sujet comme très incertain. Et c'est seulement au cas où il vous semblerait *nettement plus extraordinaire* que les preuves soient erronées plutôt que la théorie incorrecte, que vous serez justifié à pencher du côté de celle-ci.

Ainsi, la maxime « Une affirmation extraordinaire requiert une preuve extraordinaire[1] » est un peu faible si elle prétend prescrire ce qui est requis pour emporter l'adhésion : il faut en fait une preuve *plus extraordinaire encore*. Ou pour le dire tout à fait rigoureusement : « Une affirmation extraordinaire requiert une preuve dont il serait *encore plus extraordinaire* qu'elle soit erronée. » C'est un peu moins joli, mais plus exact.

Pour aller plus loin :

David Hume, *Enquête sur l'entendement humain*, traduit de l'anglais par André Leroy, Paris, Flammarion, « GF », 1983.

Ce livre peut vous tirer de votre sommeil dogmatique, si besoin est. Quoi qu'il en soit, la lecture en est aussi agréable que stimulante intellectuellement. Je recommande tout autant l'*Enquête sur les principes de la morale* si la philosophie morale vous tente davantage que l'épistémologie, ou ses *Dialogues sur la religion naturelle* qui sont une merveille d'écriture en plus d'être une bonne introduction à sa pensée. Les échanges sont très agréables à lire et souvent assez drôles.

Nelson Goodman, *Faits, fictions et prédictions*, traduit de l'anglais par Martin Abran, Paris, Minuit, 1985.

Ce classique de la philosophie analytique revisite d'une façon inattendue le vieux problème de l'induction légué par David Hume. La question cruciale est la suivante : les émeraudes sont-elles *vleues* ? Sous ce prédicat digne de

1. La formule « *Extraordinary claims require extraordinary evidence* » a été popularisée par Carl Sagan et provient de Marcello Truzzi, figure majeure du scepticisme et de l'étude des pseudosciences.

Lewis Carroll se cache la *nouvelle énigme de l'induction*, sur laquelle bien des philosophes se sont cassé la tête – et encore aujourd'hui. (Les émeraudes ont toujours été *vleues* ; pourquoi donc cesseraient-elles brusquement de l'être ?)

EMMANUEL KANT

Contre la masturbation

« Je dois toujours me conduire de telle sorte que je puisse aussi vouloir que ma maxime devienne une loi universelle »

Kant est un colosse de la philosophie. On ne peut guère l'enjamber comme si de rien n'était quand on traverse le XVIIIe siècle et je vous avouerai que ce n'est pas de gaieté de cœur que je vais à sa rencontre. Si mes choix de textes dans ce livre ont été jusque-là surtout guidés par mes propres goûts, ce chapitre fera exception : c'est par devoir seulement et non par inclination que je parlerai de Kant. En cela, je suis peut-être son lecteur le plus moral : somme toute, les authentiques amateurs de Kant n'ont aucun mérite, eux qui justement aiment ses œuvres et sont donc poussés dans leur lecture par ce motif bassement sensible qu'ils y prennent du plaisir. C'est un peu facile. Pour ma part, je vous assure n'en avoir jamais pris. Ma lecture est bien plus désintéressée…

Emmanuel Kant est né, a vécu et est mort à Königsberg, en Prusse-Orientale. En 1781, ce casanier professeur d'université a cinquante-sept ans ; il a bien sûr écrit quelques ouvrages dans sa carrière mais rien qui en fasse encore un philosophe majeur[1]. C'est cette année-là, en 1781, que Kant publie la

1. Sa contribution la plus importante d'un point de vue scientifique (et qui est souvent oubliée par les philosophes) est son *Histoire naturelle*

Critique de la raison pure. Suivront, dans la même décennie, les *Prolégomènes à toute métaphysique future qui voudra se présenter comme science*, l'*Idée d'une histoire universelle au point de vue cosmopolitique*, les *Fondements de la métaphysique des mœurs*, la *Critique de la raison pratique* et la *Critique de la faculté de juger*, autant d'ouvrages aux titres redoutables qui marquent un tournant dans l'histoire de la philosophie. Il serait absurde de prétendre en faire le tour en l'espace de quelques pages et je voudrais me concentrer ici sur certains aspects centraux (et, somme toute, amusants) de sa philosophie morale, qui constitue l'un de ses apports les plus importants. Mais puisque nous venons tout juste de quitter la compagnie de Hume, je me sens obligé de commencer par présenter en quelques mots la *Critique de la raison pure* qui, comme je le mentionnais dans le chapitre précédent, se présente comme la réponse de Kant à l'empirisme sceptique de son confrère écossais.

Kant disait avoir été « tiré de son sommeil dogmatique » par la critique de l'induction et de la causalité formulée par Hume ; il lui semblait inacceptable que le fondement des connaissances et des sciences puisse être ainsi laissé non seulement à l'incertitude mais même à l'irrationalité. Le succès empirique des sciences, et tout particulièrement de la mécanique de Newton, était trop parfait pour ne pas être fondé de façon rationnelle, et non sur de simples lois psychologiques comme le suggérait le débonnaire joueur de trictrac. Il devait y avoir un moyen nécessaire, certain, *a priori* et purement rationnel de justifier, entre autres

générale et théorie du ciel publiée en 1755 : Kant y formule pour la première fois, afin d'expliquer l'origine du système solaire, l'hypothèse d'une nébuleuse de gaz s'effondrant sur elle-même sous l'effet de la gravitation. L'hypothèse a depuis été largement confirmée.

choses, qu'il y a dans la nature un ordre causal que la science peut découvrir.

Pour y parvenir, Kant abordera la question sous un angle nouveau en se penchant sur les *conditions de possibilité* de toute connaissance en général. Autrement dit, la *Critique de la raison pure* s'efforce de répondre à la question : « Que puis-je connaître ? » Et ainsi ce qui déterminera les limites du *connaissable*, ce seront les limites de l'instrument grâce auquel nous pouvons former des connaissances, c'est-à-dire notre *entendement*, ou ce que nous appellerions aujourd'hui notre *cognition*. (De la même façon, nous pourrions dire que ce qui détermine les limites du visible, ce sont seulement les caractéristiques de nos yeux et du traitement cognitif de la vision.)

L'idée centrale de l'épistémologie de Kant pourrait alors être formulée, en modernisant un peu les choses, de la façon suivante : tout ce que nous pouvons connaître ne peut l'être que pour avoir été traité par notre cognition, et nous n'avons donc pas accès aux choses *telles qu'elles sont* en dehors de ce traitement, c'est-à-dire aux *choses en soi*, mais seulement à ce qui en *apparaît* à travers le prisme de notre cognition. (Pour filer la comparaison avec la vision, nous pourrions dire que nous ne voyons jamais que des couleurs, des formes, etc., qui sont les résultats de traitements neuronaux très complexes, mais nous ne pouvons en aucun sens voir directement les états du monde, tels que les ondes électromagnétiques, qui seraient à l'origine de ces couleurs et formes qui nous apparaissent.) Et donc, s'il s'avère que ce traitement cognitif impose certaines caractéristiques à tout ce qui lui est donné, ces caractéristiques pourraient être attribuées *a priori* à tout ce qui nous apparaîtra. (De façon analogue, je pourrais attribuer *a priori* à toute expérience visuelle la propriété d'*être d'une certaine couleur.*) C'est par ce moyen que nous pourrions établir des jugements *a priori* sur le contenu de toute expérience possible : de tels jugements ne nous apprendraient rien du monde, à strictement parler, mais ils nous diraient quelque chose de nous-mêmes et du moyen grâce auquel nous pouvons connaître le monde.

Il me semble que l'idée la plus heureuse de Kant est d'avoir compris que la meilleure façon de réfléchir aux fondements de la connaissance, de la morale, ou de quoi que ce soit d'autre, était d'examiner ainsi leurs *conditions de possibilité*. (Je signale au passage que Kant utilise l'adjectif *transcendantal* pour signifier ce qui est relatif aux conditions de possibilité. Ne fuyez donc pas devant ce mot effrayant qui revient fréquemment sous la plume de Kant : son sens n'est pas plus mystérieux que cela.) Ce type d'approche est en effet fécond et fera d'illustres émules ; nous verrons par exemple que Wittgenstein, au début du XXe siècle, s'interrogeant sur les fondements du langage et de la logique dans son *Tractatus logico-philosophicus*, adopte une démarche tout à fait kantienne (ou *transcendantale*) : il réfléchit aux conditions de possibilité d'un langage ou de la signification en général, autrement dit il s'efforce de tracer les limites de ce qui *peut être dit*, de la même façon que Kant cherchait à tracer les limites de ce qui *peut être connu*.

Revenons donc à notre cher philosophe de Königsberg. Je reconnais volontiers que son intention de réfléchir aux conditions de possibilité de la connaissance est enthousiasmante. Sur la question de la causalité par exemple, puisque c'est celle qui nous intéressait chez Hume, Kant cherchera à montrer que penser des relations causales entre les phénomènes relève des conditions de possibilité de l'expérience : nous ne pourrions, en quelque sorte, regarder le monde qu'à travers des lunettes qui imposent un ordre causal. Pour autant, il n'y a pas de causalité dans les choses en soi (pas plus qu'il n'y a de couleur réelle dans la chose que nous voyons colorée), mais la nature, c'est-à-dire l'ordre des phénomènes, suit bien un ordre causal puisqu'il est directement imposé par notre entendement.

Tout cela reste très allusif, et vous devriez vous demander : Kant parvient-il vraiment à démontrer tant de belles choses ? Je vous laisserai vous faire votre propre opinion en lisant la *Critique de la raison pure* jusqu'à la déduction transcendantale des concepts purs de l'entendement. Ou peut-être vous faudra-t-il même la lire jusqu'au bout car Kant insiste régulièrement sur le fait que c'est en constatant la cohérence de son système tout entier que l'on peut reconnaître la nécessité organique de chacune de ses parties. Bon courage, donc. Pour ma part, je ne vais pas ici tenter de résumer six ou sept cents pages touffues et souvent obscures, mais je soulignerai, d'une part, que bien rares sont ceux qui considèrent que la chaîne de raisonnements de Kant reste parfaitement valide (ou même seulement intelligible) de bout en bout de la *Critique*, et, d'autre part, que Kant ne cesse de répéter au lecteur à quel point elle l'est et doit l'être, à quel point son système couvre nécessairement tous les cas et exclut toute autre possibilité.

Le problème n'est pas que Kant manque de prudence et de modestie épistémologique, mais que le type même de théorie de la connaissance qu'il cherche à construire semble lui interdire d'être modeste et prudent. Pour échapper au scepticisme de Hume, son épistémologie n'a de cesse de courir après la nécessité, la certitude *a priori* et apodictique ; Kant ne peut pas se permettre de reconnaître en quelque articulation de sa pensée : « À la réflexion, ce point n'est pas si clair, mon argument est plausible sans être absolument contraignant, et je laisse de côté certaines possibilités. » Kant est ainsi condamné à répéter, pour caricaturer un peu (à peine) : « Chaque élément de mon système est rigoureusement à sa place et à la seule place possible, rien ne peut y manquer, rien ne peut y être ajouté, tout y est irréprochablement déduit en toute nécessité. » Or, affirmer que l'on fait preuve d'une exhaustivité et d'une rigueur absolues (et plus encore : affirmer que tout un système ne tient qu'en vertu de cette exhaustivité et de cette rigueur) ne renforce pas l'argumentation ; au contraire, cela l'affaiblit considérablement puisque, selon son propre aveu, la découverte de la plus petite imperfection devrait suffire à l'invalider. (En cela, ce genre d'ambition épistémologique est l'exact inverse du pur scepticisme qui pousse la prudence et la modestie, en toute cohérence, jusqu'à douter d'être sceptique.)

En fin de compte, il y a bien un sens à considérer que Kant (et à sa suite une bonne part de la philosophie allemande) reste pré-humien dans son obsession de certitude absolue, de l'*a priori*, des fondements purement rationnels : les arguments de Hume l'avaient peut-être tiré de son « sommeil dogmatique », mais Kant aura consacré l'essentiel de ses efforts sur le sujet à trouver un moyen de se rendormir, entraînant malheureusement avec lui une bonne partie de la philosophie[1].

1. Le plus notable exemple étant son compatriote Hegel, sur qui je garderai un silence respectueux… Par ailleurs, je dois rendre à Russell la paternité de ce bon mot : « [Hume] le tira de son sommeil dogmatique, Kant le dit du moins, mais ce réveil fut temporaire et, bientôt, il inventa un soporifique qui lui permit de s'endormir de nouveau » (Bertrand Russell, *Histoire de la philosophie occidentale*, traduit de l'anglais par Hélène Kern, Paris, Les Belles Lettres, 2011, p. 804). (Cette *Histoire de la philosophie* n'est certes pas un modèle de rigueur, mais elle est relevée par de délicieuses méchancetés de cette sorte…)

De fait, l'épistémologie contemporaine ne se porte pas si mal en renonçant à des exigences aussi exorbitantes, et les sciences n'ont eu aucune difficulté à progresser sans avoir à répondre à la question de savoir à quel point le concept de causalité est fondé *a priori*, ou s'il est même seulement cohérent. (En fait, bizarrement, dans une large mesure, les sciences ne se soucient pas le moins du monde du concept de causalité.)

Quittons les terres épistémologiques et aventurons-nous dans un autre domaine où règne Kant : la morale. Après avoir répondu à la question « Que puis-je connaître ? » dans la *Critique de la raison pure*, Kant allait répondre à la question « Que dois-je faire ? » dans la *Critique de la raison pratique*. En toute simplicité.

Il est classique de distinguer deux types principaux de philosophie morale : les morales déontologiques et les morales conséquentialistes. Ce qui caractérise ces dernières, c'est que la valeur morale d'une action aura à voir seulement avec ses conséquences. Ma formule reste très vague car elle doit recouvrir une large diversité de théories. L'un des nombreux points cruciaux à préciser est de savoir si l'on va s'intéresser aux conséquences *réelles* ou seulement aux probabilités des conséquences *attendues* ; et dans ce second cas, on peut encore distinguer entre les probabilités de conséquences que l'auteur de l'action pouvait attendre *objectivement* (par tel ou tel moyen qui demanderait à être spécifié), ou bien seulement les probabilités que l'auteur de l'action, de fait, attendait *subjectivement* (quitte à ce qu'il se soit mal informé et évalue ces probabilités de façon fantaisiste). D'autre part, les formes de conséquentialisme varieront aussi selon le type d'évaluation que l'on fait de ces diverses conséquences : est-ce la quantité de bonheur qui compte (et selon quelle conception du bonheur ?), ou bien le ratio bonheur/malheur, ou encore le degré de satisfaction des préférences, ou la profondeur logique de Bennett, ou le nombre de trombones dans l'univers ? Le choix est large[1].

Tous ces comptes d'apothicaire n'intéresseront pas Kant : sa morale est justement opposée à toute forme de conséquentialisme. Elle est *déontologique*. C'est une *morale du devoir*. Ce qui caractérise ce type de morale, c'est que la valeur d'une action aura à voir avant tout avec des principes ou des règles. Par exemple, si l'on considère que Dieu nous a donné une certaine loi à suivre, un code moral à respecter, alors du point de vue religieux une action sera considérée comme morale en vertu de sa conformité à cette loi et non en vertu des conséquences de son application (qui sont peut-être utiles et bénéfiques, mais peu importe). Une morale religieuse de cette sorte est donc un exemple de morale déontologique.

Kant pour sa part ne voudra pas fonder la morale sur une loi donnée par Dieu : dans la *Critique de la raison pure*, il s'est justement efforcé de montrer que Dieu n'est pas un objet de connaissance possible. Toutes les preuves de son existence, que tant de philosophes ont proposées avant lui, sont

---

1. Si vous ne comprenez pas pourquoi je parle du nombre de trombones dans l'univers, c'est que vous ne connaissez pas encore *Universal Paperclip* : www.decisionproblem.com/paperclips/. (Prenez garde, il est difficile de ne pas y perdre une journée de sa vie.) C'est aussi une référence à de célèbres expériences de pensée de Nick Bostrom. En fin de compte, pour n'importe quel but concevable, on peut considérer la morale conséquentialiste qui viserait à maximiser la réalisation de ce but. Mais toutes ces théories ne semblent pas aussi plausibles, car certains buts (comme maximiser le bonheur ou la complexité) nous semblent moins arbitraires que d'autres.

donc nécessairement erronées. Dieu peut être un objet de foi, mais il est absolument impossible qu'il devienne l'objet d'une connaissance[1]. Il valait donc mieux que la morale trouve un autre fondement plus assuré ; et ce fondement, pour Kant, sera bien sûr purement rationnel et *a priori*. Mais il est intéressant de noter que, de façon surprenante, les prescriptions de cette morale purement rationnelle coïncideront assez parfaitement avec la morale chrétienne dans laquelle Kant a lui-même été élevé, condamnant notamment le suicide, la sexualité hors mariage, et la masturbation. Il dira de cette dernière pratique qu'elle constitue « l'un des pires manquements à la moralité » et que le fait même de la nommer est immoral[2].

---

1. On reconnaît souvent à Kant le mérite d'avoir définitivement réglé le compte de toutes les preuves de l'existence de Dieu, mais il me semble que la principale raison pour laquelle nous lui attribuons cet exploit, ce n'est pas tant que la réfutation de Kant soit en elle-même si convaincante (il semble notamment qu'elle ne puisse vraiment remettre en cause qu'un type assez restreint de preuve : les preuves *a priori*), c'est plutôt que nous sommes très favorables à l'idée que la raison dise une bonne fois pour toute à la religion de se mêler de ses oignons, quelle qu'en soit la justification. Se réclamer de Kant pour cela, c'est encore mieux.
2. Pour la masturbation, que Kant désigne pudiquement comme « souillure de soi-même par la volupté », sa condamnation est en effet particulièrement viscérale : « Que cet usage contre nature (par conséquent cet abus) des organes sexuels soit une violation du devoir *envers soi-même*, et même un des plus graves manquements à la moralité, c'est ce que chacun reconnaît aussitôt qu'il y songe, et même la seule pensée d'un pareil vice répugne à tel point que l'on regarde comme immoral de l'appeler par son nom, tandis qu'on ne rougit pas de nommer le suicide, et que l'on n'hésite pas le moins du monde à le montrer aux yeux dans toute son horreur. Il semble qu'en général l'homme se sente honteux d'être capable d'une action qui rabaisse sa personne au-dessous de la brute » (Emmanuel Kant, *Doctrine de la vertu*, I, I, § 7, traduit de l'allemand par Jules Barni).

Tout cela pour des raisons purement rationnelles, bien sûr. Toutefois, il n'est pas interdit de soupçonner certaines de ces justifications d'être quelque peu *ad hoc*.

C'est bien facile de se moquer, me diront peut-être certains de mes lecteurs, mais presque tous les philosophes passés ont soutenu des thèses qui nous semblent aujourd'hui moralement choquantes ou désuètes. Hume, par exemple, était aussi profondément raciste que Kant (qui se fait un plaisir de le citer sur ce point). Mais Hume ne se posait pas en maître de morale puisqu'il ne défendait pas une théorie prescriptive sur ce sujet.

En effet, à la différence d'une approche dont l'ambition ne serait que descriptive et relative (rendre compte de ce qui est tenu pour moral par tel ou tel groupe), la philosophie morale de Kant adopte une approche normative et absolue : elle prétend établir des principes universels, qui valent en tout temps et en tout lieu. Pourquoi ces principes devraient-ils s'accorder parfaitement avec les normes de la société particulière que Kant fréquentait ? Étant donné l'importante variabilité de ces normes selon les époques et les cultures, ce serait une étrange coïncidence que la morale normative universelle naisse précisément au seul endroit où elle régnait déjà.

Il est intéressant de comparer la morale de Kant à celle de Jeremy Bentham. Celui-ci a vécu à la même époque que Kant, en Angleterre, et est le fondateur d'une autre philosophie morale normative qui deviendra très importante : l'utilitarisme. Il s'agit d'une forme de conséquentialisme qui se décline aujourd'hui en d'innombrables variantes ayant ceci en commun que c'est avant tout le *bonheur individuel* (qui, chez les utilitaristes classiques, était compris en un sens hédoniste) que l'on cherchera à maximiser dans les conséquences de nos actions. En somme, l'utilitarisme est le conséquentialisme qui assigne à la morale la tâche de nous rendre aussi heureux que possible. De nombreuses implications de l'utilitarisme de Bentham semblaient extrêmement contre-intuitives à son époque, notamment sa dimension fortement égalitariste : considérant que tout être humain a *a priori* une même capacité à être heureux, aucun type d'individu n'a *a priori* plus d'importance qu'un autre du point de vue moral et chacun devrait être également pris en considération dans le calcul des conséquences. La logique de l'utilitarisme impliquait ainsi une condamnation morale du racisme, du sexisme, et plus largement de toute forme de discrimination générale dans la considération des intérêts entre les êtres humains. Cela n'avait rien d'évident pour l'époque. Et les utilitaristes exprimaient ces condamnations tout à fait clairement.

Kant, en comparaison, est l'un des premiers théoriciens d'un racisme scientifique qui a largement servi à justifier l'esclavage puisque, s'il admettait l'unicité de l'espèce humaine, il n'en présentait pas moins les Européens blancs comme représentant la race pure et supérieure, et les Noirs, inférieurs, comme incapables d'être éduqués à autre chose qu'à la servitude[1]. Il considérait par ailleurs que les femmes étaient

1. Cette typologie des races est notamment développée dans son *Essai sur les différentes races humaines*. Sur le racisme de Kant plus généralement, voir Emmanuel Chukwudi Eze, *The Color of Reason*, Oxford, Blackwell, 1997. Eze cite de nombreux passages embarrassants : « L'Humanité existe dans sa plus grande perfection dans la race blanche. Les Indiens jaunes ont une plus petite quantité de talent. Les Nègres sont plus bas, et les plus bas sont une partie du peuple américain » (cité p. 109). Ou encore : « [Les Nègres] peuvent être éduqués, mais seulement comme serviteurs (esclaves), c'est-à-dire qu'ils se laissent entraîner » (p. 116). Si la question de l'esclavage est tout de même évoquée de façon abstraite dans la *Doctrine du droit*, et que Kant rejette l'idée que des enfants d'esclave naissent esclaves, il n'y a chez lui, à ma connaissance, aucune forme de condamnation de l'esclavage

des sortes de possession de leur mari, au même titre que les enfants le sont de leurs parents, ou les domestiques de leurs maîtres[1] (et il tenait aussi d'étranges propos sur le fait que la loi peut ignorer la « destruction » des enfants nés en dehors du mariage, semblables à de la marchandise clandestine[2]).

---

des Noirs tel qu'il était pratiqué à son époque ; quant à ce point sur le fait qu'un enfant ne naît pas esclave, il est peut-être lié au fait que Kant considérait que tous les nouveau-nés sont blancs et, que ce n'est qu'ensuite que la noirceur se répand : « Les Nègres naissent blancs, sauf au niveau de leurs parties génitales et d'un anneau autour du nombril. Durant le premier mois, la couleur noire s'étend sur l'ensemble du corps à partir de ces parties » (cité par Eze, p. 118).

1. « Des *enfants* sont naturellement pupilles, et leurs parents sont leurs tuteurs naturels. La *femme mariée*, à tout âge, est traitée comme civilement pupille ; le mari est son tuteur naturel » (Emmanuel Kant, *Anthropologie d'un point de vue pragmatique*, traduit de l'allemand par Joseph Tissot, § 47). « [Le droit personnel d'espèce réel] est celui qui consiste à posséder un objet extérieur *comme une chose*, et à en user comme d'une personne. [...] Le mode d'acquisition de cet état et celui qui a lieu dans cet état n'est dû ni à un fait arbitraire (*facto*), ni à un simple contrat (*pacto*), mais seulement à une loi (*lege*), qui, n'étant pas simplement un droit envers une personne, mais en même temps aussi une possession de cette personne même, doit être un droit en dehors du droit réel et personnel, à savoir le droit de l'humanité résidant en notre propre personne, lequel a pour conséquence une loi naturelle qui nous permette une acquisition de ce genre et par la faveur de laquelle elle soit possible. L'acquisition qui se fonde sur cette loi est, quant à son objet, de trois espèces : l'*homme* acquiert une *femme*, le *couple* acquiert des *enfants*, et la famille, des *domestiques* » (Emmanuel Kant, *Doctrine du droit*, § 22-23, traduit de l'allemand par Jules Barni).

2. « L'enfant né hors du mariage est né hors de la loi (car la loi, c'est le mariage), et par conséquent aussi hors de la protection de la loi, s'est, pour ainsi dire, glissé dans la république (comme une marchandise prohibée), de telle sorte que celle-ci peut ignorer son existence (puisque légitimement il n'aurait pas dû exister de cette manière), et par conséquent aussi sa destruction ; et, d'un autre côté, il n'y a pas de décret

On pourrait bien sûr excuser Kant, victime des préjugés dans lesquels il a été élevé, comme bien d'autres philosophes avant et après lui. Mais à la différence des autres, il prétendait rien de moins qu'établir définitivement et de façon purement rationnelle les fondements de la morale ; aussi me semble-t-il légitime de se demander quels ont été les effets de sa philosophie sur la perception de ce qui nous paraît, aujourd'hui, constituer des enjeux moraux importants au XVIIIe siècle ; et le fait justement que cette philosophie ne l'ait guère éclairé sur ces enjeux est frappant et peut nous faire douter de la capacité de ce type de théorie à nous aider à identifier de similaires *points aveugles* dont nous serions victimes aujourd'hui. (Or ne serait-ce pas précisément ce que l'on pourrait attendre d'une théorie morale *prescriptive* ?)

L'utilitarisme de Bentham allait plus loin encore : concevant le bonheur comme lié au plaisir et à la souffrance, sa théorie avait pour conséquence scandaleuse d'étendre la considération morale à tout être capable d'éprouver de la souffrance, et donc *jusqu'aux animaux*, en fonction des différents degrés de leur sensibilité. Son utilitarisme jetait ainsi les bases de la réflexion sur la cause animale à une époque où un tel souci était à peu près inaudible[1]. Est-ce

---

qui puisse épargner à la mère le déshonneur, lorsque son accouchement en dehors du mariage vient à être connu » (*ibid.*).

1. Bentham ne le formule que dans une note de bas de page (sans doute conscient que cela n'aurait guère de sens pour ses contemporains), mais cette note deviendra un texte fondateur de la réflexion sur l'éthique animale au XXe siècle et cela mérite bien d'être lu : « Pourquoi [les intérêts des animaux] ne sont-ils pas, universellement, tout autant que ceux des créatures humaines, considérés en fonction des différences de degré de sensibilité ? […] Autrefois, et j'ai peine à dire qu'en de nombreux endroits cela ne fait pas encore partie du passé, la majeure partie des

un autre point aveugle moral dont nous sommes victimes aujourd'hui et que l'utilitarisme de Bentham repérait dès le XVIIIe siècle ? (De fait, l'écrasante majorité des philosophes contemporains, et particulièrement ceux qui s'intéressent aux questions éthiques, s'accordent à reconnaître que le traitement que nous infligeons aux animaux est un problème moral majeur de notre siècle, jusque-là injustement négligé.)

La philosophie utilitariste de Bentham est clairement une théorie morale *prescriptive* : elle ne justifie pas les jugements moraux de son époque mais invite plutôt à les réviser d'une façon profonde. Et ce qui est surtout étonnant avec les utilitaristes classiques, c'est que leurs prescriptions semblent avoir remarquablement anticipé l'évolution de nos normes

---

espèces, rangées sous la dénomination d'esclaves, étaient traitées par la loi exactement sur le même pied que, aujourd'hui encore, en Angleterre par exemple, les races inférieures d'animaux. Le jour viendra peut-être où il sera possible au reste de la création animale d'acquérir ces droits qui n'auraient jamais pu lui être refusés sinon par la main de la tyrannie. Les Français ont déjà découvert que la noirceur de la peau n'est nullement une raison pour laquelle un être humain devrait être abandonné sans recours au caprice d'un tourmenteur. Il est possible qu'on reconnaisse un jour que le nombre de jambes, la pilosité de la peau, ou la terminaison de l'os sacrum, sont des raisons tout aussi insuffisantes d'abandonner un être sensible au même destin. Quel autre [critère] devrait tracer la ligne infranchissable ? Est-ce la faculté de raisonner, ou peut-être la faculté de discourir ? Mais un cheval ou un chien adulte est, au-delà de toute comparaison, un animal plus raisonnable mais aussi plus sociable qu'un nourrisson d'un jour ou d'une semaine, ou même d'un mois. Mais supposons que la situation ait été différente, qu'en résulterait-il ? La question n'est pas *"peuvent-ils raisonner ?"*, ni *"peuvent-ils parler ?"*, mais *"peuvent-ils souffrir ?"* » (Jeremy Bentham, *Introduction aux principes de morale et de législation*, 17, 1, traduit de l'anglais par Enrique Utria, *in* Jean-Baptiste Jeangène Vilmer (éd.), *Anthologie d'éthique animale*, Paris, PUF, 2011, p. 108).

sur de nombreux points, à une époque où il était pourtant très difficile d'envisager des révisions normatives aussi radicales. Autre exemple frappant de cette anticipation : Jeremy Bentham fut le premier auteur européen à consacrer des études (qu'il renonça à publier de son vivant) à la question de l'homosexualité ; il s'y prononçait en faveur de sa dépénalisation, ce qui est en effet logique du point de vue utilitariste (pourquoi punir des actes qui apportent du plaisir à ceux qui les pratiquent et ne nuisent à personne d'autre ?), mais cela s'opposait profondément au sentiment de toute son époque : la sodomie était perçue comme une « abomination » et elle restera passible de la peine de mort jusqu'en 1861 en Angleterre, puis de prison jusqu'en 1967, ce qui ne manque pas de nous choquer aujourd'hui. Bentham avait donc perçu, avec deux siècles d'avance, le problème moral que ces législations constituaient[1].

Il me semble légitime de regarder ces anticipations prescriptives de l'utilitarisme comme une forme de succès prédictif justifiant de penser que l'évolution future de nos normes est, encore aujourd'hui, mieux anticipée par une réflexion utilitariste que par la morale de Kant. (Il reste bien sûr possible que, du point de vue moral, nous ayons tout à fait tort et que notre véritable devoir absolu soit de nous conformer aux mœurs du protestantisme prussien du XVIIIe siècle, incarnation parfaite et achevée de la morale qui était, par pure coïncidence, contemporaine de l'auteur qui a réussi le premier à en formuler les fondements rationnels… Mais tout de même, j'en doute.)

Un lecteur agacé que je parasite ce chapitre sur Kant en y faisant l'éloge de Bentham et de l'utilitarisme pourrait se

1. Voir Louis Crompton, « Jeremy Bentham's Essay on "Paederasty" », *Journal of Homosexuality*, 3 (4), 1978.

demander pourquoi je ne lui en ai pas consacré un tout entier. En professeur de philosophie éthique et responsable, j'ai cru bon jusque-là de m'en tenir aux auteurs de la liste fixée par le programme de philosophie de terminale en France. Cette liste est longue (cinquante-sept auteurs) et très inclusive, surtout pour la période moderne : on y trouve même l'Italien Giambattista Vico. (Y a-t-il un prof de philo sur mille pour s'y référer une seule fois en cours ?) Or, Jeremy Bentham n'a pas l'honneur d'en faire partie. C'est surprenant et révélateur, me semble-t-il, d'un mépris assez répandu en France à l'égard de l'utilitarisme. Kant est un passage obligé ; Bentham n'est pas même conseillé. Mais je parlerai tout de même plus tard d'un autre grand utilitariste, le seul qui apparaisse sur cette fameuse liste : John Stuart Mill[1].

Revenons enfin à Kant et tâchons de lui faire un peu plus honneur. En quoi consiste donc sa théorie, en dehors de la condamnation de la masturbation ? Quelle est le fondement de la morale kantienne ? La première phrase des *Fondements de la métaphysique des mœurs* est restée célèbre :

> « De tout ce qu'il est possible de concevoir dans le monde, et même en général hors du monde, il n'est rien qui puisse sans restriction être tenu pour bon, si ce n'est seulement une *bonne volonté*[2]. »

Cela peut faire, à la première lecture, le même effet, en plus alambiqué, que cette petite phrase sous laquelle on

1. À partir de la rentrée 2020, la liste d'auteurs sera enrichie d'une trentaine de noms (ce qui la porte au nombre absurde de 84 auteurs), dont celui de Bentham. Deux utilitaristes au programme, c'est fou !
2. Emmanuel Kant, *Fondements de la métaphysique des mœurs*, traduit de l'allemand par Victor Delbos, Paris, Le Livre de Poche, 1993, p. 57.

cache la déception d'un cadeau raté : « C'est l'intention qui compte… » Mais la pensée de Kant est bien plus radicale et étrange que cela. Supposons qu'un ami m'offre une édition de la *Critique de la raison pratique* avec l'intention de me faire plaisir. C'est loupé. Mais une telle intention n'était-elle pas bonne ? Si mon ami s'est trompé, il n'en était pas moins de *bonne volonté*, voulant me faire plaisir. Et par conséquent, il a bien agi. Ce petit raisonnement n'a en fait rien de kantien et sa volonté n'a rien de *bonne* au sens que Kant donne à cette expression dans les *Fondements de la métaphysique des mœurs*. La justification de mon ami n'est pas déontologique mais relève plutôt d'une forme subtile de conséquentialisme dans la mesure où la qualification morale de l'action est bien justifiée seulement par un certain aspect des conséquences : dire « C'est l'intention qui compte », cela revient en général à dire que ce qui compte n'est pas tant la conséquence *réelle* que la conséquence que l'on *attendait* et que l'on avait l'*intention* de produire. Mais toute action motivée par la réalisation attendue d'une conséquence de cette sorte est, du point de vue de Kant, une action *intéressée*. Et l'idée centrale de Kant est que seule une action parfaitement *désintéressée* aura une valeur morale.

Dans l'usage ordinaire de cette expression, une action est *désintéressée* quand elle est faite sans attendre de retour bénéfique *pour soi* : par exemple si mon ami avait fait ce cadeau pour que je lui en fasse moi-même un en retour ou pour obtenir de moi une faveur, cela aurait été un cadeau *intéressé*. En revanche, s'il le fait juste pour me faire plaisir (et parce que ça lui fait plaisir de me faire plaisir…), alors nous pourrions admettre que le cadeau est désintéressé. Mais Kant ne prend pas ce terme en ce sens : le simple fait que mon ami attende de ce cadeau qu'il *me fasse plaisir* (et plus encore si cela *lui* fait plaisir de me faire plaisir) suffit à faire que l'action n'est pas désintéressée, au sens kantien, et n'a donc pas de valeur morale. L'action peut être néanmoins bienveillante, utile, agréable, mais la volonté n'est pas assez pure pour être vraiment bonne.

D'une façon paradoxale, cette quête de la pureté de l'intention morale parfaitement désintéressée conduit Kant à considérer que, si un homme est enclin à se montrer bienfaisant, alors lorsqu'il prodigue sa bienfaisance, dans la mesure où il se contente de suivre son penchant naturel, son inclination, il ne fait somme toute qu'agir pour son propre plaisir, et cela n'a donc pas de valeur morale. Par exemple, si l'on considère que l'abbé Pierre était d'un naturel charitable (il me semble raisonnable de le penser), ses actions de charité n'auraient eu, aux yeux du philosophe, aucune valeur morale. Elles n'auraient pas été mauvaises bien sûr, c'est-à-dire qu'elles restent *conformes au devoir*, mais elles sont sans valeur morale en ceci qu'elles ne sont pas accomplie *par devoir* seulement. (Ce que signifie ce *devoir* exactement est encore assez flou, mais nous y viendrons sous peu.) Si l'abbé Pierre n'avait eu absolument aucune inclination charitable mais avait pratiqué les mêmes actions de charité *par devoir* seulement, alors il aurait pu agir moralement.

En somme, mieux vaut avoir un mauvais fond, n'être en rien enclin à la moralité, et devoir donc se forcer à agir *par devoir* : vous aurez alors peut-être l'occasion d'être véritablement moral. Cette idée audacieuse est très explicitement développée par Kant :

« Être bienfaisant, quand on le peut, est un devoir, et de plus il y a de certaines âmes si portées à la sympathie, que même sans aucun autre motif de vanité ou d'intérêt elles éprouvent une satisfaction intime à répandre la joie autour d'elles et qu'elles peuvent jouir du contentement d'autrui, en tant qu'il est leur œuvre. Mais je prétends que dans ce cas une telle action, si conforme au devoir, si aimable qu'elle soit, n'a pas cependant de valeur morale véritable, qu'elle va de pair avec d'autres inclinations, avec l'ambition par exemple qui, lorsqu'elle tombe heureusement avec ce qui est réellement en accord avec l'intérêt public et le devoir, sur ce qui par conséquent est honorable, mérite louange et encouragement, mais non respect ; car il manque à la maxime la valeur morale, c'est-à-dire que ces actions soient faites, non par inclination, mais *par devoir*. Supposez donc que l'âme de ce philanthrope soit assombrie par un de ces chagrins personnels qui étouffent toute sympathie pour le sort d'autrui, qu'il ait toujours encore le pouvoir de faire du bien à d'autres malheureux, mais qu'il ne soit pas touché de l'infortune des autres, étant trop absorbé par la sienne propre, et que, dans ces conditions, tandis qu'aucune inclination ne l'y pousse plus, il s'arrache néanmoins à cette insensibilité mortelle, et qu'il agisse, sans que ce soit sous l'influence d'une inclination, uniquement par devoir ; alors seulement son action a une véritable valeur morale. Je dis plus : si la nature avait mis au cœur de tel ou tel peu de sympathie, si tel homme (honnête du reste) était froid par tempérament et indifférent aux souffrances d'autrui [...] ; si la nature n'avait pas formé particulièrement cet homme (qui vraiment ne serait pas son plus mauvais ouvrage) pour en faire un philanthrope, ne trouverait-il donc pas encore en lui de quoi se donner à lui-même une valeur bien supérieure à celle que peut avoir un tempérament naturellement bienveillant ? À coup sûr ! Et c'est ici précisément qu'apparaît la valeur du caractère, valeur morale et incomparablement la plus haute, qui vient de ce qu'il fait le bien, non par inclination, mais par devoir[1]. »

Ainsi, la prochaine fois qu'un ami vous offre un cadeau en vous disant « Ça me fait plaisir », vous pourriez faire mine de vous scandaliser : « Ton cadeau n'a donc aucune valeur morale, bravo ! » Si votre ami est kantien, il comprendra. (En vérité, Kant admet qu'il faut louer et encourager les actions *conformes* au devoir même si elles ne sont pas réellement accomplies *par devoir* ; faites donc preuve de mansuétude et acceptez ce cadeau intéressé.)

Reste la question de savoir ce qu'il en est du devoir. Comment peut-on agir *par devoir* seulement ? Si l'on ne doit être motivé par aucune inclination ni conséquence pour que l'action soit absolument désintéressée, qu'est-ce qui détermine encore la volonté à agir ? C'est une difficulté centrale de la pensée morale de Kant dont la solution le conduit à formuler le principe fondamental de sa morale : le fameux *impératif catégorique*. Et voici le passage des *Fondements de la métaphysique des mœurs* qui amène à sa formulation :

« Or, si une action accomplie par devoir doit exclure complètement l'influence de l'inclination et avec elle tout objet de la volonté, il ne reste rien pour la volonté qui puisse la déterminer, si ce n'est objectivement la *loi*, et subjectivement un *pur respect* pour cette loi pratique, par suite la maxime[2]

1. *Ibid.*, p. 63-64.
2. [Note de Kant :] « On entend par *maxime* le principe subjectif du vouloir. » Kant précisera ailleurs : « La règle que l'agent se fait à lui-même, en prenant pour principe certains motifs subjectifs, s'appelle sa *maxime* » (*Doctrine du droit*, *op. cit.*, Introduction, IV).

d'obéir à cette loi, même au préjudice de toutes mes inclinations.

« Ainsi la valeur morale de l'action ne réside pas dans l'effet qu'on en attend, ni non plus dans quelque principe de l'action qui a besoin d'emprunter son mobile à cet effet attendu. Car tous ces effets (contentement de son état, et même contribution au bonheur d'autrui) pourraient être aussi bien produits par d'autres causes ; il n'était donc pas besoin pour cela de la volonté d'un être raisonnable. Et cependant, c'est dans cette volonté seule que le souverain bien, le bien inconditionné, peut se rencontrer. C'est pourquoi *se représenter la loi* en elle-même, *ce qui à coup sûr n'a lieu que dans un être raisonnable*, et faire de cette représentation, non de l'effet attendu, le principe déterminant de la volonté, cela seul peut constituer ce bien si excellent que nous qualifions de moral, présent déjà dans la personne même qui agit selon cette idée, mais qu'il n'y a pas lieu d'attendre seulement de l'effet de son action.

« Mais quelle peut donc être cette loi dont la représentation, sans même avoir égard à l'effet qu'on en attend, doit déterminer la volonté pour que celle-ci puisse être appelée bonne absolument et sans restriction ? Puisque j'ai dépossédé la volonté de toutes les impulsions qui pourraient être suscitées en elle par l'idée des résultats dus à l'observation de quelque loi, il ne reste plus que la conformité universelle des actions à la loi en général, qui doit seule lui servir de principe ; en d'autres termes, *je dois toujours me conduire de telle sorte que je puisse aussi vouloir que ma maxime devienne une loi universelle*. Ici donc c'est la simple conformité à la loi en général (sans prendre pour base quelque loi déterminée pour certaines actions) qui sert de principe à la volonté[1]. »

1. Emmanuel Kant, *Fondements de la métaphysique des mœurs*, *op. cit.*, p. 67-69.

Vous n'êtes pas sûr d'avoir tout compris ? C'est normal. Je vous avouerai que moi non plus, et je me méfierais de celui qui prétendrait que tout cela est parfaitement limpide. C'est néanmoins intéressant, et je vais tâcher d'expliquer ce que j'en comprends. Vous en ferez ce que vous voulez.

J'ai mentionné plus haut la distinction très classique entre morales conséquentialistes et morales déontologiques, le trait caractéristique de ces dernières étant de lier la valeur morale de l'action au respect de règles (ou lois, ou principes) plutôt qu'à la considération des conséquences du respect de ces règles. Ce type de morale semble se présenter, en gros, de la façon suivante : « Voici les principes moraux, suivez-les et vous agirez bien. » Si le contenu des principes est plutôt sympathique et conforme à nos intuitions, ou si celui qui nous les suggère a une certaine autorité morale (par exemple s'il est réputé tout-puissant, omniscient, bénévolent et barbu), alors c'est une approche de la moralité qui peut tout à fait convaincre. Cela peut aussi se révéler utile comme outil pour inculquer un comportement moral, ou au moins approximativement moral : après tout, même un utilitariste préférera commencer par fixer pour ses enfants quelques règles morales (« il ne faut pas mentir, ni tricher, ni voler, ni dessiner sur les murs », etc.) plutôt qu'attendre qu'ils soient en mesure de faire le calcul des plaisirs et des peines dans les conséquences de leurs actions. À trois ou quatre ans, c'est encore un peu tôt.

Ce qui fait qu'une morale est déontologique, c'est qu'elle pose des principes, une loi, des règles, mais rien dans cette définition n'en détermine le contenu. Et il y aurait ainsi une diversité de morales déontologiques basée sur des principes, lois ou règles diverses. Pour justifier une morale de cette sorte, il semble qu'il faille alors justifier le contenu de ces principes ; mais de quelle façon ? Si c'est en faisant valoir que les conséquences du fait de respecter ces principes sont bénéfiques (et cela d'autant plus que ceux qui les respectent n'ont pas à réfléchir aux conséquences), alors on tombe dans un argument *conséquentialiste*. (Et ce qu'on appelle aujourd'hui l'*utilitarisme de la règle* est un exemple d'approche de ce genre, qui semble en quelque sorte concilier, pour le meilleur, les deux types de morale.) Kant refuse absolument ce genre de manœuvre. Sa morale sera bien déontologique et *purement déontologique*. Mieux que cela : ce sera *la* morale déontologique, la seule possible, la pure *morale du devoir*.

L'idée fondatrice d'une telle morale, donc, c'est que bien agir c'est agir, non pas motivé par la visée de telle ou telle conséquence, mais seulement par respect envers un *devoir absolu*, qui ne vise rien. La morale ne doit donc pas formuler d'impératif de forme « Si tu veux Y, alors fais X », mais un impératif absolu de forme : « Fais X. » Tu le *dois*, tout court[1]. Mais comment un devoir absolu peut-il avoir un contenu et prescrire quelque chose en particulier ? Toute l'habileté de la pensée de Kant est d'arriver à répondre à cette question par la seule analyse formelle de cette notion de *devoir absolu*. En quelque sorte, c'est sa forme seule qui va déterminer son contenu.

---

1. Kant appelle les premiers des *impératifs hypothétiques* : ils prescrivent ce qu'on doit faire *si on veut réaliser une certaine conséquence* ; et en effet une morale conséquentialiste ne prescrit jamais que ce genre d'impératifs : il faut assigner un but à la morale (par exemple le plus grand bonheur du plus grand nombre), et ce que l'on *doit faire* du point de vue moral résultera dès lors seulement d'impératifs hypothétiques visant ce but. Le véritable impératif moral, pour Kant, doit plutôt avoir la forme simple : *tu dois*. C'est ce qu'il appelle, en opposition aux impératifs hypothétiques, l'*impératif catégorique*.

Un devoir absolu serait donc un principe que tout être humain (plus exactement tout être capable d'agir d'après la représentation d'un principe, ce que Kant appelle *être raisonnable*) serait moralement obligé de suivre. Et donc, *agir par devoir seulement*, cela reviendrait à dire que l'on agit en voulant suivre un principe dont on reconnaît que tout être raisonnable devrait le suivre aussi (car c'est la définition même d'un devoir absolu). Ainsi, pour agir par devoir il faut pouvoir considérer la règle de conduite que l'on a suivie comme une règle de conduite qui s'imposerait absolument à tous, et pas seulement à soi. Dit encore autrement, on agirait d'une façon contraire au devoir quand *on ne peut pas* vouloir élever sa propre règle de conduite comme un principe que tout le monde devrait suivre.

Cela semble encore très abstrait et formel mais on peut en dériver des devoirs plus précis. Par exemple, lorsque je commets un vol, je ne peux pas vouloir poser ma façon d'agir, ma règle de conduite de voleur, comme un principe que tout le monde devrait suivre : en effet, cela n'aurait aucun sens puisque, si tout le monde suivait cette règle de conduite, autrement dit si tout être raisonnable agissait en voleur, aucune propriété ne serait plus respectée, et c'est donc le vol lui-même (en ceci qu'il suppose une appropriation et donc un régime de propriété) qui n'aurait plus de sens. Voler, tromper, tricher, abuser de la confiance en général, ce sont typiquement des actions que l'on ne peut faire qu'en voulant en même temps qu'elles restent exceptionnelles, puisque toutes ces actions cesseraient d'avoir un sens si elles devenaient la règle commune au lieu d'être l'exception.

Ainsi il semble bien que, par la seule analyse du concept de *devoir absolu* comme étant ce qui s'applique à tous sans exception, Kant arrive à dégager des prescriptions assez précises. L'idée centrale est donc la suivante : agis de sorte que tu puisses vouloir que ta propre règle de conduite soit adoptée par tous les autres. Ou pour citer la formule exacte de Kant : « Agis uniquement d'après la maxime qui fait que tu peux vouloir en même temps qu'elle devienne une loi universelle. » Cela exprime, selon Kant, le seul *impératif catégorique*. (Il en existe d'autres formulations mais elles sont censées lui être toutes équivalentes[1] ; et tout devoir moral particulier comme ne pas mentir, ne pas voler, etc., est censé se déduire uniquement de ce principe, à la façon dont je l'ai esquissé un peu plus haut.)

À certains égards, tout cela peut nous faire penser au reproche moral que l'on adressera par exemple au malpropre qui laisse ses détritus derrière lui après avoir pique-niqué dans la nature : « Et si tout le monde faisait comme toi… » Et certes, si ce malpropre reconnaît qu'il ne voudrait pas que tout le monde fasse comme lui (car il est bien content de pouvoir trouver encore un coin de nature où aller pique-niquer sans s'asseoir sur des ordures) et qu'il ne s'autorise à jeter ses détritus, lui, que parce qu'il compte sur le fait que tout le monde n'en fera pas autant, nous sentons qu'il y a bien quelque chose de condamnable dans cette contradiction

1. Le texte de Kant cité plus haut donnait déjà une formulation quasi identique : « […] je dois toujours me conduire de telle sorte que je puisse aussi vouloir que ma maxime devienne une loi universelle ». La reformulation la plus surprenante de cet impératif est la suivante : « Agis de telle sorte que tu traites l'humanité, aussi bien dans ta personne que dans la personne de tout autre, toujours en même temps comme une fin et jamais simplement comme un moyen. » J'avoue n'avoir jamais vraiment compris le raisonnement par lequel Kant nous assure que cette formulation est bien équivalente à la première, ni lu d'explication satisfaisante de ce point.

entre ce qu'il tolère pour lui et ce qu'il attend des autres. N'est-ce que cette intuition que la morale de Kant a élevée en système ? Je n'en suis pas si sûr. Cette façon d'argumenter contre le malpropre donne encore trop d'importance aux *conséquences* de l'application universelle de la façon d'agir ; ce n'est pas un raisonnement déontologique. (Cela ressemble plutôt, là encore, à de l'*utilitarisme de la règle*.)

Le test d'*universalisation de la maxime* chez Kant (c'est-à-dire se demander si je peux vouloir que tout le monde agisse selon les mêmes principes subjectifs que moi) ne doit pas considérer les *conséquences* de cette universalisation, mais plutôt sa *cohérence* ou son *intelligibilité*. Ce que j'essayais de montrer avec le cas du vol, ce n'est pas tant que le voleur serait horrifié du chaos qui se produirait si tout le monde se comportait en voleur comme lui, c'est plutôt que le *concept même de vol* n'aurait alors plus aucun sens, puisque ce concept suppose la propriété et qu'il n'y aurait plus de régime de propriété si le vol était une loi universelle. Ainsi, le raisonnement reste bien purement déontologique.

Avant de refermer ce chapitre, posons tout de même la question cruciale et qu'un lecteur attentif aura probablement au bout des lèvres : « Et la masturbation, dans tout ça ? » Car je rappelle que c'est tout de même, selon Kant, « l'un des plus graves manquements à la moralité ». Le sujet est donc tout à fait sérieux. Lorsque je me masturbe, puis-je en même temps vouloir que la maxime de mon action masturbatoire devienne une loi universelle ?

Il faut croire que non, selon Kant. Mais il est difficile de comprendre pourquoi. Il est même difficile de comprendre ce que cela *veut dire*. Quelle est la maxime de mon action lorsque je me masturbe ? La maxime, pour rappel, est « le principe subjectif du vouloir », ou encore la « règle que l'agent se fait à lui-même ». Quelle est donc ma règle de conduite, le principe subjectif de mon vouloir, tandis que je me masturbe ? Et pourquoi ne pourrais-je pas vouloir l'universaliser ? Une humanité masturbante est-elle inintelligible ? (C'est une phrase que vous ne vous attendiez pas à lire dans un chapitre sur la philosophie de Kant.)

En dehors des quelques exemples classiques (la fausse promesse, le vol, le meurtre), ce test d'universalisation de la maxime est extrêmement ambigu et ne semble d'aucune aide. L'un des principaux problèmes, c'est qu'il est difficile de spécifier ce qu'il faut universaliser : cette idée de *maxime* est floue et permet n'importe quel ajustement *ad hoc*[1].

En fin de compte, la philosophie morale de Kant, toute prescriptive qu'elle soit, ne semble guère avoir pu guider son jugement moral : ce respectable professeur de Königsberg avait toujours en lui la boussole des normes de son époque, et c'est elle qui déterminait ce qui serait ou non condamné par sa théorie (comme la masturbation, par exemple). Si des kantiens aujourd'hui contestent cette condamnation, ce n'est

1. En outre, la reformulation de l'impératif catégorique en « Agis de telle sorte que tu traites l'humanité, aussi bien dans ta personne que dans la personne de tout autre, toujours en même temps comme une fin et jamais simplement comme un moyen » est encore plus ambiguë et permet presque autant de lectures qu'il y a de lecteurs. Ainsi, dans le passage où il en traite, Kant justifie que la masturbation est condamnable car l'homme « se sert de lui-même comme d'un moyen pour satisfaire un appétit brutal » (*Doctrine de la vertu*, *op. cit.*, I, I, § 7). J'ai pour ma part le sentiment de me traiter *en même temps comme fin* quand je me masturbe ; et je pense surtout que tout cela n'a pas un sens assez clair pour être de quelque utilité.

pas parce qu'ils ont mieux compris que Kant lui-même les implications de sa propre théorie, mais c'est seulement parce qu'ils ont une autre boussole morale qui ne leur interdit pas de se masturber[1]. (Enfin, je l'espère.)

Pour aller plus loin :

Luc Ferry, *Kant. Une lecture des trois critiques*, Paris, Grasset, 2006.

Pour m'excuser d'avoir tant maltraité le grand philosophe dans ce chapitre, je vous recommande cette lecture des trois critiques de Kant par le très kantien Luc Ferry. C'est un vulgarisateur de grand talent et ce livre parvient (malgré l'indéniable handicap que constitue son sujet) à se rendre accessible, clair et intéressant, et constitue une belle introduction à la pensée de Kant.

1. Par exemple, il est commun de considérer que la morale de Kant porte en elle une condamnation sans réserve de l'esclavage : réduire autrui en esclavage, cela revient bien à utiliser autrui comme simple moyen et à ne pas le respecter comme fin, et ce n'est pas une conduite universalisable. Mais il ne semble pas que Kant s'en soit lui-même rendu compte (alors même que la condamnation morale de l'esclavage avait déjà le vent en poupe à cette époque). La théorie morale de Kant n'a pas modifié son jugement moral même là où il semble, rétrospectivement, qu'il était le plus évident qu'elle aurait dû le faire. Kant n'était pas assez kantien ? Mais les kantiens actuels eux non plus n'ont pas découvert grâce à l'impératif catégorique que l'esclavage est immoral : c'est simplement parce que leur boussole morale indiquait que l'esclavage est immoral qu'ils auront ensuite cherché à utiliser l'impératif catégorique pour le justifier, et découvert qu'il le pouvait aisément, en effet. La théorie morale de Kant semble ne jamais fonctionner autrement : elle justifie ce qu'indique la boussole morale de celui qui l'utilise, mais n'influence guère son aiguille.

Emmanuel Kant, ***Prolégomènes à toute métaphysique future qui pourra se présenter comme science***, traduit de l'allemand par Louis Guillermit, Paris, Vrin, 2000.

Sous ce titre charmant se cache un livre relativement bref qui offre une sorte de condensé de la *Critique de la raison pure* et pourra servir de guide à la lecture de celle-ci. Si l'épistémologie kantienne vous intéresse, c'est probablement le meilleur point d'entrée dans son œuvre.

Ruwen Ogien, ***L'Éthique aujourd'hui***, Paris, Gallimard, « Folio », 2007.

Ce petit ouvrage édité en poche offre un passionnant tour d'horizon de la philosophie morale. Ruwen Ogien en retrace toute l'histoire sous l'angle de l'opposition entre des éthiques maximalistes (dont celle de Kant) qui considèrent que tous les aspects de notre conduite sont soumis au jugement moral, même les conduites qui ne concernent que nous-mêmes (par exemple, se masturber !), et les éthiques minimalistes qui au contraire restreignent le rôle de la morale à minimiser les torts causés à autrui. La plupart des ouvrages du même auteur sont tout aussi recommandables : Ruwen Ogien avait l'art de parler de philosophie morale de façon stimulante et amusante. Son recueil de petits textes intitulé *L'Influence de l'odeur des croissants chauds sur la bonté humaine* (Paris, Le Livre de Poche, 2012) est à offrir à tous ceux qui pensent que la philosophie est ennuyeuse comme un livre de Kant.

TROISIÈME PARTIE

Philosophie contemporaine

Analytique *vs.* continental

N'est-il pas curieux de parler de *philosophie contemporaine* pour une période qui couvre surtout les XIXe et XXe siècles ? Le découpage habituel de l'histoire de la philosophie en périodes antique, médiévale, moderne et contemporaine se calque en fait sur celui des historiens français qui situent le commencement de l'époque contemporaine à 1789. Du point de vue de l'histoire politique, cela peut s'entendre en effet (même si cet usage n'est répandu qu'en France), mais il est plus difficile de le justifier du point de vue de l'histoire de la philosophie. Cela permet en tout cas de faire de Kant (qui publia ses trois critiques entre 1781 et 1790) l'équivalent philosophique de la Révolution française, ce qui peut sembler excessif mais n'aurait pas été désavoué par Kant lui-même qui, en toute humilité, comparait la *Critique de la raison pure* à la révolution copernicienne en astronomie.

Quoi qu'il en soit, pour cette dernière période, je m'arrêterai au début du XXe siècle, avec Russell. Certains auraient peut-être préféré que je pousse mes pas un peu plus loin, mais ce serait s'aventurer dans une période qui demande un abord tout à fait différent en raison de la scission de plus en plus marquée entre deux grands styles philosophiques qui peinent à s'entendre. D'une part, la *philosophie analytique* valorise une approche argumentative rigoureuse, informée scientifiquement, recourant autant que possible aux outils de la logique formelle, détachée de l'histoire de la philosophie et de l'interprétation des auteurs classiques[1]. D'autre part, la *philosophie continentale*, ainsi nommée d'abord parce qu'elle dominait sur le continent européen, particulièrement en France et en Europe, mais cette expression renvoie maintenant à tout ce qui se présente comme de la philosophie sans être de la philosophie analytique. Si l'on tentait tout de même de caractériser ce second courant (ou plutôt cet ensemble de courants), il me semble que les traits suivants se dégageraient : une approche plus littéraire et historique de la philosophie, attachée à la lecture interprétative des grands auteurs et des grands textes de la tradition philosophique, admettant des normes argumentatives plus relâchées, accordant moins de valeur à la formalisation rigoureuse des raisonnements, et moins intéressée par l'apport des sciences sur les questions philosophiques. (Cela peut aller jusqu'à une hostilité nette à l'égard de la logique formelle et de l'approche scientifique – incapable de saisir l'ineffable singularité des êtres…). Heidegger ou Derrida sont des cas assez caractéristiques de philosophes continentaux. Quant à la philosophie analytique,

1. Cela ne signifie pas qu'il n'y ait pas de philosophes analytiques spécialiste de Platon, Aristote ou Kant : il y en a, et d'excellents, mais d'une part ils mettront l'accent sur la reconstruction des arguments et leur formalisation, et d'autre part cela n'aura pas prétention à être autre chose que de l'*histoire* de la philosophie, qui ne se confond pas avec la philosophie proprement dite, tout comme l'histoire des sciences ne se confond pas avec les sciences elles-mêmes. Un philosophe analytique spécialiste de philosophie de l'esprit connaîtra à peu près son Descartes mais ne considérera pas que sa lecture et son interprétation soient un enjeu crucial pour progresser dans le débat sur la conception de l'esprit et des états mentaux. Ce sont les arguments qui importent, pas les auteurs.

elle ne saurait être mieux incarnée que par la figure tutélaire du mathématicien, logicien et philosophe Bertrand Russell.

La philosophie analytique est hégémonique dans les départements de philosophie d'un grand nombre de pays, et particulièrement des pays anglo-saxons (la philosophie continentale y est enseignée aussi, mais plutôt dans les départements de littérature) ; en France, en revanche, quoique la philosophie analytique gagne lentement du terrain dans certaines institutions, la philosophie continentale domine largement presque tous les départements universitaires, et elle s'impose de façon plus significative encore dans la conception de l'enseignement des classes préparatoires (et dans les attendus des jurys des concours auxquels elles préparent). Quant à l'enseignement au lycée, il dépendra largement des préférences du professeur qui s'en charge ; toutefois, presque tous sont passés par l'université ou les classes préparatoires françaises, et donc la tendance est logiquement en faveur de la philosophie continentale.

Je ne veux pas me lancer ici dans la querelle des *analytiques* et des *continentaux*, mais je signalerai (si cela n'était pas déjà clair) que, pour ma part, je me range plutôt du côté des premiers. Toutefois, tous les auteurs que j'ai présentés jusque-là sont intéressants du point de vue des deux traditions ; c'est tout au plus le traitement que j'en ai fait qui pouvait révéler ma préférence. Mais à mesure que le XXe siècle se rapproche et que le fossé entre *analytique* et *continental* se dessine puis se creuse, il me sera de plus en plus difficile de rester consensuel : c'est le choix même des auteurs que je traite ou ne traite pas qui deviendra clivant. Voilà pourquoi, en fin de compte, je n'irai pas plus loin que Russell.

Vous aurez peut-être aussi noté (et reproché) mon silence sur certains champs de la philosophie comme l'esthétique ou la philosophie politique (hormis un passage du chapitre sur Hobbes). Mais à moins de se contenter d'un survol passager, il est inévitable, dans un livre de cette dimension, de mettre ainsi de côté certains aspects de cet ensemble hétéroclite de champs de réflexion qu'on rassemble sous le nom de *philosophie*. Il fallait faire un choix, et il se trouve que mon goût me porte davantage vers les questions d'épistémologie ou de morale.

Il faut bien commencer et finir quelque part : de Platon critiquant l'écriture jusqu'à Russell louant la philosophie.

ARTHUR SCHOPENHAUER

Contre le libre arbitre

« À chaque moment déterminé de ton existence, tu ne peux vouloir qu'une chose précise et une seule »

Arthur Schopenhauer est un philosophe du XIXe siècle qui préférait les caniches aux hommes, et bien plus encore aux femmes[1]. Sa réputation de misanthrope et de pessimiste n'est

1. Schopenhauer eut un caniche pour compagnon durant la plus grande partie de sa vie ; quand celui-ci mourait, son maître le remplaçait par un autre de la même race auquel il donnait le même nom, *Atma* (qui renvoie au concept de *soi* pur dans la philosophie hindouiste). À la mort de Schopenhauer, son caniche fut son principal légataire. (J'ignore ce qu'il fit de cet héritage.) Pour cerner le rapport de Schopenhauer à la gent féminine, il faut lire son *Essai sur les femmes* (1851), un texte d'une incroyable misogynie : « Les femmes sont le *sexus sequior*, le sexe second à tous égards, fait pour se tenir à l'écart et au second plan. [...] Il serait à souhaiter qu'en Europe on remît à sa place naturelle ce numéro deux de l'espèce humaine et que l'on supprimât la dame, objet des railleries de l'Asie entière, dont Rome et la Grèce se seraient également moquées. Cette réforme serait au point de vue politique et social un véritable bienfait. Le principe de la loi salique est si évident, si indiscutable, qu'il semble inutile à formuler. Ce qu'on appelle à proprement parler la dame européenne est une sorte d'être qui ne devrait pas exister. Il ne devrait y avoir au monde que des femmes d'intérieur, appliquées au ménage, et des jeunes filles aspirant à le devenir, et que l'on formerait non à l'arrogance, mais au travail et à la soumission. »

pas usurpée, mais même en traitant de sujets désespérants (notre vie n'est qu'un pendule oscillant de la souffrance à l'ennui…), il y a dans son écriture une sorte de joie désabusée, relevée aussi par le mauvais plaisir des innombrables piques lancées aux autres philosophes (surtout ses contemporains) qui n'avaient pas l'intelligence et le courage de penser comme lui. Tout cela me le rend finalement plutôt sympathique dans son antipathie, comme un Grinch de la philosophie.

Du point de vue intellectuel, on peut regarder Schopenhauer comme un croisement entre Kant, Spinoza et, de façon plus inattendue, l'hindouisme (dont les textes théoriques les plus importants venaient d'être traduits en Europe). Je ne vais pas me risquer à discuter de cet aspect oriental (qui eut, certes, une grande influence sur Schopenhauer) ; en revanche, éclairer son rapport à Kant et à Spinoza sera important pour le point dont je voudrais discuter ensuite, à savoir la question du libre arbitre.

Schopenhauer se considère comme le véritable héritier de Kant et souligne lui-même l'importance de la *Critique de la raison pure* sur le développement de sa pensée, tout en étant en désaccord avec son maître sur de nombreux points cruciaux. Kant posait une distinction entre d'une part la *chose en soi* inconnaissable, et d'autre part le *phénomène*, c'est-à-dire ce qui apparaît à notre sensibilité et est l'objet de notre connaissance. Il semble de prime abord que le rapport entre ces deux ordres de choses doit être le suivant : la chose en soi *cause* le phénomène. Il y a une réalité absolue, indépendante

À la même époque, le plus célèbre des utilitaristes, John Stuart Mill, écrivait *De l'assujettissement des femmes* qui promeut, en dépit de son époque, l'égalité des sexes et le droit de vote des femmes. Je dis ça, je dis rien.

de tout esprit, et ce qui nous en apparaît est un *effet* de cette réalité en soi sur notre sensibilité. Or, un point crucial de la *Critique de la raison pure* était de montrer que le principe de causalité relève des catégories *a priori* que notre entendement impose à l'ordre des phénomènes. (En somme, nous ne pourrions voir le monde qu'à travers des sortes de lunettes causales.) Le champ d'application du principe de causalité devrait donc être limité aux phénomènes ; donc, penser la relation entre chose en soi et phénomène *comme une relation causale*, si l'on s'en tient au point de vue kantien sur la causalité, cela revient justement à regarder la chose en soi *comme un phénomène*. Et c'est un problème[1].

Schopenhauer reconnaissait la pertinence d'une telle critique. S'il retenait de Kant l'idée que le monde qui apparaît n'est qu'un ordre construit par notre entendement, Schopenhauer considérait qu'il fallait donner un sens tout à fait différent à la notion de *chose en soi* : cela ne peut pas être une sorte de *deuxième réalité* qui se tiendrait derrière et causerait l'ordre des phénomènes. Pour Schopenhauer, il n'y aura plus qu'*une seule réalité* qui se présente à nous de *deux façons différentes* : l'une qui correspondra au monde des phénomènes (dans le même sens que Kant), et l'autre qui correspondra à la chose en soi (mais en un sens très différent). Et pour appréhender ce que sont ces deux façons d'appréhender la réalité, un petit bout de celle-ci va jouer pour moi un rôle bien particulier : la chose que j'appelle *mon corps*.

1. Ce point crucial a été formulé dès 1787 par Friedrich Heinrich Jacobi, dans son essai sur *David Hume et la croyance*, et Kant a toujours tenté de s'en défendre, niant que le rapport de la chose en soi au phénomène soit un rapport causal. Mais alors quel est-il ? Cela restera obscur chez Kant et un grand nombre de ses lecteurs, même parmi les plus admiratifs de son œuvre (comme Schopenhauer), ne seront pas convaincus sur ce point.

Dans l'ordre des phénomènes, mon corps est une chose soumise aux mêmes lois que n'importe quoi d'autre, et notamment soumise au même principe de causalité ; je pourrais l'étudier aussi bien qu'une horloge mécanique ; mon corps n'a rien d'*objectivement* spécial. Mais il me suffit de recevoir ou de donner un coup de poing pour me rendre compte que mon corps est bien *subjectivement* spécial : l'expérience de la douleur ou celle d'un mouvement volontaire me fait connaître ce petit bout de la réalité d'une façon beaucoup plus profonde et directe que toute autre chose. Pour Schopenhauer, souffrir, désirer, faire une action, ce sont là des manifestations de ce qu'il appelle de façon générale la *volonté*[1]. Ce terme reçoit chez lui une extension particulièrement large qui l'amène à considérer, en gros, que toute l'expérience consciente (en dehors de la sensation brute) consiste en diverses affections de la volonté. Et cette expérience de la volonté serait, pour Schopenhauer, une appréhension immédiate de la réalité dans son essence la plus intime : c'est là qu'est la seule véritable *chose en soi* – mais en un sens très différent de Kant. La nature ultime de la réalité (que la compréhension objective des phénomènes ne permettrait pas de saisir) serait donc la

---

1. Il peut sembler surprenant de lier l'expérience de la douleur à la volonté : la raison qu'il donne pour cela est que la douleur est une expérience qui nous affecte d'une façon contraire à la volonté. « À y regarder de près, on ne peut même prendre immédiatement conscience de son propre corps qu'en tant qu'il est l'organe de la volonté agissant vers le dehors, et le siège de la sensibilité pour des impressions agréables ou douloureuses ; or ces impressions elles-mêmes […] se ramènent à des affections immédiates de la volonté, qui lui sont tantôt conformes et tantôt contraires » (Arthur Schopenhauer, *Essai sur le libre arbitre*, traduit de l'allemand par Salomon Reinach, édition de Guy Heff et David Buffo sur le site schopenhauer.fr, 2013, p. 20).

volonté ; de là, Schopenhauer verse souvent dans une sorte de mysticisme panpsychique que je vais préférer mettre de côté dans ce chapitre.

L'ouvrage majeur de Schopenhauer, publié en 1819, s'intitule *Le Monde comme volonté et comme représentation*. Le monde selon Schopenhauer peut en effet être appréhendé de deux façons différentes : d'une part comme *représentation*, c'est-à-dire comme l'ordre des phénomènes soumis au principe de causalité ; d'autre part, de façon subjective, intime et plus profonde, comme *volonté*.

Notez bien que Schopenhauer n'est pas dualiste : le corps considéré comme un objet dans l'ordre des phénomènes et le corps dont je prends subjectivement conscience comme organe de ma volonté ne sont bien qu'une seule et même chose appréhendée de deux façons différentes. Cela rejoint un type de philosophie de l'esprit appelée aujourd'hui *théorie du double aspect* dont l'idée centrale est que la réalité est une mais présente deux faces, l'une physique et l'autre mentale. Chez Schopenhauer, ce serait plutôt une face *objective* (l'ordre des phénomènes) et une face *subjective* (la volonté). Ce genre d'approche résout élégamment la principale difficulté du dualisme classique à la Descartes, à savoir le problème de l'interaction entre l'esprit et le corps (ou ici le problème de l'interaction entre phénomène et chose en soi) ; dans une théorie du double aspect, aucune interaction n'est nécessaire puisque la réalité n'est en fait constituée que d'une seule et unique chose. Il s'agit d'un *monisme*[1],

1. Une théorie est *moniste* si elle ne suppose qu'un seul type de substance ou de propriété ; le monisme le plus répandu est le *physicalisme* (ou *matérialisme*) qui suppose qu'il n'y a que des substances et des propriétés physiques. Un autre est l'*idéalisme* qui suppose au contraire

et non d'un dualisme. Quand un changement survient dans cette unique chose, ses deux aspects à la fois s'en trouvent modifiés (sans qu'on ait besoin de supposer d'interaction causale entre l'un et l'autre).

Avant Schopenhauer, le plus important défenseur d'une théorie du double aspect était Spinoza. Souvenez-vous : lui aussi considère que toute la réalité n'est constituée que d'une seule substance incluant absolument tout, et qu'il nomme Dieu ou Nature (choisissez le terme qui vous convient). Cette substance unique n'est ni un corps ni un esprit, mais elle existerait à travers une infinité de modes, dont un mode corporel et un mode spirituel, qui sont les seuls que nous pouvons connaître en tant qu'être humain. Un autre point de rapprochement entre Spinoza et Schopenhauer qui va m'intéresser tout particulièrement dans ce chapitre est celui du déterminisme : pour l'un comme pour l'autre, l'enchaînement des événements dans cette réalité unique est parfaitement nécessaire et déterminé de bout en bout. Tout ce qui se produit, étant donné ce qui précède, *devait* se produire ainsi et *ne pouvait pas* se produire autrement. Le comportement humain, en particulier, n'y fait pas exception. Pour reprendre l'élégante formule de Spinoza, il ne faut pas concevoir « l'homme dans la nature comme un empire dans un empire[1] ».

---

que tout est mental ou spirituel. Les théories du double aspect semblent souvent tendre vers ce qu'on appelle un monisme *neutre* où l'unique substance existante n'est ni physique ni mentale : ce pourrait être par exemple la position de Spinoza, selon certaines interprétations. Quant à la théorie du double aspect de Schopenhauer, elle semble plutôt tendre vers l'idéalisme : l'aspect objectif (le monde comme représentation, c'est-à-dire l'ordre des phénomènes *construit par l'entendement*) est tout autant mental que l'aspect subjectif (le monde comme volonté).

1. Baruch Spinoza, *Éthique*, *op. cit.*, p. 133.

Et la liberté dans tout ça ? Certains pourraient objecter que l'expérience de ma volonté par laquelle j'agis sur mon corps me donne justement l'intuition intime que cette action vient de moi, qu'elle est bien libre. Peu importent tous les raisonnements habiles des philosophes, cette intuition est la plus forte et cela suffit ! La Société royale des sciences de Norvège proposa précisément cette question dans un concours académique adressé aux philosophes européens : « Est-il possible de démontrer la liberté humaine à partir de la conscience de soi ? » Schopenhauer y répondit par son brillant *Essai sur le libre arbitre* auquel les organisateurs du concours accordèrent le premier prix.

Ce texte présente une analyse rigoureuse de la notion de liberté, et plus particulièrement de la *liberté de la volonté* (ou libre arbitre), et répond un grand et franc *non* à la question des Norvégiens : rien dans l'expérience consciente de notre volonté ne peut justifier que celle-ci soit libre et non déterminée. Et parce que ce sujet est fascinant et que ce texte est l'un des plus intéressants et accessibles de Schopenhauer, je vous propose, dans ce chapitre, d'en parcourir quelques pages choisies.

Schopenhauer commence par distinguer différentes conceptions de la liberté. La plus naturelle et intuitive est ce qu'il appelle la *liberté physique*[1] qui réside simplement dans le fait que notre volonté ne rencontre pas d'obstacle. Cela rejoint

1. « La *liberté physique* consiste dans l'absence d'obstacles matériels de toute nature. […] Or, remarquons que ces obstacles peuvent être d'espèces très diverses, tandis que la puissance dont ils empêchent l'exercice est toujours identique à elle-même, à savoir la volonté […]. On entend donc par le mot *libre* la qualité de tout être qui se meut par sa volonté seule, et qui n'agit que conformément à elle » (Arthur Schopenhauer, *Essai sur le libre arbitre*, *op. cit.*, p. 4-5).

la définition toute simple et presque enfantine : *être libre, c'est faire ce qu'on veut*[1] *!* Si je veux regarder l'épisode suivant de ma série préférée et que rien ne m'en empêche (ma connexion Internet fonctionne et j'ai encore juste assez de force pour garder les yeux ouverts), alors mon action est bien libre puisqu'elle est conforme à ce que je veux. Et pourtant, *pouvais-je* ne pas regarder cet épisode ? Je l'aurais pu *si je l'avais voulu* ; mais je ne l'ai pas voulu, de fait. Pas plus qu'à la fin des quatre-vingt-dix-neuf épisodes précédents. J'ai certes assez de force pour *faire ce que je veux* (rester allongé dans mon canapé en enchaînant les épisodes d'une série addictive), mais ma volonté elle-même semble bien faible : je sens qu'à cet instant je n'aurai pas la force de *vouloir autre chose*. Et c'est bien là le problème : même libre de *faire* ce que je veux, suis-je pour autant libre de *ce que je veux* ?

---

1. Pour commencer mon cours sur la liberté en classe de terminale, j'incitais mes élèves à donner la première définition qui leur venait à l'esprit. L'idée qu'être libre *c'est faire ce qu'on veut* arrivait généralement parmi les premières réponses, mais très souvent avec réticence, comme s'il leur semblait qu'une telle définition devait être trop simpliste et enfantine pour avoir droit de cité dans un cours de philosophie digne de ce nom. Pour la rendre plus respectable, certains ajoutaient la clause suivante : « être libre c'est faire ce qu'on veut *sans empiéter sur la liberté des autres* ». Quand je demandais de justifier cette limitation, beaucoup m'expliquaient qu'il est bien connu que « la liberté des uns s'arrête où commence celle des autres », comme s'il s'agissait là d'un fait et non d'un précepte moral. De fait, si je veux empiéter sur la liberté des autres et que j'en sois empêché, cela limite bien ma propre liberté… Cette réponse toute simple qu'être libre *c'est faire ce qu'on veut* n'est pas aussi superficielle qu'il y paraît : après tout, un corollaire presque immédiat de cette conception est l'idée stoïcienne par excellence que, pour être libre, il suffit de vouloir tout ce que l'on fait. (Mais nous ne sommes peut-être pas libre de vouloir exactement ce que l'on voudrait vouloir, c'est tout le problème.)

> « La notion de la liberté, qu'on n'avait conçue jusqu'alors qu'au point de vue de la *puissance d'agir*, se trouvait maintenant envisagée au point de la vue de la *puissance de vouloir*, et un nouveau problème se présentait : le *vouloir* lui-même est-il libre ? – La définition populaire de la liberté (physique) peut-elle embrasser en même temps cette seconde face de la question ? C'est ce qu'un examen attentif ne nous permet point d'admettre. Car, d'après cette première définition, le mot *libre* signifie simplement "conforme à la volonté" : dès lors, demander si la volonté elle-même est libre, c'est demander si la volonté est conforme à la volonté, ce qui va de soi, mais ne résout rien[1]. »

Ainsi, la difficile question sera celle de la liberté de la volonté qui ne se confond pas avec la liberté physique. Cette dernière résidait seulement dans la capacité à faire ceci plutôt que cela, étant admis que l'on veut ceci plutôt que cela. Mais le véritable problème du libre arbitre se pose, antérieurement, au niveau de notre capacité à vouloir ceci plutôt que cela. Il est malheureusement très courant de confondre ces deux niveaux de liberté, l'une comme puissance d'agir, l'autre comme puissance de vouloir. Or, en l'absence d'une telle distinction, nier le libre arbitre semble parfaitement absurde. Schopenhauer met en scène d'une façon particulièrement vive cette résistance du sens commun à comprendre le problème :

> « Interrogez un homme tout à fait sans préjugés : voici à peu près en quels termes il s'exprimera au sujet de cette conscience immédiate, que l'on prend si souvent pour garante d'un prétendu libre arbitre : "Je peux faire ce que je

1. Arthur Schopenhauer, *Essai sur le libre arbitre*, *op. cit.*, p. 9.

veux. Si je veux aller à gauche, je vais à gauche : si je veux aller à droite, je vais à droite. Cela dépend uniquement de mon bon vouloir : je suis donc libre." [...] C'est le sentiment intime qui est à la racine de ce témoignage, qui seul fait considérer à l'homme naïf, c'est-à-dire sans éducation philosophique (ce qui n'empêche pas qu'un tel homme puisse être un grand savant dans d'autres branches), que le libre arbitre est un fait d'une certitude immédiate ; en conséquence, il le proclame comme une vérité indubitable, et ne peut même pas se figurer que les philosophes soient sérieux quand ils le mettent en doute : au fond du cœur, il estime que toutes les discussions qu'on a engagées à ce sujet, ne sont qu'un simple exercice d'escrime auquel se livre gratuitement la dialectique de l'école, – en somme une véritable plaisanterie. [...] Aussi est-il malaisé de faire concevoir à l'homme qui ne connaît point la philosophie la vraie portée de notre problème, et de l'amener à comprendre clairement que la question ne roule pas sur les *conséquences* mais sur les *raisons* et les *causes* de ses volitions[1]. Certes, il est hors de doute que ses actes dépendent uniquement de ses volitions ; mais ce que l'on cherche maintenant à savoir, c'est de quoi dépendent ces volitions elles-mêmes, ou si peut-être elles seraient tout à fait indépendantes. Il est vrai qu'il peut *faire* une chose, quand il la *veut*, et qu'il en ferait tout aussi bien une telle autre, s'il la *voulait* à son tour : mais qu'il réfléchisse, et qu'il songe s'il est réellement capable de vouloir l'une aussi bien que l'autre. [...]

« Il est encore vraisemblable que notre homme, à bout d'arguments, essayera toujours encore d'échapper à la perplexité

1. Une volition est un *acte de vouloir* particulier. C'est en fait à peu près synonyme de *volonté* dans son sens courant, typiquement lorsqu'on parle de *dernières volontés*. Il faudrait plutôt dire *dernières volitions*. (Expliquez cela à votre notaire quand vous rédigerez votre testament.)

qu'entraîne cette question, lorsqu'elle est vraiment bien comprise, en se réfugiant à l'abri de cette même conscience immédiate, et en répétant à satiété : "Je peux faire ce que je veux, et ce que je veux, je le veux." C'est un expédient auquel il recourra sans cesse, de sorte qu'il sera difficile de l'amener à envisager tranquillement la véritable question, qu'il s'efforce toujours d'esquiver. Et qu'on ne lui en veuille point pour cela : car elle est vraiment souverainement embarrassante. [...] Mais si l'on réussit enfin à fixer solidement sa pensée sur cette question si sérieuse, et à lui faire clairement comprendre que ce que l'on cherche ici c'est l'origine même de ses volitions, la règle, s'il en est une, ou l'absolue *irrégularité* (manque de règle) qui préside à leur formation ; alors on découvrira en toute évidence que la conscience immédiate ne fournit aucun renseignement à ce sujet[1]. »

À ce stade, Schopenhauer a déjà répondu à la question posée par la Société royale des sciences de Norvège : non, le témoignage de la conscience ne peut pas démontrer notre libre arbitre puisqu'il nous révèle seulement la présence de telle ou telle volonté en nous et ne nous éclaire pas sur l'*origine* de ces volontés. Certes nos actions sont conformes à nos volitions, il n'est donc pas erroné de s'écrier « Je fais ce que je veux ! », mais cela n'indique qu'une liberté en un sens très restreint (ce que Schopenhauer appelait la liberté physique) et non le libre arbitre à proprement parler, c'est-à-dire la liberté de la volonté elle-même.

Ayant établi que la conscience intime de notre volonté ne peut rien nous apprendre à ce sujet, Schopenhauer se tourne ensuite vers l'autre *aspect* de la réalité : que se passe-t-il si l'on envisage non plus le monde comme volonté, mais

1. *Ibid.*, p. 32-37.

le monde comme représentation, c'est-à-dire le monde objectif, soumis au règne de la causalité ? Considérée de ce point de vue, chaque volition particulière semble bien causalement déterminée par certaines circonstances antérieures (elles-mêmes déterminées par des circonstances antérieures, etc.), même si nous ne savons pas précisément lesquelles ni de quelle façon. Le mécanisme causal dans le cas d'une boule de billard qui en frappe une autre est moins complexe que celui d'un être humain mis face à un choix, mais il n'est pas fondamentalement différent : il n'y a jamais que des objets soumis à des lois causales[1]. La seule

1. Il est courant aujourd'hui d'objecter qu'à l'échelle des particules fondamentales la physique quantique ne nous dépeint plus une réalité déterministe. Mais puisque nous nous intéressons à la liberté humaine, il suffit de se demander si un organisme vivant (particulièrement au niveau de son système nerveux) est sujet à cet indéterminisme quantique. Or, il est consensuel de considérer que ce n'est pas le cas : les mécanismes biologiques (comme par exemple ceux qui ont lieu dans les neurones) se produisent à une échelle qui n'est pas quantique, et le comportement macroscopique de l'organisme obéit donc, selon toute vraisemblance, à des lois déterministes. Le physicien Roger Penrose, grand défenseur d'un fondement quantique de la conscience, a fait ce qu'il pouvait pour argumenter en sens contraire depuis des décennies et n'a convaincu presque personne. Mais le point le plus important est encore le suivant : même en admettant une indétermination dans le fonctionnement macroscopique du cerveau humain (on pourrait en fait l'introduire artificiellement : imaginez une puce implantée dans le cerveau utilisant des propriétés quantiques pour générer des nombres aléatoires en fonction desquels tels ou tels groupes de neurones seraient activés, produisant telle ou telle volition), en quoi l'indétermination du comportement qui en résulterait rendrait-elle *libre* l'organisme muni d'un tel dispositif ? Une volition *aléatoire* ne nous semble pas plus libre qu'une volition déterminée. En fait, à bien l'examiner, le libre arbitre ne semble compatible ni avec le déterminisme ni avec l'indéterminisme…

différence, c'est que la boule de billard n'a pas la fatuité de se croire libre :

> « Un homme, qui, se trouvant par exemple à la rue, se dirait : "Il est à présent six heures du soir, ma journée de travail est finie. Je peux maintenant faire une promenade ; ou bien je peux aller au club ; je peux aussi monter sur la tour, pour voir le coucher du soleil ; je peux aussi aller au théâtre, je peux faire une visite à tel ami ou à tel autre ; je peux même m'échapper par la porte de la ville, m'élancer au milieu du vaste univers, et ne jamais revenir… Tout cela ne dépend que de moi, j'ai la pleine liberté d'agir à ma guise ; et cependant je n'en ferai rien, mais je vais rentrer *non moins volontairement* au logis, auprès de ma femme." C'est exactement comme si l'eau disait : "Je peux m'élever bruyamment en hautes vagues (oui certes, lorsque la mer est agitée par une tempête !) – je peux descendre d'un cours précipité en emportant tout sur mon passage (oui, dans le lit d'un torrent), – je peux tomber en écumant et en bouillonnant (oui, dans une cascade), – je peux m'élever dans l'air, libre comme un rayon (oui, dans une fontaine), – je peux enfin m'évaporer et disparaître (oui, à 100 degrés de chaleur) ; – et cependant je ne fais rien de tout cela, mais je reste de mon plein gré, tranquille et limpide, dans le miroir du lac." Comme l'eau ne peut se transformer ainsi que lorsque des causes déterminantes l'amènent à l'un ou à l'autre de ces états ; de même l'homme ne peut faire ce qu'il se persuade être en son pouvoir, que lorsque des motifs particuliers l'y déterminent. Jusqu'à ce que les causes interviennent, tout acte lui est impossible : mais une fois qu'elles agissent sur lui, il *doit*, aussi bien que l'eau, agir comme l'exigent les circonstances correspondant à chaque cas[1]. »

1. *Ibid.*, p. 77-78.

Dans une veine similaire, Spinoza avait imaginé une pierre qui roulerait à la suite d'une impulsion et qui, se trouvant soudain douée de conscience et persuadée de faire effort pour continuer à rouler, serait par là même persuadée que c'est *librement* qu'elle roule : après tout, cette pierre est bien libre de *faire ce qu'elle veut*, puisque tout ce qu'elle veut c'est rouler, et, de fait, elle roule ! Spinoza concluait superbement : « Telle est cette liberté humaine que tous les hommes se vantent d'avoir et qui consiste en cela seul que les hommes sont *conscients de leurs désirs et ignorants des causes qui les déterminent*[1]. »

En somme, chaque fois que j'imagine avoir pu faire autre chose que ce que j'ai fait en certaines circonstances, je dois songer qu'il aurait fallu pour cela que je veuille autre chose que ce que j'ai voulu ; or ce que j'ai voulu en ces circonstances a été déterminé précisément par ces circonstances, et il aurait fallu d'autres circonstances pour me déterminer à vouloir autre chose. Comme le résume parfaitement Schopenhauer : « Tu peux, il est vrai, faire ce que tu veux : mais à chaque moment déterminé de ton existence, tu ne peux vouloir qu'une chose précise et une seule, à l'exclusion de toute autre[2]. »

Le vertige face à l'étendue de tout ce qu'il nous semble que nous puissions faire à un moment donné ne vient que de notre incapacité à comprendre la façon dont les circonstances, en ce moment précis, déterminent notre volonté. Schopenhauer souligne ainsi l'absurdité ou l'hypocrisie de ce vertige :

1. Baruch Spinoza, Lettre à Schuller, 1674, in *Œuvres*, Paris, Garnier-Flammarion, 1955, tome 4, p. 303-304.
2. Arthur Schopenhauer, *Essai sur le libre arbitre*, *op. cit.*, p. 43.

« Telle est encore l'erreur de beaucoup de gens, qui, tenant à la main un pistolet chargé, s'imaginent qu'il est en leur pouvoir de se tuer en le déchargeant. Pour l'accomplissement d'un acte semblable, le moyen mécanique d'exécution est ce qu'il y a de moins important. La condition capitale est l'intervention d'un motif d'une force écrasante, et par là même fort rare, possédant la puissance énorme qui est nécessaire pour contrebalancer en nous l'amour de la vie, ou plus exactement la crainte de la mort. Ce n'est qu'après qu'un pareil motif est entré en jeu, que l'on *peut* se décider vraiment, et alors il le *faut* [...].

« Je peux faire ce que je veux : je peux, si je veux, donner aux pauvres tout ce que je possède, et devenir pauvre moi-même – si je veux ! Mais il n'est pas en mon pouvoir de le vouloir, parce que les motifs opposés ont sur moi beaucoup trop d'empire. Par contre, *si j'avais un autre caractère*, et si je poussais l'abnégation jusqu'à la sainteté, alors je pourrais vouloir pareille chose ; mais alors aussi je ne pourrais pas m'empêcher de la faire, et je la ferais *nécessairement*[1]. »

Certains pourraient vouloir démontrer leur liberté par un acte fou et imprévisible ; mais le caractère imprévisible (vis-à-vis de soi-même ou de tout autre) n'est en rien une preuve de l'indétermination[2] : cet acte fou aura bien été déterminé par

1. *Ibid.*, p. 80-81.

2. Les *systèmes chaotiques* comme le double pendule (un pendule rigide accroché à un autre pendule rigide) en donnent la meilleure illustration : ce sont des systèmes dynamiques déterministes extrêmement sensibles aux conditions initiales et dont l'évolution devient donc rapidement imprévisible. S'il est impossible de prévoir même approximativement la position d'un objet aussi simple qu'un double pendule juste quelques secondes après l'avoir lâché, il n'y a guère lieu de se vanter d'être soi-même imprévisible !

les circonstances spéciales dans lesquelles cette personne s'est trouvée, c'est-à-dire en réaction à la lecture de ce chapitre un peu trop déterministe à son goût…

N'allez donc pas vous tirer maintenant une balle dans la tête pour prouver au monde que Schopenhauer avait tort : cela restera un mauvais argument. (Et vous serez mort.)

Pour aller plus loin :

Arthur Schopenhauer, ***Essai sur le libre arbitre***, traduit de l'allemand par Salomon Reinach, édition de Guy Heff et David Buffo sur le site schopenhauer.fr, 2013.

Ce texte est un moyen d'entrée en douceur dans la philosophie de Schopenhauer. Le propos est clair et solidement argumenté, même s'il donne par moments l'impression de tourner en rond car les raisonnements centraux sont d'une simplicité confondante et ne sont difficiles à accepter que parce que la conclusion nous répugne. Schopenhauer semble ainsi taper inlassablement sur le même clou en espérant qu'il finisse par s'enfoncer dans la tête du lecteur. Son pessimisme quant à la nature humaine transparaît dans les quelques passages sur l'innéité des caractères humains et l'impossibilité d'en changer (qui semblerait justifier à demi-mot d'enfermer préventivement les personnes pour leur méchanceté native). Notez aussi que, dans la dernière partie du texte, Schopenhauer aborde la dimension morale et défend d'une façon intéressante l'intuition de la responsabilité de nos actes en dépit du caractère déterminé de notre volonté.

Arthur Schopenhauer, ***Le Monde comme volonté et représentation***, traduit de l'allemand par Christian Sommer,

Vincent Stanek et Marianne Dautrey, Paris, Gallimard, 2 vol., 2009.

Cette édition de poche de l'œuvre monumentale de Schopenhauer consiste tout de même en deux pavés de plus de 1 000 pages chacun ! De quoi se donner une indigestion de Schopenhauer. Mais cela se lit bien mieux que la *Critique de la raison pure*. Et si vous cherchez des passages croustillants, je ne saurais trop vous conseiller le chapitre 44 des suppléments, intitulé « Métaphysique de l'amour » (dont il existe d'ailleurs beaucoup d'éditions à part, si vous voulez vous épargner les milliers d'autres pages), où Schopenhauer examine froidement en quoi consiste ce sentiment que les poètes célèbrent stupidement : même sous sa forme la plus éthérée, la passion amoureuse ne s'ancre jamais ailleurs que dans l'instinct sexuel et n'est en fin de compte qu'une ruse de l'espèce pour pousser les individus à la perpétuer.

Arthur Schopenhauer, ***L'Art de l'insulte***, textes choisis par Franco Volpi, traduit de l'allemand par Éliane Kaufholz-Messmer, Paris, Points, « Points essais », 2015.

Anthologie de l'insulte chez Schopenhauer, qui ne saurait être exhaustive tant ce misanthrope semblait haïr tout et tous et ne se lassait jamais de l'écrire. À côté de ses haines connues contre les femmes (voir la première note de ce chapitre) ou contre divers philosophes (surtout Hegel), certaines de ses haines visent des objets parfaitement dérisoires, par exemple la barbe : « On voudrait faire passer la barbe pour un ornement – ornement que, depuis deux cents ans, on n'était accoutumé à trouver que chez les juifs, les Cosaques, les capucins, les prisonniers et les voleurs de grand chemin. La férocité et l'air atroce que la barbe imprime à la physionomie proviennent de ce qu'une masse plutôt sans vie occupe la moitié du visage, et la moitié exprimant le côté moral. En un mot, toute pilosité est bestiale, tandis que sa suppression est le signe d'une civilisation supérieure. » De la part des plus belles rouflaquettes de l'histoire de la philosophie, c'est assez cocasse.

JOHN STUART MILL

Heureux qui a beaucoup à désirer

« Il vaut mieux être Socrate insatisfait qu'un imbécile satisfait »

« Utilitariste » est un mot que l'on peut lire régulièrement sous la plume de gens qui n'en comprennent pas le sens. Un éditorialiste, par exemple, le glissera avec satisfaction dans son commentaire d'une décision politique, non pour féliciter l'auteur de contribuer à augmenter le bonheur général mais pour lui reprocher un vulgaire souci d'efficacité, de rendement, une visée *purement utilitaire*… C'est en fait pour servir de synonyme à cette expression que le mot « utilitariste », plus chic, semble être souvent utilisé. Par *utilitaire*, on entend ce qui sert seulement à des buts prosaïques, matériels, étroits (le plus méprisable de tous étant de gagner de l'argent ou d'éviter d'en dépenser). Par exemple, l'affreux bas de jogging que je porte en ce moment est bien *purement utilitaire* : il ne prétend fournir qu'un maximum de confort et un minimum de décence, sans la moindre prétention à l'élégance. (Tout ce qui servirait d'abord à l'élégance, en revanche, ne serait pas décrié comme utilitaire.)

Qu'en est-il du bonheur de tous ? Est-ce un objectif si bassement terre à terre que l'on puisse reprocher à celui qui veut y contribuer d'être animé d'un souci *purement utilitaire* ? Mon propre bonheur, par exemple, requiert bien davantage qu'un bas de jogging : j'aspire à un épanouissement plus complet, notamment intellectuel, que le parfait confort de mes membres inférieurs ne saurait suffire à réaliser (quoiqu'il puisse y concourir). Considérer que travailler à mon bonheur est un objectif *purement utilitaire*, c'est se faire une bien médiocre et bien fausse idée de la nature de mes aspirations. Il en ira de même, à plus forte raison, pour le bonheur de tous. Peut-on en fait concevoir un objectif plus élevé et ambitieux ? Et puisque l'utilitarisme est la philosophie morale qui le vise précisément (ou qui vise en tout cas à maximiser la réalisation d'un tel objectif), nous pouvons dire assurément que *rien n'est moins utilitaire que l'utilitarisme*.

L'utilitarisme est un conséquentialisme, c'est-à-dire une philosophie morale selon laquelle la valeur d'une action dépend seulement de certains aspects de ses conséquences. L'idée fondamentale derrière toute approche conséquentialiste est assez simple : il y a des situations du monde *meilleures ou pires que d'autres*. Pourvu que ce point soit admis (quelle que soit l'interprétation que vous donniez de cette idée de *meilleur* ou de *pire*), il suivra logiquement qu'une action *A* sera considérée comme meilleure qu'une action *B* dans la mesure où la conséquence de *A* est une situation meilleure (ou moins pire) que la situation qui résulterait de *B*. Au détour du chapitre sur Kant, j'ai déjà mentionné la grande variété d'interprétation qu'autorise cette idée très générale, en particulier en ce qui concerne les différentes façons d'appréhender les conséquences[1]. C'est en cela que

1. Faut-il tenir compte des conséquences réelles de l'action ou seulement des probabilités attendues ? (Et dans ce dernier cas, de quelle façon évalue-t-on ces probabilités ?) Jusqu'où dans le temps faut-il

le conséquentialisme est bien plus un *type* très large de philosophie morale qu'une théorie particulière. L'utilitarisme, de même, ne désigne pas une théorie précise mais plutôt une famille de théories conséquentialistes, dont il existe d'innombrables variantes.

Ce qui va caractériser l'approche utilitariste concerne le critère par lequel une situation est évaluée meilleure qu'une autre : pour un utilitariste, cela aura à voir avec le *bonheur de tous*, ou *bonheur général*, compris comme la somme des bonheurs particuliers de chaque individu. (Il faut pour cela admettre un moyen de quantifier le bonheur ; nous y reviendrons.) Qu'une situation soit préférable du point de vue moral si les gens y sont plus heureux (toutes choses égales par ailleurs), ou pour le dire plus simplement *que le bonheur soit moralement positif* (et le malheur moralement négatif), voilà l'axiome indémontrable mais intuitif sur lequel repose la pensée utilitariste en général, et elle ne retient, simplement, aucun autre critère que celui-ci : une situation sera donc évaluée comme meilleure qu'une autre si et seulement si on y est globalement *plus heureux* (ou *moins malheureux*). Et la meilleure action possible est donc celle qui *maximise le bonheur général*. Telle est l'idée centrale de l'utilitarisme[1].

---

envisager les conséquences ? Notez aussi que l'on peut envisager un *conséquentialisme de la règle* qui consiste à considérer, non pas qu'il faut en toute circonstance calculer et faire l'action entraînant les meilleures conséquences, mais qu'il faut plutôt déterminer des règles dont l'application aura les meilleures conséquences possibles, puis agir en suivant ces règles. (Le conséquentialisme de la règle peut ressembler sous certains aspects mais n'est pas équivalent au déontologisme kantien, comme je l'expliquais dans le chapitre qui lui est consacré.)

1. Le point important n'est pas seulement la référence au bonheur mais aussi au fait que l'on se soucie de *tous*, c'est-à-dire tous les êtres

Parmi un ensemble d'actions possibles, déterminer quelle est la *meilleure* action du point de vue moral requiert donc de déterminer les conséquences de chacune (ou les probabilités de ces différentes conséquences) puis de calculer le bonheur général résultant pour chacun des cas : la meilleure action sera celle qui maximise cette valeur. Notez bien que je ne parle pas d'une action *absolument bonne* : elle n'est que *meilleure* relativement à toutes les autres options envisagées.

Illustrons par un exemple classique. Imaginez qu'un train sans conducteur soit lancé à pleine vitesse sur une voie ferrée où cinq ouvriers travaillent et ne pourront éviter d'être percutés et de mourir. À cet instant, vous ne pouvez faire qu'une chose pour éviter la catastrophe : tirer sur un levier d'aiguillage qui déviera le train vers une autre voie où un seul ouvrier travaille. En l'absence d'informations supplémentaires, un utilitariste considérera les deux conséquences possibles : cinq morts, si on ne fait rien ; un seul mort, si on tire le levier. Pour autant que vous sachiez à cet instant (et c'est à cet instant que vous devez prendre une décision), la meilleure des deux situations est la seconde ; *vous devez* donc tirer le levier. Ce n'est pas seulement permis, c'est moralement *obligatoire*. Certes, tirer le levier revient à causer la mort d'une personne, et il est difficile de regarder cela comme bon en soi (et peut-être certains déontologistes, pour cette raison, refuseraient

susceptibles d'être heureux ou malheureux : cela rend cette approche très inclusive et égalitariste (à capacité de souffrir égale, l'importance d'une souffrance est la même). Cela a conduit une large part des utilitaristes, à commencer par son fondateur Jeremy Bentham, à inclure au moins certains animaux dans le cercle de la morale, comme je l'indiquais dans une note du chapitre sur Kant.

de le faire), mais c'est la *meilleure* ou la *moins mauvaise* des deux actions[1].

Le calcul utilitariste des conséquences requiert de comparer des *quantités* de bonheur (ou de malheur) dans différentes situations. L'exemple du train est utile pour sa simplicité : nul besoin de préciser en quoi consiste exactement le bonheur, il suffit de supposer que, en l'absence d'autre information, une mort a plutôt un impact négatif sur le bonheur général. Dans la mesure où la seule chose que vous savez des conséquences de l'une ou l'autre action est un certain nombre de morts, la quantification du bonheur pour ces deux situations se résume à cette inégalité : 5 > 1. C'est propre et net.

Mais il y aura bien des situations où le calcul sera plus difficile et subtil et demandera de déterminer plus finement en quoi consiste exactement ce *bonheur* que l'on cherche à maximiser. L'une des raisons pour lesquelles il existe diverses formes d'utilitarisme tient à cela : il y a autant de philosophes que de façons de comprendre cette

1. Cet exemple provient d'un article de Philippa Foot (« The Problem of Abortion and the Doctrine of the Double Effect in Virtues and Vices », *Oxford Review*, 5, 1967) et est connu comme le *dilemme du tramway* (ou *trolley problem*). En fait, très rares sont ceux qui refusent de tirer le levier ; le dilemme naît plutôt des diverses variantes où ce sacrifice d'un seul pour en sauver cinq nous semble beaucoup plus difficile à justifier. Par exemple, dans la variante du *gros homme*, il s'agit de pousser quelqu'un sur la voie pour arrêter le train. On doit cette variante, ainsi qu'une analyse très poussée de ces dilemmes, à l'excellente philosophe Judith Jarvis Thomson, « Killing, Letting Die, and the Trolley Problem », *The Monist*, 59, 1976, p. 204-217. L'étude de ce genre de cas a donné naissance à une littérature foisonnante où les trains, les *serial killers* et les chirurgiens utilitaristes rivalisent d'inventivité pour nous proposer des dilemmes de plus en plus tordus.

notion centrale de bonheur. Sur cette question, les utilitaristes contemporains se divisent en nombreux groupes et sous-groupes qu'il serait fastidieux d'énumérer. Je vais me concentrer ici sur les premiers utilitaristes, les *utilitaristes classiques*, Jeremy Bentham et John Stuart Mill : ils ont en commun d'avoir défendu une conception *hédoniste* du bonheur, c'est-à-dire liée au plaisir et à la peine (comprise en un sens large, qui recouvre aussi bien l'idée de douleur physique que de souffrance psychologique). Pour eux, un plaisir est une quantité positive de bonheur, une peine est une quantité négative. L'avantage de cette approche est que plaisir et peine semblent bien, intuitivement, quantifiables : il y a un sens à parler de plaisirs *plus ou moins grands*, de peines *plus ou moins intenses*. De là, comparer et faire des calculs sur ces grandeurs devient tout au moins envisageable.

Dans le chapitre sur Hobbes, j'opposais deux conceptions du bonheur : une conception statique d'une part, où les désirs, source de trouble et de manque, sont perçus comme ce qui nous éloigne d'un bonheur qui résiderait dans le repos, dans un état stable de satisfaction absolue ; une conception dynamique d'autre part, où c'est la course de désir en désir qui nous rend heureux. Il semble que l'hédonisme des utilitaristes penche plutôt du côté de cette conception dynamique : chaque désir satisfait apportant une quantité positive de plaisir, et plus nous en satisfaisons, plus cette quantité augmente. Même s'il était possible d'atteindre ces idéaux antiques de maîtrise et limitation de nos désirs, ce ne serait pas perçu comme optimal : mieux vaut pour chacun satisfaire autant de désirs que possible pour en tirer un maximum de plaisir. Les utilitaristes ne tombent pas pour autant dans l'éloge d'une course au plaisir égoïste qui se ferait aux dépens des autres (voir le chapitre sur Hobbes), car ils restent soucieux du bonheur *général* : ce qu'il faut maximiser, ce n'est pas le plaisir individuel d'un seul mais le plaisir agrégé de *tous à la fois*. L'idéal de ces utilitaristes hédonistes résiderait donc plutôt dans la satisfaction maximale de désirs pour chaque individu compatible avec la satisfaction maximale des désirs des autres[1].

Voyons maintenant ce qui distingue les utilitarismes de Bentham et Mill, car ces deux grandes figures sont en fait largement en désaccord, en particulier sur leur interprétation de l'hédonisme et de la notion de plaisir. Jeremy Bentham, né en 1748 et mort en 1832, est le fondateur de l'utilitarisme. (Il y a des esquisses de cette pensée chez bien d'autres auteurs avant lui, mais il est le premier à avoir clairement posé les bases théoriques d'une philosophie morale conséquentialiste visant à maximiser le bonheur général.) John Stuart Mill, né en 1806 et mort en 1876, est son cadet de plus d'un demi-siècle mais son œuvre a eu une influence considérable sur le développement de ce mouvement. L'utilitarisme ne lui est pas tombé dessus par hasard ; son père, James Mill, l'a pour ainsi dire *éduqué dans l'utilitarisme*, voulant explicitement faire de son fils le parfait disciple de

1. On suppose ici que les capacités à éprouver du plaisir des uns et des autres sont comparables ; mais que se passerait-il si un être humain parmi nous était un *monstre d'utilité* dont la capacité à éprouver du plaisir serait incommensurablement plus grande que les capacités de tous les autres êtres humains réunis ? En toute rigueur, du point de vue utilitariste, il serait alors légitime que ce monstre d'utilité asservisse le reste du genre humain pour l'aider à satisfaire autant que possible tous ses désirs : en dépit du malheur de tous sauf lui, son seul bonheur suffirait à maximiser la quantité totale de bonheur. (Cette objection amusante a été formulée par Robert Nozick en 1974 dans *Anarchie, État et utopie*.)

Bentham dont il était un grand admirateur. Vers l'âge de vingt ans, étouffé par cette tutelle intellectuelle, John Stuart Mill traversa une profonde crise morale qui l'éloigna de la rigidité des idées de son père et de Bentham. Il rencontrera quelques années plus tard Harriet Taylor, qui eut une influence très importante sur ses idées, sur le développement de sa sensibilité esthétique, ainsi que sur son engagement féministe (qui s'exprimera notamment dans son essai *De l'assujettissement des femmes* où il promeut l'égalité sociale et politique pour les femmes).

Tout en se réclamant de l'utilitarisme, les griefs que Mill retient contre Bentham sont nombreux et profonds, au point qu'il avouera ne pas se reconnaître dans ce que la plupart de ses contemporains appellent *utilitarisme*[1]. Beaucoup de ses reproches sont liés, me semble-t-il, à ce qu'il perçoit comme une indécrottable vulgarité intellectuelle chez Bentham, son incompréhension face aux aspirations les plus élevées et un regrettable manque de sensibilité, notamment esthétique[2] ;

1. Mill écrivait dans une lettre à Carlyle en 1834 : « Je suis encore et je resterai probablement utilitariste, mais sans faire partie de ces gens qu'on appelle "utilitaristes" [...]. Vous jugerez plus tard du nombre et de la diversité considérable des éclaircissements que requiert mon utilitarisme et vous verrez que ces éclaircissements affectent son essence et non pas seulement ses aspects accidentels » (passage cité dans John Stuart Mill, *L'Utilitarisme*, traduit de l'anglais par Georges Tanesse, Paris, Flammarion, 1988, p. 21).

2. Ce reproche sur le caractère même de Bentham est par exemple perceptible dans ce passage d'une étude de Mill publiée en 1838 : « Socrate et Platon sont traités [par Bentham] dans des termes qui sont affligeants pour ses plus grands admirateurs ; et l'incapacité d'apprécier de tels hommes est un fait qui s'accorde parfaitement avec les habitudes d'esprit générales de Bentham. » Plus loin dans le même texte, Mill parle de « l'incomplétude de son propre esprit comme représentatif de

cela pourrait sembler anecdotique et ne pas toucher au contenu de sa théorie (on peut après tout avoir le goût grossier mais le raisonnement fin), mais ce tour de l'esprit de Bentham semble bien lié à la façon dont sa théorie utilitariste considère l'évaluation des plaisirs : pour lui, toute quantité de plaisir en vaut une autre, quelle que soit la nature de ce plaisir. Celui de manger du chocolat ou de se masturber doit pouvoir être comparé au plaisir de lire Shakespeare ou d'aider son prochain. Chacun en est le seul juge : le plaisir de celui qui met la masturbation au-dessus de Shakespeare aura le même poids, la même valeur dans le calcul utilitariste, que le plaisir de celui qui porte un jugement contraire. Voilà peut-être ce qui choquait fondamentalement l'esprit plus raffiné de John Stuart Mill dans la doctrine de Bentham : elle ne permet pas de considérer qu'un plaisir intellectuel a en lui-même plus de valeur qu'un plaisir purement animal.

Après tout, quand bien même mon corps est ainsi fait que mon plaisir de me masturber sera toujours plus intense que mon plaisir de lire Shakespeare (il me semble, en toute honnêteté, que c'est le cas, et cela n'a rien de surprenant d'un point de vue évolutif), je peux néanmoins considérer le plaisir que je tire de ma lecture comme *plus important*,

---

la nature humaine ; pour beaucoup des sentiments les plus naturels et les plus forts de la nature humaine, il n'avait aucune sympathie ; de beaucoup des expériences les plus profondes, il était complètement détaché ; et la faculté par laquelle un esprit comprend un autre esprit, et se projette dans les sentiments de cet autre esprit, lui était complètement refusée par les déficiences de son imagination ». En se basant sur divers témoignages allant dans ce sens, deux psychologues ont publié un article défendant un diagnostic de syndrome d'Asperger pour Bentham (Philip Lucas et Anne Sheeran, « Asperger's Syndrome and the Eccentricity and Genius of Jeremy Bentham », *Journal of Bentham Studies*, 8, 2006).

comme ayant *plus de valeur*, que le plaisir que je tire de mes parties inférieures. Autrement dit, il faudrait distinguer non seulement des quantités de plaisir, mais aussi diverses *qualités* de plaisir, et certaines supérieures à d'autres : telle est la plus importante innovation théorique de l'utilitarisme de Mill par rapport à celui de son prédécesseur.

> « On peut, sans s'écarter le moins du monde du principe de l'utilité, reconnaître le fait que certaines *espèces* de plaisir sont plus désirables et plus précieuses que d'autres. Alors que dans l'estimation de toutes les choses, on tient compte de la qualité aussi bien que de la quantité, il serait absurde d'admettre que dans l'estimation des plaisirs on ne doit tenir compte que de la quantité.
>
> « On pourrait me demander : "Qu'entendez-vous par une différence de qualité entre les plaisirs ? Qu'est-ce qui peut rendre un plaisir plus précieux qu'un autre – en tant que plaisir pur et simple – si ce n'est qu'il est plus grand quantitativement ?" Il n'y a qu'une réponse possible. De deux plaisirs, s'il en est un auquel tous ceux ou presque tous ceux qui ont l'expérience de l'un et de l'autre accordent une préférence bien arrêtée, sans y être poussés par un sentiment d'obligation morale, c'est ce plaisir-là qui est le plus désirable. Si ceux qui sont en état de juger avec compétence de ces deux plaisirs placent l'un d'eux tellement au-dessus de l'autre qu'ils le préfèrent tout en le sachant accompagné d'une plus grande somme d'insatisfaction, s'ils sont décidés à n'y pas renoncer en échange d'une quantité de l'autre plaisir telle qu'il ne puisse pas, pour eux, y en avoir de plus grande, nous sommes fondés à accorder à la jouissance ainsi préférée une supériorité qualitative qui l'emporte tellement sur la quantité, que celle-ci, en comparaison, compte peu.

> « Or, c'est un fait indiscutable que ceux qui ont une égale connaissance de deux genres de vie, qui sont également capables de les apprécier et d'en jouir, donnent résolument une préférence très marquée à celui qui met en œuvre leurs facultés supérieures. Peu de créatures humaines accepteraient d'être changées en animaux inférieurs sur la promesse de la plus large ration de plaisir de bêtes ; aucun être humain intelligent ne consentirait à être un imbécile, aucun homme instruit à être un ignorant, aucun homme ayant du cœur et une conscience à être égoïste et vil, même s'ils avaient la conviction que l'imbécile, l'ignorant ou le gredin sont, avec leurs lots respectifs, plus complètement satisfaits qu'eux-mêmes avec le leur. Ils ne voudraient pas échanger ce qu'ils possèdent de plus qu'eux contre la satisfaction la plus complète de tous les désirs qui leur sont communs[1]. »

Ce qui signale que la qualité d'une espèce de plaisir A est supérieure à la qualité d'une espèce de plaisir B, ce serait donc le fait que ceux qui connaissent à la fois A et B préfèrent une satisfaction même incomplète des plaisirs de type A à la satisfaction même complète des plaisirs de type B. Cette préférence pour ce qui semble être une quantité moindre de plaisir s'expliquerait par le fait qu'elle viserait des plaisirs de qualité supérieure.

Mill ne donne nulle part une règle précise quant à savoir comment, dans le calcul utilitariste, pondérer diverses quantités de plaisirs en fonction de ces diverses qualités. L'idée générale serait de donner un poids nettement plus fort aux quantités de plaisirs de qualité supérieure, mais il ne semble pas que l'on puisse non plus se passer totalement de plaisirs de qualité inférieure. Le calcul utilitariste, auquel on pouvait

1. John Stuart Mill, *L'Utilitarisme*, *op. cit.*, p. 51-52.

déjà objecter beaucoup de difficultés dans sa version benthamienne, se complexifie et s'obscurcit ainsi davantage avec cette innovation de Mill qui, notamment pour cette raison, sera beaucoup critiquée. Essayons pourtant de lui donner sa chance car il me semble qu'il y a quelque chose de juste dans l'idée de cette distinction de qualités.

Prenons un exemple pour l'illustrer. En fin de chaque chapitre, je vous suggère des lectures supplémentaires susceptibles de vous intéresser, et j'espère bien que quelques-uns de ces titres se sont ajoutés à la longue liste de livres, articles, BD, films, séries, vidéos, podcasts, etc., à lire, regarder ou écouter, que vous n'avez pas encore eu le temps de lire, regarder ou écouter. (Cette liste n'existe peut-être que dans votre tête, mais je ne doute pas qu'elle existe.) Pourvu que vous ayez le plus petit degré de curiosité intellectuelle, l'offre de contenus susceptibles de vous intéresser continue de s'élargir de jour en jour, tandis que le temps que vous pouvez y consacrer reste le même, de sorte que cette liste de désirs ne pourra jamais que s'allonger indéfiniment... Ne pouvant en satisfaire qu'une bien maigre portion, notre curiosité semble nous condamner à demeurer profondément insatisfaits, scrollant éternellement sur Netflix sans savoir quelle série choisir.

Imaginez maintenant que vous puissiez vous débarrasser de cette curiosité intellectuelle qui vous apporte tant d'insatisfaction. Vous pourriez, en claquant des doigts, ne plus rien désirer que voir et revoir encore les mêmes dix saisons de *Friends* disponibles sur votre service de streaming préféré. Ainsi, aucune insatisfaction, seulement un plaisir simple, toujours disponible, toujours renouvelé. Le feriez-vous ? Pour ma part, non ; et je gage que l'immense majorité d'entre vous refuserait de même. Le désir et le plaisir de revoir de vieux épisodes de *Friends* ne m'est pas inconnu (et une part de moi est bien frustrée de ne pas avoir le temps de regarder une fois de plus les dix saisons de cette série qui a bercé mon enfance), mais je ne voudrais pas renoncer à ma curiosité intellectuelle contre la satisfaction la plus complète de ce seul désir simple. J'attribue une valeur supérieure aux plaisirs que je tire de ma curiosité intellectuelle, même si celle-ci, en créant bien plus de désirs que je ne pourrais jamais en satisfaire, me frustre aussi profondément.

Lorsque John Stuart Mill parle de facultés supérieures dans le passage cité plus haut, c'est à ces vertus de l'esprit comme la curiosité intellectuelle qu'il peut notamment penser, me semble-t-il. Je trouve intéressant qu'il prenne ensuite un exemple de vertu morale : « [...] aucun homme ayant du cœur et une conscience [ne consentirait] à être égoïste et vil », écrit-il. Une telle vertu, elle aussi, a de quoi nous laisser profondément insatisfait : si vous avez des exigences morales, quelles qu'elles soient, vous désirez les voir respectées, et vous serez certainement très insatisfaits de constater que, bien souvent, ce n'est pas le cas. Mais si vous pouviez, en claquant des doigts, faire disparaître de votre esprit cette exigence morale et, avec elle, l'insatisfaction qu'elle fait naître, le feriez-vous ? Plutôt qu'être indigné de l'inconduite des autres (ou honteux de votre propre inconduite) et frustré de voir le monde tourner autrement que vous ne le voudriez, si vous pouviez être dans une disposition d'esprit qui accepte tout, même les pires atrocités, sans aucun désir que les choses arrivent autrement, le feriez-vous ? Là encore, je ne pense pas. Comme pour la curiosité intellectuelle, nous ne voulons pas renoncer à notre propre exigence morale, même si nous savons qu'elle nous condamne à beaucoup de souffrance et d'insatisfaction.

Est-ce se condamner, du même coup, au malheur ? Selon la conception statique du bonheur, oui : chaque désir insatisfait nous éloigne un peu plus du bonheur. Et cela rejoindrait un thème assez classique en philosophie : sacrifier le bonheur à l'exigence de vérité et de moralité… Mais pour John Stuart Mill, cette préférence pour un état où nous sommes très insatisfaits n'est pas un sacrifice de notre bonheur :

> « Croire qu'en manifestant une telle préférence, on sacrifie quelque chose de son bonheur, croire que l'être supérieur – dans des circonstances qui seraient équivalentes à tous égards pour l'un et pour l'autre – n'est pas plus heureux que l'être inférieur, c'est confondre les deux idées très différentes de bonheur [*happiness*] et de satisfaction [*content*]. Incontestablement, l'être dont les facultés de jouissance sont d'ordre inférieur a les plus grandes chances de les voir pleinement satisfaites ; tandis qu'un être d'aspirations élevées sentira toujours que le bonheur qu'il peut viser, quel qu'il soit, le monde étant fait comme il l'est, est un bonheur imparfait. Mais il peut apprendre à supporter ce qu'il y a d'imperfections dans ce bonheur, pour peu que celles-ci soient supportables ; et elles ne le rendront pas jaloux d'un être qui, à la vérité, ignore ces imperfections, mais ne les ignore que parce qu'il ne soupçonne aucunement le bien auquel ces imperfections sont attachées. Il vaut mieux être un homme insatisfait qu'un porc satisfait ; il vaut mieux être Socrate insatisfait qu'un imbécile satisfait. Et si l'imbécile ou le porc sont d'un avis différent, c'est qu'ils ne connaissent qu'un côté de la question : le leur. L'autre partie, pour faire la comparaison, connaît les deux côtés[1]. »

1. *Ibid.*, p. 53-54.

Plutôt « Socrate insatisfait qu'un imbécile satisfait » : voilà une sacrée *punchline* !

Le mot « satisfait » traduit ici l'anglais *content*, et il pourrait être pertinent de parler en français de « contentement » : ce mot renvoie bien à l'idée d'un remplissage, d'une plénitude (rappelant les tonneaux bien remplis dont Socrate faisait l'image de la vie heureuse, contre Calliclès aux tonneaux percés, comme un pluvier qui mange et fiente en même temps[1]). En somme, on serait plus ou moins *content* selon la plus ou moins grande *proportion* de désirs satisfaits par rapport au nombre total de désir : arrivé à 100 %, le contentement est maximal, il ne nous manque rien. Un chat qui ne désirerait que manger et dormir, et qui mangerait et dormirait autant qu'il le désire, serait bien *content*, et ne pourrait pas l'être davantage. Et pour se rapprocher de cet état de contentement, le plus efficace reste de limiter ou supprimer nos désirs autant que possible : la proportion de désirs satisfaits en sera réduite d'autant. Si Mill poussait son propos un peu plus loin, peut-être finirait-il par dire que l'*ataraxie* des Anciens n'est rien de plus que cela : être *content*.

Ce n'est pas être *heureux*. Car le bonheur, pour Mill, n'est pas lié à la proportion de désirs réalisés mais à la quantité et à la qualité des plaisirs que produit la satisfaction de nos désirs. Plus on a de plaisir, en quantité et en qualité, plus on est heureux. Ainsi, développer ce qu'il appelle des « facultés supérieures » comme la curiosité intellectuelle, faculté dont nous pouvons tirer du plaisir, et des plaisirs d'une *qualité*

1. Voir Platon, *Gorgias*, 493d-494b. J'évoquais plus précisément ce passage dans le chapitre sur Hobbes.

supérieure, cela revient bien en fin de compte à accroître son bonheur, même si c'est au prix d'une insatisfaction plus grande (la proportion de désirs non réalisés augmentant à mesure que nos facultés s'élargissent).

Si ne plus désirer lire aucun livre ne me tente pas, c'est parce que le plaisir que je tire de la poignée de livres auxquels je peux consacrer du temps m'est particulièrement précieux et contrebalance de loin l'insatisfaction de ne pas pouvoir lire tous ceux que je voudrais. Je ne sacrifie donc aucunement mon bonheur, seulement ma satisfaction : je suis moins *content* peut-être, mais plus *heureux*. Et c'est en ce sens aussi qu'il faut comprendre la formule selon laquelle « il vaut mieux être Socrate insatisfait qu'un imbécile satisfait » : ce n'est pas une affaire de dignité morale, Socrate est tout simplement *plus heureux* que l'imbécile.

L'imbécile pourrait nier ce point, se considérant tout à fait heureux comme il est et ne voyant pas en quoi cet insatisfait de Socrate l'est davantage. Mais, selon Mill, une telle opinion n'a pas la même légitimité à statuer sur la différence de qualités de plaisir, car les imbéciles « ne connaissent qu'un côté de la question : le leur ». Il faut avoir soi-même fait l'expérience des deux espèces de plaisir pour pouvoir juger de la qualité de l'un par rapport à l'autre. Celui qui ne fut jamais capable d'en apprécier qu'un seul n'a tout simplement pas son mot à dire. Celui qui ne sait rien des plaisirs de l'intelligence, autant que l'animal qui ne sait rien des plaisirs humains, n'est pas en position de juger de la valeur de ses propres plaisirs par rapport à ceux-là.

L'argument est séduisant, mais il ne faut pas en abuser. Supposons qu'un utilitariste rigoureusement benthamien se déclare contre cette théorie des qualités de plaisir ; le défenseur de Mill pourrait être tenté de balayer la critique d'un revers de la main en usant de ce même stratagème : « Vous refusez de reconnaître cette différence de qualités dans les plaisirs ? C'est le signe que vous n'avez pas l'esprit ou le goût assez développé pour apprécier ces différences, et votre opinion sur ce point n'a pas de valeur : imbécile satisfait que vous êtes, vous ne comprenez qu'un seul côté de la question. »

Les discussions esthétiques prennent souvent un tour similaire. Considérez par exemple un fan de Stanley Kubrick à qui vous suggérez que *2001 : l'Odyssée de l'espace* est somme toute assez ennuyeux et prétentieux ; il vous répondra, avec mansuétude, que vous n'avez pas *vraiment* compris le film, sans quoi vous ne diriez pas cela, et qu'à ce titre votre avis ne vaut rien. Mais le seul moyen de convaincre ce cinéphile averti que vous avez *vraiment* compris ce film qu'il tient pour un chef-d'œuvre, c'est de le porter aux nues aussi bien que lui. Émettre un avis négatif disqualifie votre capacité à émettre un avis : vous n'êtes plus, à ses yeux, qu'un imbécile satisfait dans l'ignorance.

De façon similaire, l'argumentation que déploie Mill en faveur de sa distinction entre qualités de plaisir pourrait pousser à une forme d'élitisme intellectuel en invalidant par avance toute critique de la part de ceux qui ne partagent pas ses valeurs.

Pour aller plus loin :

John Stuart Mill, ***L'Utilitarisme***, traduit de l'anglais par Georges Tanesse, Paris, Flammarion, 1988.

Un livre clair et bref (une petite centaine de pages) qui expose les bases de la pensée utilitariste de John Stuart Mill. Le dernier chapitre, qui discute du lien entre la notion de justice et celle d'utilité, est particulièrement intéressant. Quelle est la façon juste de punir, de récompenser le travail, de répartir l'impôt ? Sur toutes ces questions, les critères de justice sont divers et il semble impossible de les satisfaire tous en même temps. Par exemple, la juste rémunération d'un travailleur produisant peu avec beaucoup d'effort doit-elle être supérieure ou inférieure à celle d'un travailleur plus doué produisant davantage mais faisant moins d'effort ? L'une ou l'autre réponse peut être défendue comme juste, fera remarquer Mill : « Ce qui préoccupe l'un c'est de déterminer, en toute justice, ce que l'individu doit recevoir ; ce qui préoccupe l'autre c'est de déterminer, en toute justice, ce que la société doit donner. Chacun des deux, du point de vue où il s'est placé, est irréfutable et le choix entre ces points de vue, pour des raisons relevant de la justice, ne peut qu'être absolument arbitraire. C'est l'utilité sociale seule qui permet de décider entre l'un et l'autre » (p. 148). Autrement dit, aucun accord n'est possible si l'on ne cherche qu'à argumenter quant à ce qui est juste : il faut se demander plutôt, en utilitariste, quel mode de rémunération contribue le plus au bonheur général.

John Stuart Mill, ***De la liberté***, traduit de l'anglais par Laurence Lenglet, Paris, Gallimard, « Folio », 1990.

Si John Stuart Mill est avant tout un grand utilitariste, c'est aussi un grand libéral. Le libéralisme (il faut le rappeler car ce mot finit aujourd'hui par ne plus évoquer qu'une vague idéologie repoussoir) est d'abord un mouvement de philosophie morale et politique qui accorde une place centrale au respect des libertés individuelles. Qu'un utilitariste soit libéral n'a rien d'automatique, au contraire. En effet, l'utilitarisme semble permettre de justifier de piétiner les libertés individuelles même les plus fondamentales : si sacrifier les droits d'un individu est un moyen d'augmenter le bonheur général, alors il serait non seulement moralement permis mais même obligatoire de le faire. Les purs libéraux, par exemple Robert Nozick, sont plutôt des déontologues posant certains principes, comme la propriété de soi, qui ne peuvent être enfreints même au nom d'un plus grand bien ; et ce sont par là des adversaires déclarés des utilitaristes. Mill étant utilitariste avant d'être libéral, son libéralisme n'a en fait qu'une valeur instrumentale : à ses yeux, respecter autant que possible les libertés individuelles est bien un moyen de maximiser le bonheur général, et c'est pour cette raison seulement qu'il défend des positions libérales. Son magnifique essai *De la liberté*, qui présente ses vues sur le sujet, est son œuvre la plus lue et sûrement la plus utile à lire encore aujourd'hui. Le deuxième chapitre, en particulier, est une des plus vibrantes défenses de la liberté d'expression jamais écrites. Dans le premier chapitre, il expose et justifie le principe fondamental de son libéralisme, le principe de nuisance (*harm principle*), d'après lequel la seule raison légitime de limiter la liberté d'un individu (que ce soit par l'action de l'État ou par le contrôle social) est pour l'empêcher de nuire à autrui. Ce principe s'oppose ainsi à toute forme de paternalisme : il ne faut pas prendre de décision pour le bien d'autrui (pourvu qu'autrui soit majeur et correctement informé). Mais Mill reste utilitariste et s'il refuse le paternalisme c'est avant tout parce qu'il le juge globalement inefficace : chacun reste en général le mieux placé pour savoir ce qui est bon pour lui. Laisser un maximum de liberté à des individus capables d'agir en vue de l'idée particulière qu'ils se font de leur bonheur serait bien un moyen de maximiser le bonheur général : voilà comment l'utilitarisme de Mill accouche d'une pensée libérale.

Peter Singer, ***L'Altruisme efficace***, traduit de l'anglais par Laurent Bury, Paris, Les Arènes, 2018.

L'altruisme efficace, c'est le conséquentialisme en ordre de bataille : il s'agit d'un mouvement philosophique et social visant à promouvoir un maximum d'efforts pour améliorer l'état du monde, et surtout à cibler ces efforts par une démarche scientifique et rationnelle. Ce livre de Peter Singer est une présentation inspirante de ce mouvement et de ses acteurs (insistant notamment, à travers les nombreux portraits d'altruistes efficaces, sur le bonheur que la pratique de cet altruisme apporte aux altruistes eux-mêmes). Singer est lui-même un des initiateurs de l'altruisme efficace, et c'est un des philosophes actuels les plus importants, grand théoricien et défenseur de l'utilitarisme (connu notamment pour avoir porté la cause animale dans son livre *La Libération animale*). Avec l'altruisme efficace, vous apprendrez qu'il ne suffit pas de donner la moitié de votre manteau ou de vos revenus pour bien faire : il faut encore maximiser l'effet de ces dons en visant les organismes les plus efficaces, c'est-à-dire ceux qui produisent le plus grand bien pour chaque centime dépensé : les organismes caritatifs ne sont pas au-dessus d'une analyse coût-bénéfices. Ce travail d'évaluation est assuré par des *meta-charities* comme GiveWell ou The Life You Can Save qui étudient l'efficacité de centaines de programmes. (Si vous voulez agir en bon conséquentialiste, je vous suggère de commencer par voler ce livre et donner l'équivalent de son prix aux associations recommandées ; vous pouvez aussi télécharger gratuitement *The Life You Can Save* de Peter Singer sur le site de l'organisme du même nom, un des livres fondateurs de l'altruisme efficace.)

FRIEDRICH NIETZSCHE

Mauvais et méchants

« Sublime mensonge à soi-même qui consiste
à interpréter la faiblesse elle-même comme liberté
et les avatars de cette faiblesse comme *mérites* »

Friedrich Nietzsche est un philosophe et poète de la fin du XIXe siècle dont le visage semblait dévoré par une moustache de plus en plus proéminente à mesure qu'il avançait en âge et que sa santé se dégradait. À quarante-quatre ans (sa bouche disparaissant tout à fait sous une impénétrable muraille de poils), après une décennie d'activité intellectuelle d'une intensité croissante, au cours de laquelle il accoucha d'un nombre impressionnant d'œuvres majeures[1], Nietzsche fut pris dans les premiers jours de 1889 d'une violente crise de démence, inonda ses correspondants de lettres mégalomaniaques sans queue ni tête[2], fut interné à la demande de ses

1. *Ainsi parlait Zarathoustra* fut publié entre 1883 et 1885, *Par-delà bien et mal* en 1886, *Généalogie de la morale* en 1887 ; et dans la seule année 1888 Nietzsche rédigea rien de moins que *Le Cas Wagner*, *Crépuscule des idoles*, *L'Antéchrist* et *Ecce homo*. Une bonne année, en somme.

2. Ces lettres sont connues comme les *billets de la folie* ; en voici par exemple une adressée à Cosima Wagner (veuve du compositeur) : « À la princesse Ariane, ma bien-aimée / C'est un préjugé que je sois un homme. Mais j'ai déjà souvent vécu parmi les hommes et je connais

proches, puis se mura dans le silence pour les dix dernières années de sa vie. (L'origine de la maladie reste aujourd'hui discutée, mais l'hypothèse le plus souvent avancée est celle de la syphilis, conséquence d'un détour de jeunesse par un bordel de Cologne ou de Leipzig.)

Nietzsche est un écrivain extraordinaire et, par sa postérité intellectuelle, son œuvre est une des plus importantes du XIXe siècle. On pourrait la présenter, en première approximation, comme une critique des valeurs décadentes qui, selon lui, imprègnent la culture européenne, tout particulièrement les valeurs morales héritées du christianisme. J'imagine en cet instant quelque fanatique nietzschéen dont le sang n'a fait qu'un tour, m'accusant déjà d'avoir commis je ne sais quel contresens profond, s'indignant que j'ose écrire sur une œuvre dont je n'ai manifestement pas su sonder les abysses, ni escalader les sommets, qui descendent, ou s'élèvent (je m'y perds un peu), bien au-delà des platitudes auxquelles mon grossier aperçu la réduit... Nietzsche fait en effet partie de ces auteurs qui (en dehors des cercles universitaires où cette tendance est plus rare) traînent après eux une poignée d'adorateurs zélés, souvent récemment convertis, toujours prompts à vous pourfendre pour n'avoir pas saisi la puissance et le génie de cette pensée qui les a bouleversés. Les

---

tout ce que les hommes peuvent éprouver, du plus bas au plus haut. J'ai été Bouddha chez les Hindous, Dionysos en Grèce – Alexandre et César sont mes incarnations, de même que le poète de Shakespeare, Lord Bacon. Enfin je fus encore Voltaire et Napoléon, peut-être Richard Wagner... Mais cette fois, j'arrive tel le Dionysos vainqueur qui va transformer la terre en jour de fête... Non pas que j'aurais beaucoup de temps... Les cieux se réjouissent que je sois là... J'ai aussi été pendu à la croix... » (Friedrich Nietzsche, *Dernières lettres*, traduit de l'allemand par Catherine Perret, Paris, Rivages, 1989, p. 135).

écrits du maître laissant une large place à l'interprétation, chacun de ces fidèles enthousiastes est enclin à se construire un petit Nietzsche bien à lui, taillé sur mesure pour justifier ses propres valeurs, de sorte que ces divers nietzschéens ont en fin de compte davantage de vocabulaire que d'idées en commun : ils formuleront les mêmes opinions sentencieuses sur la *moraline*, le *troupeau*, le *nihilisme* qui empoisonne la conscience européenne, ou sur la *volonté de puissance*, le *surhumain*, l'*éternel retour*, etc., mais n'entendront probablement pas les mêmes choses sous ces mêmes mots qui leur servent surtout à signaler leur allégeance intellectuelle et à communier dans l'admiration du pétulant moustachu. Au demeurant, il me paraît assez probable que Nietzsche aurait eu lui-même le plus profond dégoût pour cette foule de nietzschéens approximatifs qui s'enorgueillissent de citer exactement sa parole : « Il m'est odieux de suivre autant que de guider[1]. »

Tout cela ne retire rien à l'œuvre de Nietzsche ; elle vaut justement bien mieux que ceux qui s'en réclament. Ses écrits sont parmi les plus fascinants que j'ai lus. Je dois dire que j'ai eu moi-même une *période nietzschéenne* durant laquelle j'ai dévoré la plupart de ses livres. Mais il me semble, rétrospectivement, que c'est davantage la force de son écriture que la finesse de ses idées qui produisait cet ensorcellement. En y revenant plus tard et en l'abordant sous un angle plus philosophique, je devais reconnaître que ses livres sont souvent bien minces en arguments et que l'épaisse couche littéraire dans laquelle ses idées sont enrobées ne facilite pas le travail de celui qui veut les comprendre et les discuter.

1. Friedrich Nietzsche, *Le Gai Savoir*, traduit de l'allemand par Pierre Klossowski, Paris, Gallimard, 1982, p. 38.

Pour ce chapitre, je vais me pencher sur un passage de la *Généalogie de la morale* dont les idées principales, à défaut d'être rigoureusement justifiées, me semblent assez intuitives et stimulantes en elles-mêmes. En outre, elles vous donneront quelques clés utiles pour aborder plus facilement le reste de la pensée de Nietzsche, s'il vous plaît de vous y aventurer.

Il y a deux grandes façons d'aborder la philosophie morale. L'approche dont on a déjà présenté divers exemples, que ce soit à travers les stoïciens, Kant ou les utilitaristes, était *normative* ou *prescriptive* : il s'agissait de justifier telle ou telle norme morale, telle ou telle façon de porter des jugements de valeur, de décider ce qui est bien ou mal, ou quelle est la bonne façon de mener sa vie. Mais il y a, avant cela, un autre sujet d'étude tout à fait légitime et important : puisque nous portons *intuitivement* des jugements de valeur (sans que nous cherchions à les justifier par quelque théorie philosophique que ce soit), pourquoi ne pas commencer par examiner d'où nous viennent ces intuitions morales ? Ont-elles une logique, une cohérence, une fonction ? Peut-on *décrire* et *comprendre* la façon dont les êtres humains établissent des normes, attribuent de la valeur, désignent ceci ou cela comme *bon*, *bien*, etc. ? C'est un sujet d'étude important aujourd'hui en philosophie morale, et qui tend de plus en plus à être également abordé par la psychologie (notamment la psychologie évolutionniste). En opposition à l'approche *prescriptive*, on parle alors d'une approche *descriptive* de la morale.

Le propos de Nietzsche dans la première dissertation de la *Généalogie de la morale* peut justement être compris comme relevant de cette approche descriptive[1]. Le mot *généalogie*,

1. Nietzsche n'est sans doute pas si descriptif que cela : son mépris pour la morale judéo-chrétienne est palpable dans le style. De façon

dont Nietzsche fait un usage très particulier, provient du grec *genos* qui signifie « origine » ou « naissance » ; ainsi, au contraire de Kant par exemple pour qui l'impératif catégorique est censé valoir universellement (de sorte qu'il serait aussi absurde de chercher comment l'obligation morale est née que de se demander quand 2 et 2 ont commencé à faire 4), Nietzsche voit dans la morale un phénomène contingent, apparu en certaines circonstances particulières, et la tâche du *généalogiste* serait de remonter jusqu'à cet acte de naissance. Au sens historique, il pourrait s'agir d'identifier les premières formes de jugements moraux dans les civilisations passées. On peut aussi entendre la question en un sens psychologique : il s'agirait d'appréhender le développement et la formation des intuitions morales chez l'individu. Pour Nietzsche, l'approche généalogique tient à la fois de l'un et de l'autre, et de bien davantage, maelström historico-sociologico-linguistico-psychologique, méthode que personne ne saurait vraiment définir ni expliquer, et qui présente l'avantage de renvoyer dos à dos tous les experts aux vues étroites : Nietzsche pourra reprocher aux historiens de ne pas être assez fins psychologues, aux psychologues de manquer de sens historique, et à tous de ne pas être aussi intelligents que lui.

Si la *Généalogie de la morale* est un texte brillant, c'est davantage pour son style que par la rigueur de son argumentation, émaillée de raccourcis historiques et d'étymologies plus ou moins douteuses[1]. Au demeurant, Nietzsche l'assumerait

---

générale, tous ses textes qui font la généalogie de jugements de valeurs semblent eux-mêmes pétris de jugements de valeurs…

1. Sur l'usage très orienté de l'étymologie, voir *Généalogie de la morale*, traduit de l'allemand par Éric Blondel *et al.*, Paris, Flammarion, « GF », 2002, I, § 5, et les notes éclairantes sur ce passage. Quant aux

tout à fait : croyez-vous qu'il s'abaisserait à ergoter comme un vulgaire logicien ? Se justifier est humiliant, bon pour les faibles[1]. À bien des égards, Nietzsche ne se soucie pas d'écrire pour être compris de ceux qui ne pensent pas comme lui. (Il ne cessera de répéter, par exemple, qu'aucun de ses contemporains ne peut comprendre son Zarathoustra. Et je doute qu'il se ferait une meilleure opinion des lecteurs du XXIe siècle.)

Cela étant dit, et sachant donc que nous n'y sommes pas tout à fait les bienvenus, entrons dans l'œuvre qui nous intéresse. Je vais me pencher sur la première partie de la *Généalogie de la morale* intitulée (avec cette débauche de guillemets qui caractérise le style de Nietzsche) : « Bon et méchant », « Bon et mauvais ». Comme ce titre l'annonce, il s'agira d'étudier la notion de bon, et plus précisément le couple qu'elle forme avec sa valeur opposée. La langue allemande, aussi bien que la langue française, suggère deux mots bien distincts : on peut opposer le bon [*Gut*] au mauvais [*Schlecht*] ; ou le bon [*Gut*] au méchant [*Böse*]. Et c'est loin d'être un détail.

---

raccourcis historiques, le § 16 qui résume deux millénaires à très, très gros traits en offre de beaux exemples.

1. Nietzsche exprime à diverses reprises son mépris pour l'argumentation, par exemple : « Ce qui a besoin d'être démontré ne vaut pas grand-chose. Partout où l'autorité est encore de bon ton, partout où l'on ne donne pas des “raisons” mais des ordres, le dialecticien est une sorte de pitre : on s'en amuse, on ne le prend pas au sérieux » (*Crépuscule des idoles*, « Le problème Socrate », § 5, traduit de l'allemand par Jean-Claude Hémery, Paris, Gallimard, 1974). Cela dit, on peut aussi trouver chez lui des passages faisant l'éloge de la raison et de la clarté (« Qui se sait profond s'efforce à la clarté : qui veut paraître profond aux yeux de la foule s'efforce à l'obscurité », *Le Gai Savoir*, § 173, *op. cit.*), mais ce sera plus particulièrement dans des ouvrages rédigés plus jeune, comme *Humain, trop humain*. Plus Nietzsche avançait en âge, plus il semblait prendre goût à l'écriture prophétique…

Les actions que nous jugeons bonnes sont généralement des actions altruistes, c'est-à-dire bénéfiques aux autres ; et celles reconnues comme mauvaises (ou méchantes) sont le plus souvent des actions égoïstes et nuisibles aux autres. Voilà qui pourrait suggérer une première théorie sur l'origine de la morale : les intuitions morales auraient pour fonction d'inciter les individus à agir d'une façon socialement utile. En effet, dans l'intérêt d'un groupe, il est préférable que les individus soient incités à se comporter de façon altruiste plutôt qu'égoïste ; on pourrait donc penser qu'un groupe se portera d'autant mieux que les actions altruistes, utiles à l'ensemble du groupe, tendront à être approuvées comme bonnes, tandis que les actions égoïstes et nuisibles au groupe tendront à être désapprouvées ; et nos évaluations morales naîtraient tout simplement de cette tendance.

C'est une théorie plutôt séduisante (et l'on peut noter qu'elle semble encore développée aujourd'hui par les psychologues évolutionnistes, avec en particulier l'idée d'un mécanisme de sélection de groupe qui favoriserait la sélection d'individus aux comportements altruistes), mais si Nietzsche l'évoque rapidement au tout début de son traité, c'est pour la rejeter immédiatement comme une ânerie qui ne pouvait naître que dans l'esprit de ces philosophes anglais saugrenus qui confondent le bon et l'utile[1] :

> « Il est pour moi évident en premier lieu que cette théorie cherche et place le véritable foyer du concept "bon" au mauvais endroit : le jugement de "bon" ne provient *nullement*

1. Nietzsche écrira plus tard ce mot parfaitement injuste à l'égard des utilitaristes mais qui me fait beaucoup rire : « L'homme n'aspire *pas* au bonheur ; il n'y a que l'Anglais pour faire cela » (*Crépuscule des idoles*, *op. cit.*).

de ceux qui bénéficient de cette “bonté” ! Ce sont plutôt les “bons” eux-mêmes, c’est-à-dire les nobles, les puissants, les supérieurs en position et en pensée qui ont éprouvé et posé leur façon de faire et eux-mêmes comme bons, c’est-à-dire excellents, par contraste avec tout ce qui est bas, bas d’esprit, vulgaire et populacier. À partir de ce *sentiment de la distance*, ils ont fini par s’arroger le droit de créer des valeurs et de forger des noms de valeurs : qu’avaient-ils à faire de l’utilité[1] ? »

Puisque Nietzsche vous dit que cela lui semble *évident*, que voulez-vous objecter ? Il daignera tout de même confirmer cette évidence par quelques considérations étymologiques sur l’origine du mot *bon*[2] ; elles sont assez incertaines, mais peu importe et tâchons de comprendre plus en détail en quoi consiste cette évaluation morale que Nietzsche pose comme primitive.

Les premiers qui aient forgé des valeurs morales, selon lui, ne seraient donc pas ceux qui reconnaissaient les actions des autres comme leur étant bénéfiques et qui les approuvaient pour cette raison : cela reviendrait à avouer sa faiblesse, son besoin d’être aidé, son incapacité à faire soi-même son propre bien. L’évaluation morale originelle, selon Nietzsche, viendrait tout au contraire des puissants, des forts, de ceux qui n’ont pas besoin de bénéficier d’un altruisme méprisable, et

1. Friedrich Nietzsche, *Généalogie de la morale*, *op. cit.*, p. 37.
2. « Les expressions forgées par les différentes langues pour désigner le “bon” au sens étymologique [...] remontent toutes à la *même transformation de notion* : partout “distingué”, “noble” au sens social, est la notion fondamentale à partir de laquelle se développe, nécessairement, “bon” au sens de “distingué quant à l’âme”, “noble” au sens de “doué d’une âme supérieure”, “privilégié quant à l’âme” » (*ibid.*, p. 39).

cette évaluation n'aurait donc pas pour fonction de célébrer les actions des autres, mais au contraire de se célébrer soi-même. Ils se reconnaissent eux-mêmes comme supérieurs, plus nobles, plus distingués ; ce sont les meilleurs, ceux qui excellent, ceux qui réussissent là où les autres échouent ; et ainsi triomphant, ils créent une évaluation morale en se posant eux-mêmes comme étalon de valeur : « Ce que nous sommes, voilà ce qui est *bon.* »

Nietzsche désigne cette évaluation comme la *morale des maîtres*[1] ; je parlerai plutôt, dans le même sens, de *morale aristocratique*. Notez bien qu'il ne faut pas entendre ces mots en un sens strictement social et politique. Certes, Nietzsche semble bien associer cette évaluation morale à des classes dominantes de certaines périodes de l'histoire, comme l'aristocratie romaine ou la noblesse française de l'Ancien Régime, mais le niveau de discours de Nietzsche ne se réduit pas à cette dimension. Comme je le soulignais un peu plus tôt, sa méthode généalogique est une étrange mixture qui mêle (au moins) l'histoire, la sociologie, la politique, la psychologie, la linguistique… Aussi faut-il entendre la supériorité aristocratique dans cette *morale des maîtres* en un sens qui recouvre ces différentes dimensions. L'idée de noblesse l'illustre assez bien : ce mot renvoie d'abord à un

1. L'expression *morale des maîtres* est la plus répandue chez Nietzsche. Il l'utilisait déjà dans le § 260 de *Par-delà bien et mal* qui contient sous une forme plus condensée une large part de la *Généalogie de la morale* : « Il existe une *morale des maîtres* et une *morale des esclaves* […]. Ces critères moraux différents sont nés soit au sein d'une classe dominante, consciente et satisfaite de ce qui la distinguait de la classe dominée, soit parmi les sujets, les esclaves et les subalternes de tout rang » (*Par-delà bien et mal*, traduit de l'allemand par Cornélius Heim, Paris, Gallimard, 1971).

rang social supérieur, la noblesse politique ; mais il peut renvoyer aussi à un trait psychologique, la noblesse de caractère ou la noblesse d'âme ; et enfin le langage lui-même peut être dit noble ou vulgaire. Ce dernier aspect n'est pas un détail : le fait que la supériorité aristocratique se manifeste aussi dans le langage est un point sur lequel Nietzsche revient très souvent. Donner un nom est un acte d'autorité : c'est le privilège des maîtres, des puissants[1], et ils forgeraient justement la morale aristocratique en se nommant, eux-mêmes, comme étant les *bons*.

La morale aristocratique ne désigne pas une théorie morale particulière mais plutôt un certain type d'évaluation morale qui a pu se manifester de diverses façons. La notion grecque d'*arété*, c'est-à-dire l'*excellence* ou la *vertu* (dont j'ai longuement parlé dans les chapitres consacrés au stoïcisme), pourrait par exemple être comprise comme une manifestation de ce type d'évaluation morale : être *vertueux* en ce sens grec, c'est *exceller*, c'est *réussir* dans le rôle que la nature nous a donné. De même pour la *virtus* des Romains qui renvoie à l'idée de force, de puissance, de courage (particulièrement à la guerre, la *virtus* étant la valeur du soldat par excellence). Cette exaltation romaine de la force n'est sans doute pas étrangère au fait que Nietzsche voit dans la Rome antique l'incarnation la plus achevée de la morale aristocratique[2].

1. « Le droit seigneurial de donner des noms s'étend si loin qu'on devrait s'autoriser à considérer l'origine même du langage comme une manifestation de la puissance des seigneurs ; ils disent : "c'*est* ainsi et pas autrement", ils scellent toute chose et tout événement par un son et en prennent ainsi possession, en quelque sorte » (*ibid.*, p. 37-38).
2. « Les Romains étaient bien les forts et les nobles, tels qu'il n'y en a jamais eu jusqu'ici sur terre, et tels même qu'il ne pourra jamais y en avoir de plus forts et de plus nobles » (*ibid.*, p. 63).

À quelle valeur ce *bon* aristocratique s'oppose-t-il ? Si le bon est celui qui excelle, qui domine, autrement dit le fort qui pose sa force comme valeur, son opposé sera logiquement le faible, celui qui échoue et s'incline. Est-il méchant ? Non : incapable, impuissant, raté, *nul*, il est *mauvais*. Seulement mauvais[1].

En somme, l'évaluation morale primitive selon Nietzsche est celle par laquelle les forts se posent eux-mêmes comme *bons*, et désignent par là indirectement tous les autres comme *mauvais*.

Penchons-nous maintenant sur ces mauvais. Deux mots reviennent sans cesse sous la plume de Nietzsche pour décrire leur psychologie : *haine* et *ressentiment*. Les faibles haïssent les forts, les impuissants haïssent les puissants, sans que cette haine puisse s'assouvir dans un acte ; elle restera donc couvée, intérieure, et c'est cette frustration de haïr sans pouvoir agir, cette rumination de la vengeance, qui produit ce que Nietzsche appelle le *ressentiment* (en français dans le texte). Les faibles sont les *hommes du ressentiment*. C'est dans ce chaudron que va naître une autre évaluation morale renversant la morale aristocratique :

1. Notez toutefois que le mot *mauvais* dans le langage ordinaire ne reflète pas toujours une évaluation aristocratique ; ainsi, quand on parle d'une mauvaise action, nous voulons presque toujours dire qu'elle est *malintentionnée*, c'est-à-dire *méchante*, et non *mauvaise* au sens aristocratique. Ce qui est *mauvais* au sens aristocratique l'est au sens où un coup dans un jeu peut être mauvais ; il manque son but, c'est *raté*, c'est un coup *faible*. Il n'y a là aucune méchanceté, ce n'est pas par une intention maligne qu'un mauvais joue mal ; il jouerait bien s'il le pouvait, mais il est impuissant à faire mieux que cela. On le plaint : il est malheureux d'être mauvais… (Notez qu'à l'inverse on ne plaint pas les méchants, on les accuse ; et s'ils ont l'impudence d'être heureux, on ne se gênerait pas pour souhaiter leur malheur !)

> « L'insurrection des esclaves dans la morale commence lorsque le *ressentiment* lui-même devient créateur et engendre des valeurs : le ressentiment d'êtres tels que la véritable réaction, celle de l'acte, leur est interdite, qui ne s'en sortent indemnes que par une vengeance imaginaire. Alors que toute morale noble procède d'un dire-oui triomphant à soi-même, la morale des esclaves dit non d'emblée à un "extérieur", à un "autrement", à un "non-soi" ; et c'est *ce* non-*là* qui est son acte créateur[1]. »

Tandis que la morale aristocratique naissait de l'*approbation de soi*, la morale du ressentiment naîtra de la *désapprobation des autres*. Les hommes du ressentiment ne peuvent se venger des forts qu'imaginairement, en dénigrant leurs actions. Certes, ils ne peuvent pas les dénigrer comme *mauvaises* (au sens de *ratées*, *nulles*), mais ils peuvent blâmer leurs intentions : leurs actions sont *méchantes*. Et c'est cette accusation de méchanceté qui sera l'acte fondateur de la morale du ressentiment, à partir de quoi, par opposition à ces méchants, eux-mêmes se considéreront comme bons. Cette construction est ainsi l'exact opposé de la morale aristocratique qui était fondée d'abord sur l'affirmation de soi comme bon.

> « Ce "mauvais" d'origine noble et ce "méchant" tiré du chaudron de la haine inassouvie – le premier est une création après coup, un à-côté, une couleur complémentaire, tandis que le second est l'original, le commencement, l'*acte* véritable

1. *Ibid.*, p. 48. (Il faudra bien sûr entendre l'expression *morale d'esclave* avec la même largesse de sens que l'expression *morale de maître* dont je parlais précédemment.)

> dans la conception d'une morale d'esclave –, quel contraste entre les deux termes "mauvais" et "méchant" opposés en apparence à la même notion de "bon" : qu'on se demande plutôt *qui* est vraiment "méchant" selon la morale du *ressentiment*. Réponse en toute rigueur : *justement* le "bon" de l'autre morale, justement le noble, le puissant, le dominateur, ici simplement travesti, réinterprété et déformé par le regard venimeux du *ressentiment*[1]. »

En somme, les bons devenus méchants, les mauvais deviennent bons : le tour de passe-passe n'est-il pas remarquable ? C'est un complet travestissement, une falsification de valeur : réapproprié par la morale du ressentiment, le mot *bon* reste le même mais le sens en est tout bonnement inversé par rapport à sa signification aristocratique originelle !

Cela étant posé, nous voilà prêts pour lire et tenter de comprendre un des passages les plus fameux de la *Généalogie de la morale*, la métaphore des agneaux et des rapaces :

> « Les agneaux gardent rancune aux grands rapaces, rien de surprenant : mais ce n'est point là une raison pour en vouloir aux grands rapaces d'attraper les petits agneaux. Mais si ces agneaux se disent entre eux : "Ces rapaces sont méchants ; et celui qui est aussi peu rapace que possible, qui en est plutôt le contraire, un agneau, celui-là ne serait-il pas bon ?", alors il n'y a rien à redire à cette construction d'un idéal, même si les rapaces doivent voir cela d'un œil un peu moqueur et se dire peut-être : "*Nous*, nous ne leur gardons nullement rancune, à ces bons agneaux, et même nous les aimons : rien n'est plus goûteux qu'un tendre agneau." Exiger de la force qu'elle ne se manifeste pas comme force, qu'elle ne

1. *Ibid.*, p. 51-52.

> soit pas volonté de domination, volonté de terrasser, volonté de maîtrise, soif d'ennemis, de résistances et de triomphes, c'est tout aussi absurde que d'exiger de la faiblesse qu'elle se manifeste comme force. [...] La morale du peuple sépare la puissance des manifestations de la puissance, comme s'il y avait derrière la puissance un substrat indifférent qui *serait libre* de manifester la puissance ou de ne pas le faire. Mais un tel substrat n'existe pas ; il n'existe aucun "être" derrière l'agir, le faire, le devenir ; l'"agent" est un ajout de l'imagination à l'agir, car l'agir est tout. [...] Quoi d'étonnant si les affects de vengeance et de haine, rentrés et couvant sous la braise, ne maintiennent aucun dogme avec plus de ferveur que celui qui affirme que *le fort est libre* d'être faible, et le rapace d'être agneau : – on s'arroge ainsi le droit d'imputer au rapace sa nature de rapace[1]... »

Notons déjà que cette métaphore animalière semble suggérer que la morale aristocratique repose sur une vision du monde où chaque être a une nature propre et figée : on est agneau ou rapace, faible ou fort. Les actes de chacun sont ensuite absolument inséparables de cette nature. C'est pourquoi exiger du fort d'agir comme un faible est absurde, aussi absurde que de demander à un rapace d'être un agneau.

Les agneaux, eux, ne voient pas les choses de cet œil. Ils haïssent le rapace qui les dévore, mais ne peuvent rien contre lui. Leur seule vengeance est d'accuser le rapace d'être *méchant*, acte créateur d'une morale du ressentiment. Examinons de plus près ce que cette accusation recouvre exactement. Le méchant, c'est celui qui ne *veut* pas être bon (c'est-à-dire faible) ; il n'est pas impuissant, il est malintentionné. À l'inverse, du point de vue de la morale aristocratique, il n'y a

1. *Ibid.*, p. 55-56.

aucun sens à *ne pas vouloir* être bon (c'est-à-dire fort) : en effet, qui voudrait être mauvais, c'est-à-dire échouer plutôt qu'exceller ? Le mauvais est celui qui *voudrait* être bon, mais ne le *peut* pas ; tandis que, du point de vue de la morale du ressentiment, le méchant est celui qui *pourrait* être bon, mais ne le *veut* pas. Ainsi, dire que le rapace est méchant, dire que les forts sont méchants, c'est supposer que le rapace *pourrait* être agneau, que le fort *pourrait* être faible ; et s'il ne l'est pas, c'est bien seulement parce qu'il ne le *veut* pas.

Pouvoir agir d'une façon ou d'une autre et s'y déterminer en fonction de sa volonté, n'est-ce pas l'idée même d'une action libre ? L'idée de méchant n'est en effet concevable que si celui-ci est *libre* de ne pas agir méchamment. Et la méchanceté s'attache ainsi avant tout aux actions et non à l'agent (celui qui agit), car l'agent doit toujours *pouvoir* être bon aussi bien que méchant : c'est *vouloir* une action méchante (alors que vous pourriez ne pas la faire) qui fait votre méchanceté. Voilà pourquoi, selon Nietzsche, toute la morale du ressentiment repose sur la croyance en un libre arbitre : il faut croire que « *le fort est libre* d'être faible, et le rapace d'être agneau ».

Les visions du monde sous-jacentes aux deux morales sont donc fondamentalement opposées. Pour la morale aristocratique, chaque être a une nature propre dont les actes sont l'expression immédiate, instinctive, absolument nécessaire, et l'idée même d'une distinction entre l'agent et ses actes, entre la volonté et l'action, paraît erronée. Pour la morale du ressentiment, au contraire, c'est cette distinction qui est centrale ; les agents sont détachés de leurs actions, ils peuvent choisir librement des actions méchantes ou bonnes, et cela nous justifie à haïr ceux qui font le choix d'agir méchamment : ils auraient pu faire un meilleur usage de leur liberté.

Plongeons une dernière fois dans le texte de Nietzsche avec cet extrait particulièrement violent qui conclut le passage sur les agneaux et les rapaces :

> « Lorsque les opprimés, les humiliés, les maltraités, sous l'empire de la ruse vengeresse de l'impuissance, se mettent à dire : "Soyons le contraire des méchants, c'est-à-dire bons ! Est bon quiconque ne fait violence à personne, quiconque n'offense, ni n'attaque, n'use pas de représailles et laisse à Dieu le soin de la vengeance, quiconque se tient caché comme nous, évite la rencontre du mal et du reste attend peu de chose de la vie, comme nous, les patients, les humbles et les justes." – Tout cela veut dire en somme, à l'écouter froidement et sans parti pris : "Nous, les faibles, nous sommes décidément faibles ; nous ferons donc bien de ne rien faire de tout ce pour quoi nous ne sommes pas assez forts." Mais ce rude état de fait, cette intelligence rudimentaire [...], par ce faux monnayage et cette mauvaise foi de l'impuissance, s'est drapé de la pompe d'une vertu de renoncement, de patience silencieuse, comme si la faiblesse même du faible, c'est-à-dire son essence, ses actes, toute sa réalité, singulière, inévitable, indéfectible, était un exploit délibéré, quelque chose de voulu, de choisi, une action, un mérite. Cette sorte d'homme a besoin de la foi dans un "sujet" doué d'une liberté de choix et d'indifférence, par un instinct de conservation, d'affirmation de soi, où chaque mensonge aime à se sanctifier. Le sujet (ou, pour faire plus populaire, l'âme) a peut-être été jusqu'ici le meilleur acte de foi, parce qu'il permettait au commun des mortels, aux faibles et aux opprimés de toutes sortes ce sublime mensonge à soi-même qui consiste à interpréter la faiblesse elle-même comme liberté et les avatars de cette faiblesse comme *mérites*. »

Après s'être convaincu que le rapace a librement choisi d'agir en rapace (et c'est en cela que le rapace est méchant), l'agneau peut ainsi se convaincre que lui-même a librement choisi d'agir en agneau (et c'est en cela que l'agneau est bon). S'il ne commet aucune violence, s'il ne se venge pas quand on l'offense, s'il supporte l'adversité patiemment, c'est bien parce qu'il l'a voulu ainsi. Tout au moins est-il agréable de le croire. Plutôt que reconnaître son impuissance à être fort, il est confortable de penser qu'on a soi-même renoncé à l'exercice de la force, ce que la morale du ressentiment permet de formuler en ces termes : « J'ai choisi, en mon âme et conscience et en toute liberté, de ne pas me conduire méchamment. » Et quel mérite, quel courage il faut pour faire ce choix ! Si l'agneau attend bien peu de la vie, ce n'est pas parce qu'il est incapable d'obtenir davantage, non, c'est par humilité. S'il fuit un affrontement, ce n'est pas par lâcheté, non, c'est qu'il refuse de se battre. La violence ne résout rien, dira-t-il. Le voilà qui va jusqu'à tendre la joue gauche après avoir été frappé sur la droite. Ô sublime miséricorde ! Prenez-en de la graine, vous autres rapaces qui ne voulez pas être aussi humble, patient, doux et paisible que ce petit agneau… Quel héros de sagesse il faut être pour savoir se contenter de brouter l'herbe du jour !

C'est en tout cas le genre de pensée que Nietzsche pourrait ironiquement attribuer au bon petit agneau, mais il ne manquerait pas d'ajouter que ce brave herbivore n'a pas les dents ni les griffes pour prétendre à mieux, et qu'en professant renoncer à ce qu'il ne pouvait obtenir de toute façon, il déguise en abnégation les effets inévitables de sa faiblesse.

Pour Nietzsche, c'est dans la pensée judéo-chrétienne que cette falsification des vertus est le plus développée. La figure du Christ est particulièrement symptomatique : que

Dieu tout-puissant choisisse le plus humble des hommes pour s'incarner, et qu'il aille jusqu'à se laisser *mettre en croix*, qu'il accepte d'être torturé et exécuté, n'est-ce pas la preuve définitive que la force peut renoncer à s'exercer, et qu'accepter la faiblesse est le plus sublime des exploits ? Il est bon d'être agneau puisque Dieu lui-même s'est fait agneau et s'est sacrifié ! Si tu souffres, si l'on t'offense, ne cherche donc pas à te venger, subis, tends l'autre joue : ce n'est pas seulement *bon*, c'est *vivre à l'imitation d'un Dieu.*

La pensée religieuse va jusqu'à nous consoler de toute souffrance actuelle en promettant une récompense incommensurable dans un autre monde. (Et l'on pourra aussi penser, sans trop s'en réjouir bien sûr, que les méchants y seront punis de la pire des façons.) « Les derniers seront les premiers », disait le Christ (et plus tard Céline Dion, pour ceux qui s'en souviennent) : peut-on exprimer plus clairement et simplement cette inversion des valeurs aristocratiques ? Que les faibles restent donc tranquilles : ils gagneront à la fin.

Mais ce n'est pas ici et maintenant que ce renversement aura lieu, seulement *dans un autre monde* : sur Terre, les derniers restent les derniers, et les premiers restent les premiers. C'est ainsi que l'homme du ressentiment en vient à déprécier le monde qui l'entoure, avec tant de méchants triomphants et tant de bons persécutés, et à ne supporter sa propre vie que dans l'espérance d'une autre meilleure, plus tard, dans un arrière-monde promis, le seul auquel il accorde réellement de la valeur. Or, aux yeux de Nietzsche, cet arrière-monde espéré est illusoire, et c'est en cela que la pensée religieuse mène à ce qu'il appelle le *nihilisme* : une évaluation morale niant toute valeur à ce qui existe. Selon lui, en effet, l'évaluation morale religieuse nie et déprécie la seule réalité qui soit, au profit d'une autre inexistante.

Nietzsche, à son époque, considérait que la morale du ressentiment avait triomphé avec le christianisme dont, selon lui, les valeurs dominaient et imprégnaient la culture européenne. Que penserait-il de ce début de XXIe siècle ? Si nos intuitions morales ont évolué sur bien des points, il ne semble pas que cela ait été dans un sens aristocratique[1] : nous louons plus que jamais l'altruisme, la compassion, l'égalité, le partage, la solidarité[2]. Et même si la promesse religieuse d'un paradis convainc de moins en moins, la haine et la dépréciation du monde tel qu'il est (opposé à ce qu'il devrait être ou à ce qu'il aurait dû rester, comme un paradis perdu) n'ont peut-être jamais été aussi fortes et répandues qu'aujourd'hui. Nous

1. On pourrait éventuellement reconnaître une forme dégénérée d'évaluation aristocratique dans une certaine idéologie du *mérite* et dans la distinction *winner/loser*. Dans l'esprit de certains, cette distinction n'est pas loin de prendre une signification morale, au sens où il serait proprement infâmant d'être un *loser* ; et à l'inverse bien vivre, mener une bonne vie, ce serait avant tout réussir, être un *winner*. On pourra identifier, quoique sous une forme bien pâle et amoindrie, les traits caractéristiques d'une évaluation aristocratique (affirmation de soi, valorisation de la force, d'un mérite individuel, et l'idée d'une nature *bonne* ou *mauvaise* que les actions ne font que révéler), mais cela reste très superficiel et cette morale du *winner* ne se compare pas à l'*arété* ou la *virtus* des Anciens.

2. Cette modernité démocratique et libérale qui s'esquissait à l'époque de Nietzsche lui inspirait le plus profond dégoût : « Nous ne travaillons pas pour le "progrès", nous n'avons pas même besoin de nous boucher l'oreille pour nous défendre des sirènes du marché de l'avenir – ce qu'elles chantent, "égalité des droits", "société libre", "plus de maîtres et plus d'esclaves", cela ne nous séduit pas ! – nous ne considérons tout simplement pas comme souhaitable que le royaume de la justice et de l'harmonie soit fondé sur terre (parce que ce serait dans tous les cas le royaume de la médiocrisation et de la chinoiserie la plus profonde) » (Friedrich Nietzsche, *Le Gai Savoir*, *op. cit.*, §377).

restons bien des *hommes du ressentiment*, songe Nietzsche caché sous sa moustache.

Pour aller plus loin :

Friedrich Nietzsche, ***Généalogie de la morale***, traduit de l'allemand par Éric Blondel *et al.*, Paris, Flammarion, « GF », 2002.

C'est une plongée terrible dans la psychologie souterraine du ressentiment : comment accouche-t-elle d'une évaluation morale ? Après cette première partie qui se penche sur la naissance du « méchant », deux autres du même tonneau vous attendent : l'une sur la faute, le châtiment et la mauvaise conscience, et l'autre sur les idéaux ascétiques. Le tout accompagné d'un appareil de notes particulièrement riche pour vous guider dans ce texte touffu.

Friedrich Nietzsche, ***Aurore***, traduit de l'allemand par Julien Hervier, Paris, Gallimard, 1989.

Une des œuvres les moins lues de Nietzsche et qui gagnerait à l'être davantage. Nietzsche y est moins péremptoire et prophétique que dans ses œuvres plus tardives, et celle-ci traite déjà des thèmes qui lui sont chers, notamment sur la morale et son origine dont il fait un phénomène animal, démontant au passage l'idée si chère aux philosophes d'une spécificité humaine de la morale : « Les origines de la justice comme celles de l'intelligence, de la mesure, de la vaillance – bref, de tout ce que nous désignons du terme de vertus socratiques – sont animales : conséquence de ces instincts qui apprennent à chercher sa nourriture et à échapper à ses ennemis. Si nous considérons maintenant que même l'homme supérieur ne s'est élevé et affiné que dans sa façon de se nourrir et dans l'idée qu'il se fait de ce qui lui est nuisible, il ne nous sera pas interdit de qualifier d'animal le phénomène moral tout entier » (I, § 26).

Daniel Halévy, *Nietzsche*, Paris, Le Livre de Poche, 2000.

Mettre en perspective la philosophie d'un auteur et les éléments de sa vie (interpréter sa pensée comme un symptôme de cette vie) est une idée très nietzschéenne ; et il faut bien avouer qu'aborder Nietzsche lui-même sous cet angle est particulièrement tentant, si bien que la lecture de cette excellente biographie est peut-être la meilleure façon d'inviter à entrer ensuite dans son œuvre. (Je pourrais aussi conseiller le très beau *Nietzsche* de Zweig, même si le ton est peut-être un peu trop dithyrambique pour être lucide.)

LUDWIG WITTGENSTEIN

Le gros livre

« Des faits, des faits – des faits mais non de l'éthique »

Ludwig Wittgenstein est né en 1889 dans l'une des familles les plus riches et cultivées de Vienne. Et sans doute l'une des plus morbides. Sous l'égide d'un père exigeant et d'une mère anxieuse, la famille comptait huit enfants parmi lesquels cinq garçons, dont trois finirent par se suicider. Un autre, Paul, devint le plus célèbre pianiste manchot (pour qui Ravel écrivit son *Concerto pour la main gauche*). Quant au jeune Ludwig, après s'être lancé dans des études d'ingénieur en aéronautique, il découvrit et dévora les travaux de Bertrand Russell sur le problème des fondements des mathématiques et de la logique, se mit en tête de le résoudre, pour devenir quelques années plus tard l'un des philosophes les plus importants et fascinants du XXe siècle. Ce n'est pas si mal.

Ludwig était le plus jeune de la fratrie, et il se trouve être aussi le benjamin de la tribu de philosophes présentée dans ce livre : le grand Russell, que je réserve pour le dernier chapitre, était de dix-sept ans son aîné, quoique Wittgenstein mourut le premier, emporté par le cancer en 1951. Les derniers mots qu'il prononça ont je ne sais quoi de simple et émouvant : « Dites-leur que j'ai eu une vie merveilleuse. »

À bien des égards, Wittgenstein ressemble moins aux philosophes universitaires de son époque qu'aux sages un peu fous de l'Antiquité. Les témoignages de tous ceux qui l'ont connu dressent un portrait qui semble souvent à la limite du prodigieux. Russell décrivait dans son autobiographie l'effet que ce jeune Autrichien, débarqué de nulle part, lui fit dès leur première rencontre à Cambridge en 1911 : « Il était peut-être le plus parfait exemple que j'ai connu du génie comme on le conçoit traditionnellement : passionné, intense, profond et dominateur[1]. » Ce sentiment fut partagé par la plupart de ses contemporains. Les anecdotes rapportées au sujet de Wittgenstein sont parfois si saugrenues que je ne peux m'empêcher de songer qu'il ne manque que la patine du temps pour en faire de ces petites légendes philosophiques à la façon de Diogène ou Pyrrhon. L'une des plus célèbres concerne une discussion d'une dizaine de minutes entre le philosophe Karl Popper et Wittgenstein, au cours de laquelle celui-ci aurait saisi un tisonnier brûlant et l'aurait brandi sous le nez du conférencier en s'écriant : « Donnez-moi un exemple de règle morale ! » Karl Popper dans ses mémoires raconte avoir répondu : « Ne pas menacer les conférenciers invités avec un tisonnier. » Après quoi Wittgenstein serait sorti en claquant la porte[2].

Conscient de son génie et excessivement intolérant à l'égard de tout ce qu'il percevait comme médiocre, il était sans doute

1. Cité par Brian McGuiness, *Wittgenstein : A Life : Young Ludwig 1889-1921*, Oakland, University of California Press, 1988, p. 118.

2. Il y a en fait autant de versions de l'incident que de témoins de celui-ci, et la version de Popper que je viens de résumer est l'une des plus douteuses, car elle est précisément toute à son avantage. Voir Hervé Dumez, « Quand Wittgenstein rencontre Popper – Ou comment tisonner le débat intellectuel », *Le Libellio d'AEGIS*, 2007, 3 (3).

assez insupportable, et lui-même supportait assez mal la société des autres : Wittgenstein chercha tout au long de sa vie diverses formes de retraites, que ce soit dans la solitude proprement dite ou dans l'exercice d'une vie simple. Après la Première Guerre mondiale (où il s'enrôla volontairement dans une unité d'artillerie, non pas par patriotisme mais fasciné par l'idée de côtoyer la mort), il fut instituteur, puis jardinier, et la vie monastique le tenta pour un temps ; plus tard encore, il se rendit en Union soviétique où il refusa d'exercer un poste de professeur, préférant un travail manuel. Ce n'est qu'en surmontant de nombreuses réticences qu'il accepta, à diverses reprises au cours de sa vie, d'enseigner quelques années à Cambridge, avant de renoncer et de s'isoler à nouveau. (Par ailleurs, héritant dans sa jeunesse d'une immense fortune à la mort de son père, il la distribua entièrement à ses amis et sa famille, avec interdiction de la lui rendre : mieux valait, selon lui, se débarrasser de ce « fardeau ».)

Voilà pour le portrait rapide de cette énigmatique figure de la philosophie du XXe siècle. Lorsque je m'efforce de présenter Wittgenstein et d'expliquer un de ses textes en cours (et cela m'est arrivé bien souvent car c'est un de mes auteurs de prédilection), je me le représente souvent au coin de la pièce, armé d'un tisonnier, proférant en allemand divers noms d'oiseau, et me reprochant de n'avoir, comme tous les autres, *rien* compris à ce qu'il écrivait ! (N'importe quel spécialiste d'un auteur comme Wittgenstein ou Nietzsche devrait contempler longuement l'idée que ces philosophes n'auraient probablement eu qu'un immense mépris pour tous ceux qui les étudient...) Mais peu importe. Je veux bien prendre le risque d'un coup de tisonnier de l'ombrageux Wittgenstein pour discuter d'un passage de sa *Conférence sur l'éthique*.

L'ouvrage connu sous ce titre est un texte des plus minces (à peine une dizaine de pages) qui retranscrit une conférence prononcée par Wittgenstein en 1929, alors qu'il était invité à Cambridge. Bien qu'il n'ait à cette date publié qu'un seul livre, une décennie plus tôt, intitulé en bon allemand *Tractatus logico-philosophicus*[1], l'extraordinaire attention que cette œuvre avait attirée en Autriche aussi bien qu'en Angleterre (notamment grâce à l'appui de Russell[2]) faisait déjà de Wittgenstein une sorte de célébrité philosophique.

Le *Tractatus logico-philosophicus*, écrit en partie pendant que Wittgenstein était au front dans l'armée allemande durant la Première Guerre mondiale, ne prétendait rien de moins que résoudre absolument tous les problèmes philosophiques en montrant qu'ils naissent d'une mécompréhension de la logique de notre langage. Son but était de mettre un point final à la philosophie (et de montrer au passage que ce n'était, somme toute, pas grand-chose).

À première vue, le *Tractatus* est un bizarre petit traité de logique, aux propositions souvent cryptiques, méticuleusement numérotées, et dont toute l'ambition semble résumée dans l'une de ses dernières :

> « 6.53 – La méthode correcte en philosophie consisterait proprement en ceci : ne rien dire que ce qui se laisse dire, à savoir les propositions de la science de la nature – quelque

1. Le philosophe G. E. Moore (lui-même auteur des *Principia Ethica*) aurait convaincu Wittgenstein d'adopter ce titre alambiqué, inspiré par le *Tractatus theologico-politicus* de Spinoza ; le traité de Wittgenstein n'avait pourtant pas besoin de cela pour se rendre effrayant.
2. Wittgenstein avait toutefois refusé la publication de son texte précédé d'une préface de Russell qui, jugeait-il, n'avait rien compris à son œuvre.

> chose qui par conséquent n'a rien à faire avec la philosophie –, puis quand quelqu'un d'autre voudrait dire quelque chose de métaphysique, lui démontrer toujours qu'il a omis de donner, dans ses propositions, une signification à certains signes[1]. »

Autrement dit, la meilleure façon de philosopher est de se taire, puisque c'est à la science de parler. Un bon philosophe est un philosophe muet, ou qui impose le silence aux mauvais philosophes (à coups de tisonnier, éventuellement).

Quelques lignes plus loin, l'ouvrage se concluait sur son plus célèbre aphorisme :

> « Sur ce dont on ne peut parler, il faut garder le silence[2]. »

Et le silence fut gardé. Après cet ouvrage qui marqua la communauté philosophique (et surtout le Cercle de Vienne, un dangereux gang de positivistes qui prenaient un malin plaisir à malmener les métaphysiciens spéculant à vide), Wittgenstein se retira presque complètement du débat philosophique durant une dizaine d'années. Ce n'est qu'en 1929, donc, qu'il accepta une invitation pour une conférence à Cambridge où il choisit de parler d'éthique, soit précisément *ce dont on ne peut parler*.

Pour quelle raison ? Et comment parler du fait qu'on ne peut pas en parler ? C'est justement pour parler de tout cela,

---

1. Ludwig Wittgenstein, *Tractatus logico-philosophicus*, traduit de l'allemand par Gilles-Gaston Granger, Paris, Gallimard, 1993, p. 112.
2. *Ibid.* On attribue souvent le numéro 7 à cette proposition : c'est en effet le numéro qu'elle *devrait* avoir dans la logique de la numérotation du *Tractatus logico-philosophicus*, mais le texte ne l'indique pas ; et c'est la seule proposition du traité à être dans ce cas : toutes les autres sont bien numérotées.

tant bien que mal, qu'il proposera la fameuse expérience de pensée du *gros livre*.

> « Supposez que l'un d'entre vous soit omniscient, et que par conséquent il ait connaissance de tous les mouvements de tous les corps, morts ou vivants, de ce monde, qu'il connaisse également toutes les dispositions d'esprit de tous les êtres humains à quelque époque qu'ils aient vécu, et qu'il ait écrit tout ce qu'il connaît dans un gros livre ; ce livre contiendrait la description complète du monde[1]. »

Le livre doit être bien gros, en effet, puisque c'est le monde qu'il contient. Dans ses moindres détails, à tous les niveaux, sous tous les aspects : tous les faits y sont couchés sur le papier, des plus énormes aux plus microscopiques. Ou pour le dire autrement, ce *gros livre* contiendrait très exactement toute vérité dont *on peut* parler, toutes les propositions vraies exprimables dans quelque langage que ce soit[2].

Le livre serait instructif à ce titre (quoique un peu rébarbatif), mais ce qui le rend le plus intéressant aux yeux de Wittgenstein, ce n'est pas tant ce qu'il contient que justement

1. Ludwig Wittgenstein, *Conférence sur l'éthique*, traduit de l'allemand par Jacques Fauve, Paris, Gallimard, 1978, p. 11.

2. Tout bien considéré, ce gros livre devrait compter probablement plus de pages qu'il n'y a de particules dans l'univers, ce qui risque de décourager la plupart des imprimeurs. En outre, sitôt le *Gros livre (première édition)* publié, il serait incomplet et appellerait un *Gros livre (seconde édition revue et augmentée de la description complète du Gros livre (première édition))*. Et ainsi de suite. Aussi, pour des raisons de cohérence et d'économie éditoriale, ne nous gênons pas pour admettre que le gros livre n'est pas une partie du monde qu'il décrit (et que le grammage du papier est nul : on pourra même en faire un livre de poche).

tout ce qu'il ne contient *pas*, tout ce sur quoi le livre ne peut que *se taire* :

> « Et le point où je veux en venir, c'est que ce livre ne contiendrait rien que nous appellerions un jugement éthique ni quoi que ce soit qui impliquerait logiquement un tel jugement. Naturellement, il contiendrait […] toutes les propositions scientifiques vraies, et en fait toutes les propositions vraies qui peuvent être formulées. Mais tous les faits décrits seraient en quelque sorte au même niveau, et de même toutes les propositions seraient au même niveau.
> « Il n'y a pas de proposition qui, en quelque sens absolu, soit sublime, importante ou triviale. […] Par exemple, si nous lisons dans notre livre du monde la description d'un meurtre, avec tous ses détails physiques et psychologiques, la pure description de ces faits ne contiendra rien que nous puissions appeler une proposition éthique. Le meurtre sera exactement au même niveau que n'importe quel autre événement, par exemple la chute d'une pierre. Assurément, la lecture de cette description pourrait provoquer en nous la douleur, la colère ou toute autre émotion, ou nous pourrions lire quelle a été la douleur ou colère que ce meurtre a suscité chez les gens qui en ont eu connaissance, mais il y aura là seulement des faits, des faits – des faits mais non de l'éthique.
> « […] L'éthique, si elle existe, est surnaturelle, alors que nos mots ne veulent exprimer que des faits ; comme une tasse à thé qui ne contiendra jamais d'eau que la valeur d'une tasse, quand bien même j'y verserais un litre d'eau[1]. »

Curieuse image que cette tasse impuissante à recueillir plus d'eau qu'elle n'en peut contenir. Il me vient à l'esprit qu'au Japon, verser généreusement le saké jusqu'à ras bord est une

1. *Ibid.*, p. 11-12.

marque de politesse, et parce qu'il est bon d'en faire trop dans la politesse, surtout au Japon, il est courant de voir votre hôte servir le saké au-delà du bord de la tasse. Et l'on pourrait se récrier avec Wittgenstein : « Mais enfin ! Une tasse à saké ne contiendra jamais de saké que la valeur d'une tasse, quand bien même j'y verserais un litre de saké. » Mais c'est sans compter une subtilité de vaisselle : une large soucoupe est placée sous la tasse à saké, destinée à recueillir l'excédent. Et après avoir bu la tasse, vous boirez la soucoupe. (La soucoupe, de forme carrée, a fini par être précisément conçue pour cet usage.) Mais il y a un hic : par politesse, c'est la soucoupe qu'il est maintenant convenu de remplir jusqu'à ras bord. Encore quelques décennies de raffinements de politesse et je prévois que ce sera le plateau sous la soucoupe qu'il faudra remplir. (Pourrait-on faire de même en plaçant la tasse du langage sur une soucoupe de métalangage qui pourrait recueillir et exprimer ce qui en déborde ? Mais faudra-t-il alors un méta-métalangage sous le métalangage ?)

Bref. Après cette digression, permettez-moi de resservir un litre de café dans votre soucoupe et reprenons sur Wittgenstein et son expérience de pensée du gros livre. Pour la comprendre un peu mieux, il est en fait indispensable de se pencher de plus près sur le terrible et fameux *Tractatus logico-philosophicus* : ce petit traité pourrait être lu comme une préface au *gros livre*.

L'idée générale du *Tractatus*[1] est fascinante : tracer à l'intérieur du langage les limites de ce qu'un langage, quel qu'il

1. Tel est le petit nom qu'on donne à ce petit livre. Attention à ne pas prononcer *TractaCus* comme un profane. Pour peu qu'une révolte sanglante soulève les wittgensteiniens, je ne doute pas qu'ils feront un *schibboleth* de cette mauvaise prononciation si répandue.

soit, peut exprimer ; et donc, les limites de ce que le gros livre pourra contenir. C'est une approche qui n'est pas sans rappeler la démarche transcendantale de la *Critique de la raison pure*. Kant étudiait les conditions de possibilité de la connaissance, autrement dit il cherchait à répondre à la question : « Que puis-je connaître ? » ; Wittgenstein dans le *Tractatus* radicalise encore la démarche en s'interrogeant sur les *conditions de possibilité du langage* (ou plus exactement d'un langage *pourvu de sens*). En somme, on se demande : que puis-je dire (qui ait un sens) ? Il semble en effet nécessaire de répondre à cette question pour que n'importe quelle question (dont celle-ci) puisse se poser.

Pour la traiter, Wittgenstein développe une conception très générale du langage et de son rapport au *monde* ou à la *réalité* ; ces mots dans le *Tractatus* semblent surtout servir à désigner de façon générale *ce dont le langage veut parler*. L'idée centrale de sa théorie de la signification est alors la suivante : le monde se décompose en une diversité de faits et une proposition est vraie dans la mesure où elle est l'image logique d'un fait. Expliciter cette notion d'*image logique d'un fait* est un des principaux enjeux du *Tractatus* dont je ne saurais décemment rendre compte en quelques pages ; mais, en première approximation, on pourrait dire qu'il s'agit de représenter une certaine configuration d'éléments de la réalité au moyen d'une configuration d'éléments du langage ; cette configuration d'éléments du langage est ce qu'il appelle une proposition, tandis que la configuration d'éléments de la réalité qu'elle représente sert à figurer un fait possible. (Ludwig, pose ce tisonnier, je t'en prie… Je suis bien obligé de simplifier un petit peu les choses !) De là, très grossièrement, on peut dire que la vérité d'une proposition résidera dans sa correspondance à un fait. Par exemple, la proposition

« Wittgenstein était à Cambridge en 1929 » est rendue vraie par le fait que Wittgenstein était à Cambridge en 1929. (Expliquer cela comme je viens de le faire, c'est-à-dire *au moyen d'un langage*, pose l'apparent problème que, pour désigner le fait, je n'ai pu que répéter la proposition en ôtant les guillemets, ce qui semble une pure convention n'expliquant rien. Il faut bien comprendre qu'il est inévitablement délicat d'exprimer *dans le langage* le rapport du langage au monde. Cette difficulté est abyssale. C'est désespérément que nous donnons du front contre les murs du langage, dirait le sage autrichien avant de me donner un violent coup de tisonnier pour illustrer son propos.)

Une proposition est fausse quand, au contraire, elle ne correspond pas à un fait, mais que l'on *peut concevoir un fait qui la rendrait vraie*. Par exemple, « Wittgenstein se tient derrière moi, un tisonnier à la main » est faux, mais le fait qui rendrait cette proposition vraie est tout à fait concevable. Je l'imagine parfaitement…

Enfin, une proposition qui ne correspond ni ne pourrait correspondre à aucun fait concevable, ce serait une proposition simplement dénuée de sens[1]. Une telle proposition n'exprime

1. Il y a deux cas limites de la proposition pourvue de sens selon Wittgenstein : la tautologie et la contradiction. Les tautologies, c'est-à-dire les vérités purement formelles comme « A ou non-A », sont vraies quel que soit le monde : elles ne correspondent donc à aucun fait en particulier. De même, une contradiction est fausse quel que soit le monde et ne peut donc correspondre à aucun fait. Mais tautologies et contradictions sont très différentes des propositions *mal formées* (et qui, pour cette raison, ne correspondent elles non plus à aucun fait) : ce sont ces dernières que Wittgenstein appelle *unsinnig*, c'est-à-dire « dénuées de sens ». Tautologie et contradictions, qui sont des propositions bien formées, sont seulement appelées *Sinnloss* c'est-à-dire « de sens vide » : elles *ont un sens*, mais ce sens ne nous dit rien du monde où nous

strictement rien. Et c'est là ce qui trace la limite de la signification : ce que le langage peut exprimer, ce sont « seulement des faits, des faits – des faits mais non de l'éthique ».

Qu'est-ce en effet qu'une proposition proprement éthique ? Ce serait une proposition qui exprimerait un *devoir absolu* ou une *valeur absolue*, une valeur qui, justement, ne peut pas être réduite à des faits. (Cette conception recouvre en fait aussi bien les valeurs éthiques qu'esthétiques : aux yeux de Wittgenstein, ces dernières relèvent du même non-sens ; il n'y a pas de distinction nette entre les deux champs.) Qu'un meurtre ait lieu, par exemple, ce n'est qu'un fait ; et la proposition « Ce meurtre a eu lieu » ainsi que tous les détails du meurtre et de ses effets sur le monde seraient décrits dans le gros livre. Mais la proposition « Ce meurtre est un mal » ou « Ce meurtre est un fait qui importe moralement davantage que la chute d'une pierre » ne s'y trouverait pas car elle ne correspond à aucun fait[1].

---

sommes. (Pour être encore plus exact, le sens d'une proposition dans le *Tractatus* n'est pas tant la correspondance à *un* fait en particulier que la façon dont la proposition établit, sur l'ensemble de tous les mondes possibles dont le langage pourrait parler, le sous-ensemble de mondes où la proposition est vraie : chaque sous-ensemble de l'ensemble des mondes possibles correspond donc au *sens* d'une proposition. Tautologie et contradiction correspondent alors aux deux cas extrêmes de ce sous-ensemble : dans le cas d'une tautologie, l'ensemble des mondes où la proposition est vraie inclut tous les mondes possibles ; dans le cas de la contradiction, il n'inclut rien. Dans les deux cas, cela ne permet pas de distinguer entre des mondes où la proposition est vraie, et d'autres où elle est fausse. C'est dans cette mesure que leur sens est vide : il ne fait aucune différence.)

1. Les propositions « Ce meurtre a causé beaucoup de souffrances », « Ce meurtre est blâmé par telle et telle communautés humaines » seraient sans doute écrites dans le gros livre parce qu'elles correspondent

L'idée centrale est là : il n'y a pas de *fait de valeur absolue*, pas de *fait éthique*. Or, s'il n'y a pas de fait auquel une proposition puisse correspondre, c'est qu'elle n'a pas de sens. Les propositions éthiques sont donc dénuées de sens. Elles *semblent* vouloir dire quelque chose du monde, mais elles n'expriment en fait tout simplement rien. Telle est la leçon du gros livre. Et il y a ceci d'étrange que, bien que ce gros livre contiennent toutes les propositions vraies qui puissent être exprimées, cette importante leçon qu'on en tire n'y est pourtant pas contenue : la proposition « les propositions éthiques sont dénuées de sens », elle non plus, n'est pas *vraie* à strictement parler, elle est tout aussi dénuée de sens. Et ainsi de suite.

On en vient ainsi à reconnaître que la seule façon correcte de parler d'éthique est de ne pas en parler. Voilà pourquoi l'injonction finale du *Tractatus*, « Sur ce dont on ne peut parler, il faut garder le silence », a une dimension éthique. Mais cet aphorisme non plus n'a pas sa place dans le gros livre : il n'exprime aucun fait ; ce qu'il cherche à exprimer est au-delà de ce que le langage peut exprimer. Parfaitement comprendre cette formule, c'est paradoxalement comprendre qu'elle est

---

bien à des faits ; mais ces propositions ne sont pas éthiques en elles-mêmes et n'impliquent pas de propositions éthiques. Vous ne pouvez pas en tirer que « Ce meurtre est mal » à moins de supposer quelque principe plus général comme « Ce qui cause de la souffrance est mal » ou « Ce qui est généralement blâmé par des communautés humaines est mal » ; or, ces propositions ne semblent pas correspondre à des faits et ne devraient pas être inscrites dans le gros livre. Toute morale conséquentialiste, qui assigne donc un objectif à la morale, commence par poser un tel principe, une sorte d'axiome moral permettant d'évaluer certaines situations comme *moralement meilleures* que d'autres, qui ne correspond à aucun fait, et serait donc dénué de sens aux yeux de Wittgenstein.

dénuée de sens, et qu'on ne peut donc pas la comprendre à strictement parler, et que, de même, l'ensemble du *Tractatus* est dénué de sens. Il faut, précisait Wittgenstein dans l'avant-dernière proposition de l'ouvrage, « jeter l'échelle après être monté ». Et il ne reste plus qu'à garder le silence.

…

Je le brise toutefois (et après tout Wittgenstein l'a brisé lui-même pour prononcer une *Conférence sur l'éthique* qui, en toute rigueur, aurait dû être un long silence) pour ajouter quelques mots.

D'une part, le silence de Wittgenstein sur l'éthique ne signifie en aucune façon qu'il n'y accorde pas d'importance, tout au contraire ; ainsi écrivait-il au sujet du *Tractatus* :

> « Mon livre consiste en deux parties : celle ici présentée, plus ce que je n'ai pas écrit. Et c'est précisément cette seconde partie qui est la partie importante. Mon livre trace pour ainsi dire de l'intérieur les limites de la sphère de l'éthique, et je suis convaincu que c'est la *seule* façon rigoureuse de tracer ces limites. En bref, je crois que là où tant d'autres aujourd'hui pérorent, je me suis arrangé pour tout mettre bien à sa place en me taisant là-dessus[1]. »

Sous son aspect de froid livre de logique, le *Tractatus* serait donc un texte dont la visée est avant tout éthique : ce qui y est important, c'est tout ce qu'il ne contient pas et ne peut pas contenir, tout ce qui déborde de la tasse du langage dont le livre s'efforce de tracer les bords logiques.

---

1. Lettre à Ludwig von Fricker, citée par Christiane Chauviré, *Wittgenstein*, Paris, Seuil, 1989, p. 75.

L'importance qu'il accorde à cette dimension éthique est encore soulignée de façon éloquente dans les derniers mots de sa *Conférence sur l'éthique* où transparaît un fond de pensée mystique :

> « Tout ce à quoi je tends – et, je crois, ce à quoi tendent tous les hommes qui ont une fois essayé d'écrire ou de parler sur l'éthique ou la religion – c'est d'affronter les bornes du langage. C'est parfaitement, absolument sans espoir de donner ainsi du front contre les murs de notre cage. [...] Mais [l'éthique] nous documente sur une tendance qui existe dans l'esprit humain, tendance que je ne puis que respecter profondément quant à moi, et que je ne saurais sur ma vie tourner en dérision[1]. »

Une remarque finale : l'argument du gros livre de Wittgenstein est souvent comparé à la fameuse *guillotine de Hume*. C'est ainsi qu'on appelle le principe attribué à David Hume selon lequel on ne peut pas passer logiquement d'un *est* [*is*] à un *doit être* [*ought*] ; autrement dit, la description de ce qui est ne peut jamais suffire à impliquer logiquement la prescription de ce qui doit être[2].

---

1. Ludwig Wittgenstein, *Conférence sur l'éthique*, *op. cit.*, p. 19-20.
2. Le véritable passage de Hume est le suivant : « Dans tous les systèmes de moralité que j'ai rencontrés jusqu'ici, j'ai toujours remarqué que l'auteur procède quelque temps de la manière ordinaire de raisonner, et établit l'existence d'un Dieu, ou fait des observations, concernant les affaires humaines ; quand soudain je suis étonné de trouver qu'au lieu de rencontrer les copules habituelles *est* et *n'est pas*, je ne trouve aucune proposition qui ne soit connectée avec des *doit* ou *ne doit pas*. Ce changement est imperceptible, mais a néanmoins de grandes conséquences. Car comme ce *doit* ou *ne doit pas* exprime quelque nouvelle relation ou affirmation, il est nécessaire

Mais que vient faire une guillotine dans tout cela, me direz-vous ? Eh bien, je n'en sais rien : je n'ai jamais trouvé l'origine de cette expression, mais ce principe de Hume semble en effet couper l'herbe sous le pied de bien des philosophies morales.

Pour aller plus loin :

Ludwig Wittgenstein, ***Conférence sur l'éthique***, traduit de l'allemand par Jacques Fauve, Paris, Gallimard, 2008.

Cette édition très bien réalisée complète le bref texte de la conférence par des extraits des notes de Friedrich Waisman sur ses conversations avec Wittgenstein (ce qui donne plus que jamais l'impression que le cryptique Autrichien est traité comme un sage de l'Antiquité dont les disciples notent fidèlement chaque parole), et par un dossier présentant la vie du philosophe et divers aspects de sa pensée.

Ludwig Wittgenstein, ***Le Cahier bleu et le Cahier brun***, traduit de l'allemand par Marc Goldberg et Jérôme Sackur, Paris, Gallimard, « Tel », 2004.

---

que celle-ci soit observée et expliquée, et qu'en même temps une raison soit donnée pour ce qui semble tout à fait inconcevable, que cette relation puisse être une déduction d'autres qui en sont entièrement différentes. Mais comme les auteurs n'utilisent pas fréquemment cette précaution, je me permets de la recommander au lecteur, et je suis persuadé que cette petite attention fera succomber tous les systèmes vulgaires de moralité et nous fera voir que la distinction entre le vice et la vertu n'est pas fondée simplement sur la relation entre objets ni n'est perçue par la raison » (David Hume, *Traité de la nature humaine*, III, I, I, traduit de l'anglais par Philippe Folliot, en ligne).

L'auteur du *Tractatus logico-philosophicus* et de la *Conférence sur l'éthique* n'est que le *premier* Wittgenstein : après son retour à Cambridge, sa pensée va beaucoup évoluer et remettre en cause certaines de ses idées les plus importantes, en particulier celles qui concernent la nature de la signification comme image logique des faits. Tout en restant fidèle à l'idée que les problèmes philosophiques naissent de mécompréhensions quant à la nature du langage, le second Wittgenstein sera beaucoup plus attentif à ses nombreuses dimensions pragmatiques, ne cherchant plus à établir une *forme générale de la proposition*, mais étudiant plutôt la diversité des *jeux de langage*. Rien ne sera publié du vivant de Wittgenstein mais la plus grande partie des travaux datant de cette seconde période de sa vie sera publiée de façon posthume. Le *Cahier bleu* n'est pas son texte le plus connu mais il constitue le premier exposé de la pensée de ce second Wittgenstein, et c'est surtout le seul dont la présentation suit un ordre, ce qui le rend beaucoup plus agréable à lire. Le reste de ses travaux, en particulier les *Recherches philosophiques*, consiste plutôt en des suites de remarques plus ou moins brèves dont on peine bien souvent à voir le fil conducteur… (Notez que le *Cahier bleu* est presque toujours édité en compagnie d'un texte très différent portant un titre similaire : le *Cahier brun*. Wittgenstein y multiplie *ad nauseam* des expériences de pensée sur divers jeux de langage. Amusant sur quelques pages, cela devient vite fatigant.)

Ray Monk, *Wittgenstein. Le devoir de génie*, traduit de l'anglais par Abel Gerschenfeld, Paris, Flammarion, 2009.

Comme je l'évoquais au début de ce chapitre, il me semble que la vie et la personnalité de Wittgenstein sont particulièrement fascinantes, et il n'y a sans doute pas de meilleure façon de les découvrir qu'à travers cette excellente biographie de Ray Monk, qui peut aussi servir d'introduction à la pensée de Wittgenstein (ou tout au moins d'invitation à l'étudier de plus près).

BERTRAND RUSSELL

À quoi bon philosopher ?

« C'est dans son incertitude même que réside largement la valeur de la philosophie »

Le philosophe britannique Bertrand Russell est mort en 1970 à l'âge de quatre-vingt-dix-sept ans, et je suis surpris qu'aucun *biopic* n'ait encore été consacré à cette *rock star* de la philosophie. Que ce soit sur le plan purement intellectuel, pour ses engagements politiques et sociaux, ou encore dans sa vie personnelle et surtout amoureuse, son existence fut si riche et romanesque qu'il me sera difficile de l'évoquer ici en quelques paragraphes sans commettre d'importantes omissions.

Je mettrai de côté les tumultes politiques et les affaires de cœur (c'est-à-dire au moins les deux tiers de sa vie[1]) pour

1. Russell l'exprimait dès les premiers mots de son autobiographie : « Trois passions, simples mais irrésistibles, ont commandé ma vie : le besoin d'aimer, la soif de connaître, et le sentiment presque intolérable des souffrances du genre humain. » Je m'intéresserai donc surtout à la deuxième passion ; si je voulais ici relater les événements les plus marquants relatifs aux deux autres, cette note serait à n'en pas douter la plus longue du livre (et pas la moins intéressante). Pour limiter l'invasion du bas de page sur le haut, je m'en tiendrai à dire qu'il vécut et inspira de nombreuses passions amoureuses, certaines conjugales (il se maria quatre fois), d'autres non ; quant à ses engagements moraux

dire seulement quelques mots de son activité scientifique et philosophique. Russell est d'abord mathématicien et logicien. En 1903, dans ses *Principes de mathématiques*, il attire l'attention de ses collègues sur un étrange paradoxe : l'ensemble de tous les ensembles qui ne s'appartiennent pas eux-mêmes s'appartient-il lui-même ? Si oui, alors non ; et si non, alors oui ; d'où une contradiction[1]. Ce petit nœud logique, que l'on appellera le *paradoxe de Russell*, a ceci d'amusant et de terrible qu'il tend à se former un peu partout dans les systèmes formels quand on n'y prend pas garde, ce qui jouera un rôle important dans la crise des fondements des mathématiques. Le logicien allemand Gottlob Frege en fit les frais, lui qui s'efforçait de construire l'arithmétique sur des principes purement logiques dans ses *Fondements de l'arithmétique* : Russell lui envoya une lettre en 1903 pour lui signaler, avec

---

et politique, Russell fit preuve, tout au long du XXe siècle, d'une clairvoyance qui l'honore (et qui le mena notamment deux fois en prison, dont la dernière à l'âge de quatre-vingt-neuf ans). Si cette esquisse vous donne envie d'en savoir davantage, je ne peux que vous recommander la lecture de son autobiographie.

1. Depuis que Cantor avait introduit les ensembles, les mathématiciens se reposaient sur une conception intuitive de ceux-ci selon laquelle on pouvait spécifier n'importe quelle condition pour définir l'ensemble des x qui satisfont cette condition. Mais Russell fit remarquer que la condition *x n'appartient pas à x* créait une contradiction : en effet, appelons R l'ensemble des x tels que *x n'appartient pas à x*. La question cruciale est : R appartient-il à R ? Vous ne tarderez pas à vous rendre compte que si R appartient à R, alors il ne doit pas appartenir à R (en vertu de sa définition : les membres de R ne doivent pas s'appartenir eux-mêmes), et réciproquement, si R n'appartient pas à R, alors il doit appartenir à R (à nouveau, en vertu de sa définition : un ensemble qui ne s'appartient pas lui-même doit appartenir à R). Ainsi, R ne peut ni appartenir ni ne pas appartenir à R. C'est là le fameux *paradoxe de Russell* dont les logiciens ne se lasseront jamais d'inventer des variantes.

beaucoup d'amabilité, que l'un des principes de sa théorie permettait la construction d'un paradoxe de ce type, ce qui l'invalidait entièrement. Frege dut le reconnaître et ajouta à son ouvrage un appendice exposant avec rigueur et précision deux façons de construire le paradoxe fatal qui détruisait sa propre théorie. Si ce n'est pas de l'honnêteté intellectuelle, je ne sais pas ce que c'est.

Russell s'efforcera, avec son ami Alfred Whitehead, de reprendre le projet de Frege : réduire les mathématiques (ou au moins une large part des mathématiques) à la logique ; cette approche *logiciste* leur semblait en effet la meilleure façon d'assurer les fondements des mathématiques. Le système des *Principia Mathematica* (publiés entre 1911 et 1913), auxquels Whitehead et Russell travaillèrent d'arrache-pied durant de nombreuses années, constitue l'un des ouvrages de mathématiques les plus importants et influents du XXe siècle. Ce n'est pourtant pas une lecture facile ; ce n'est pas avant la page 379 de la première édition qu'il est prouvé que 1 + 1 = 2 (et encore, on n'est pas tout à fait sûr de s'y être pris convenablement).

L'impact de cette œuvre fut sans doute encore plus important sur la logique elle-même que sur les mathématiques. En effet, logiciser les mathématiques exigeait aussi bien de mathématiser la logique : il fallait l'extirper du langage naturel, la formaliser parfaitement, en tirer des outils plus rigoureux et plus généraux qu'ils ne l'avaient été jusque-là. Et c'est ainsi que la logique, cette vénérable discipline qui semblait parfaite et achevée depuis qu'Aristote en avait jeté les bases, changea radicalement de visage au début du XXe siècle. On ne dira plus « Tous les hommes sont mortels », mais $\forall x(Hx \rightarrow Mx)$, c'est-à-dire : « Pour tout x, si x est un homme, alors x est mortel. » Et ce ne sont pas des détails de notation : c'est bien l'expressivité et la généralité de la logique qui auront été profondément bouleversées par l'approche de Frege et Russell.

La méthode de Russell en philosophie est fortement influencée par ses travaux de mathématicien et logicien. Ainsi recourt-il abondamment à la formalisation et la paraphrase logique pour clarifier et désambiguïser le langage naturel dans lequel se posent les problèmes philosophiques, ou pour dégager et traiter les problèmes en apparence les plus triviaux ou bizarres comme la question de savoir comme comprendre la phrase « L'actuel roi de France est chauve[1] ».

1. Russell se penche sur ces questions de philosophie du langage notamment dans son célèbre article « On Denoting » publié en 1905. Même s'il n'y a pas de roi de France actuellement, la phrase « L'actuel roi de France est chauve » a bien un sens dans la mesure où on peut en spécifier des conditions de vérité, et celle-ci n'étant pas satisfaite, il semble donc que la phrase ne soit pas vraie ; mais alors que penser de sa négation « L'actuel roi de France n'est pas chauve » ? Si elle n'est pas vraie non plus, nous aurions deux phrases qui sont la négation l'une de l'autre et dont aucune n'est vraie ; et si elle est vraie, cela revient-il à dire que l'actuel roi de France est chevelu ? La solution de cette bizarrerie logique tient à l'analyse que donne Russell de l'usage de l'article défini « le » qui spécifie une *description définie*. La paraphrase logique de « L'actuel roi de France est chauve » a, selon lui, la forme suivante : « Il y a un et un seul x tel que x est actuellement roi de France et x est chauve. » Et la négation de cette phrase n'est donc pas : « Il y a un et un seul x tel que x est actuellement roi de France et x *n'est pas* chauve » ; la négation doit porter sur l'ensemble de la phrase, c'est-à-dire : « *Il n'y a pas* un et un seul x tel que x est actuellement roi de France et est chauve. » Ce qui, en effet, est vrai, non pas parce qu'il y a un roi de France chevelu, mais parce qu'il n'y a pas de roi de France. Et au-delà des histoires de calvitie dans les dynasties royales, ce genre de subtilité sur le fonctionnement des négations portant sur des descriptions définies a beaucoup d'importance pour clarifier de nombreux points de discussion, en philosophie comme ailleurs.

Russell est l'auteur de contributions importantes dans presque tous les champs de la philosophie ; il sera difficile de les résumer ici, d'autant plus que ses vues sur certains sujets ont pu largement changer au cours de sa longue carrière. Mais son influence sur la philosophie du XXe siècle semble moins résider dans les thèses particulières qu'il a successivement défendues ou rejetées que dans la méthode et le style argumentatif qu'il a toujours employés. La philosophie analytique, dont il est une figure cardinale, n'est pas caractérisée par un ensemble de thèses sur lesquelles les philosophes analytiques s'accorderaient, mais bien plutôt par un certain type de méthode et d'approche (recours au formalisme logique, effort de clarté et de rigueur argumentative, prise en compte de l'apport des sciences) dont Russell, en effet, est un représentant illustre.

Enfin, en dehors de ses articles de recherche, Russell est aussi un excellent pédagogue. Plusieurs de ses œuvres visent un objectif de vulgarisation ou d'initiation à la philosophie et restent encore aujourd'hui d'excellentes portes d'entrée pour le profane. (Depuis que la philosophie est devenue une discipline universitaire, ce souci d'écrire pour un large public non spécialiste est devenu assez rare chez les philosophes de profession.) Deux textes de Russell sont particulièrement représentatifs de cette dimension pédagogique et vulgarisatrice. Sa volumineuse *Histoire de la philosophie*, dont chaque chapitre présente un auteur ou un mouvement, sous une forme particulièrement accessible et plaisante à lire[1]. D'autre part,

1. Bertrand Russell, *Histoire de la philosophie*, traduit de l'anglais par Hélène Kern, Paris, Les Belles Lettres, 2 vol., 2011. Deux volumes de presque mille pages chacun, voilà ce qu'il se passe quand on veut traiter l'histoire de la philosophie sans faire (trop) d'impasses. Les exposés de

les *Problèmes de philosophie*, un livre assez court qui introduit de façon lumineuse à plusieurs grands thèmes de la philosophie, en particulier sur la question de la connaissance. C'est presque toujours ce livre que je conseille quand une personne veut lire un premier *livre de philosophie*, si elle n'a pas de préférence pour un champ précis.

J'ai un attachement tout particulier pour le dernier chapitre de ce livre, qui s'intitule « La valeur de la philosophie ». C'était par des extraits de ce texte que j'introduisais le cours de philosophie que je donnais, chaque année, à mes classes au lycée, car il me semblait que je ne pouvais pas faire mieux que Russell pour louer les vertus de cette discipline que les élèves ne connaissaient pas encore. Il me semble que je ne saurais mieux conclure ce livre qu'en vous présentant quelques-unes de ces belles pages qui résument pourquoi, en dépit de l'incertitude où elle nous plonge, ou plutôt en vertu de celle-ci, il n'est pas vain de s'intéresser à la philosophie :

> « Il sera profitable, en conclusion, de considérer la valeur de la philosophie et les motifs qu'on peut avoir de l'étudier. Il est d'autant plus nécessaire de traiter cette question que bien des hommes, sous l'influence de la science ou de la vie pratique, inclinent à penser que la philosophie n'est rien d'autre qu'un jeu innocent mais frivole, l'art de couper les cheveux en quatre, bref un ensemble de controverses sur des sujets où la connaissance est impossible.
>
> « [...] "L'esprit pratique", au sens habituel de cette expression, ne connaît que les besoins matériels de l'humanité ; il sait que l'homme doit entretenir son corps, il a oublié que

Russell sont souvent historiquement imprécis et très orientés, et il ne mâche pas ses mots contre certains auteurs : son chapitre sur Bergson, par exemple, en hérissera plus d'un...

son esprit réclame aussi de la nourriture. Même si tous les hommes avaient assez pour vivre, même si la misère et la maladie avaient été supprimées autant qu'il est possible, il resterait encore beaucoup à faire pour construire une société digne de ce nom ; et même dans le monde tel qu'il est, les biens de l'esprit sont au moins aussi importants que les biens du corps. La valeur de la philosophie est exclusivement de l'ordre de ces biens de l'esprit ; seul celui qui n'est pas indifférent à cet ordre peut se persuader que la philosophie n'est pas une perte de temps.

« Comme toute autre discipline, la philosophie vise d'abord à connaître. La connaissance qui est sa visée propre est celle qui procure l'unité systématique au corps des sciences, et qui résulte d'un examen critique des fondements de nos convictions, préjugés, et croyances. Mais il faut bien reconnaître que dans son effort pour apporter des réponses précises à ces questions, la philosophie n'a pas rencontré un succès considérable. Un mathématicien, un minéralogiste ou un historien, comme n'importe quel homme de sciences, à qui l'on demande quelles vérités déterminées sont reconnues dans la discipline, pourra répondre aussi longuement que vous êtes disposé à l'écouter. Mais posez la même question au philosophe : s'il est de bonne foi, il devra avouer que sa discipline n'est pas parvenue aux résultats positifs qu'on trouve dans les autres sciences. Il est vrai que cet état de choses s'explique en partie ainsi : dès qu'une connaissance bien définie d'un domaine devient possible, ce domaine cesse d'appartenir à la philosophie et devient l'objet d'une science distincte. L'étude des cieux, qui appartient maintenant à l'astronomie, faisait autrefois partie de la philosophie ; le grand ouvrage de Newton avait pour titre : *Principes mathématiques de la philosophie naturelle*. De même, l'étude de l'esprit humain était une partie de la philosophie : elle s'en est aujourd'hui séparée pour devenir la psychologie scientifique. De sorte que l'incertitude de la philosophie est dans une large mesure plus apparente que réelle : les questions qui ont trouvé une réponse définie sont rangées dans la science, et celles qui restent ouvertes forment cette sorte de résidu qu'on appelle la philosophie[1]. »

En somme, Russell commence par faire observer que, si la philosophie est une discipline qui vise à établir des connaissances, elle semble étrangement incapable d'en établir une seule. Mais cette impression d'inefficacité viendrait en large partie du fait que chaque fois qu'une de ses branches acquiert une méthodologie rigoureuse et aboutit à des résultats solides, cette branche s'autonomise et est dès lors perçue comme une discipline scientifique à part. Les mathématiques et l'astronomie en seraient les exemples les plus anciens, mais le cas le plus spectaculaire est sans conteste celui de la *philosophie de la nature*, qui donnera naissance à la science physique après que Galilée, Newton et la révolution scientifique l'ont transformée de fond en comble.

Toute science a un objet et des limites ; la philosophie, au contraire, n'a pas de domaine propre et peut ainsi se permettre des excursions rationnelles dans des champs qui ne sont pour l'heure étudiés par aucune science établie. Son rôle serait ainsi de constituer des sortes d'avant-postes de la connaissance qui ne demandent qu'à se développer au point de mériter d'être considérés comme disciplines scientifiques. Et à mesure que les sciences progressent (et ce progrès est tout à fait conforme à l'ambition de la philosophie), le champ propre de la réflexion philosophique tend donc à se réduire jusqu'à

1. Bertrand Russell, *Problèmes de philosophie*, traduit de l'anglais par François Rivenc, Paris, Payot, 1989, p. 177-179.

n'être plus aujourd'hui qu'un *résidu* de questions insolubles. Insolubles mais importantes, poursuit Russell :

> « Mais, touchant l'incertitude de la philosophie, ce n'est là que la moitié de la vérité. Bien des questions, en particulier celles qui présentent le plus grand intérêt pour notre existence spirituelle, doivent rester insolubles, pour autant qu'on puisse le savoir, à moins que les pouvoirs de l'intellect humain ne changent radicalement. L'univers présente-t-il une unité de plan et de but, ou n'est-il qu'une rencontre fortuite d'atomes ? La science est-elle un fait permanent dans l'univers, d'où l'espoir d'un progrès indéfini en sagesse, ou n'est-elle qu'un accident transitoire sur une petite planète où la vie finira par s'éteindre ? Le bien et le mal ont-ils un sens pour l'univers, ou n'ont-ils de sens que pour l'homme ? Ce sont là des questions philosophiques, auxquelles les philosophes ont apporté des réponses variées. Peut-être existe-t-il d'autres voies pour découvrir la réponse : mais il semble qu'on ne puisse démontrer la vérité d'aucune des réponses proposées par la philosophie. Et pourtant, aussi mince que soit l'espoir de parvenir à une solution, c'est une partie de la tâche de la philosophie de poursuivre ces interrogations, de nous faire prendre conscience de leur enjeu, d'examiner les différentes approches qu'on peut en avoir, et de garder vivant cet intérêt spéculatif pour l'univers que la connaissance assurée, trop bien établie, peut tuer si l'on s'y laisse enfermer. [...]
>
> « En fait c'est dans son incertitude que réside largement la valeur de la philosophie. Celui qui ne s'y est pas frotté traverse l'existence comme un prisonnier : prisonnier des préjugés du sens commun, des croyances de son pays ou de son temps, de convictions qui ont grandi en lui sans la coopération ni le consentement de la raison. Tout dans le monde lui paraît aller de soi, tant les choses sont pour lui comme ceci et pas autrement, tant son horizon est limité ; les objets

ordinaires ne le questionnent pas, les possibilités peu familières sont refusées avec mépris. Mais nous l'avons vu dès le début de ce livre : à peine commençons-nous à philosopher que même les choses de tous les jours nous mettent sur la piste de problèmes qui restent finalement sans réponse[1]. Sans doute la philosophie ne nous apprend pas de façon certaine la vraie solution aux doutes qu'elle fait surgir : mais elle suggère les possibilités nouvelles, elle élargit le champ de la pensée en la libérant de la tyrannie de l'habitude. Elle amoindrit notre impression de savoir ce que sont les choses, mais elle augmente notre connaissance de ce qu'elles pourraient être ; elle détruit le dogmatisme arrogant de ceux qui n'ont jamais traversé le doute libérateur, et elle maintient vivante notre faculté d'émerveillement en nous montrant les choses familières sous un jour inattendu[2]. »

À l'image de Socrate dont la sagesse résidait justement en ceci qu'il reconnaissait son ignorance là où ses contemporains se leurraient dans l'illusion de savoir, la réflexion philosophique, telle que Russell la présente dans ces pages, développerait davantage la reconnaissance de l'incertitude que l'établissement de connaissances positives. Mais notez bien que, si les philosophes cultivent le doute, ils ne sont pas pour autant sans réponses et sans arguments ; tout au contraire, l'incertitude naît de la multiplicité des réponses possibles et des forces relatives des arguments dans un sens comme dans l'autre, là où l'assurance du sens commun provient, bien

1. Dans le premier chapitre du livre, Russell part de l'exemple de la table sur laquelle il écrit et fait la distinction entre l'apparence sensible de la table et une hypothétique et inaccessible *table réelle* qui produirait cette apparence sensible : la chose en soi kantienne n'est pas loin.
2. *Ibid.*, p. 179-181.

souvent, de ce qu'il ne voit aucune autre réponse que la sienne et ne se soucie pas de l'appuyer sur des justifications.

Certes, il n'y a pas ou presque pas de consensus sur les questions philosophiques, mais on y trouve des discussions et des arguments ; et si l'on peine tant à se mettre d'accord, cela vient de ce que, la plupart du temps, aucun de ces arguments n'est assez décisif pour régler définitivement la question. Au terme de l'enquête philosophique, il est ainsi difficile de dire si l'on en sait plus, ou si l'on en sait moins : ce qui paraissait facile s'est révélé complexe, ce que l'on tenait pour évident pourrait finir par nous paraître absurde ; ou, pour emprunter les mots de Russell :

> « L'intérêt de la philosophie est de partir de quelque chose de si simple qu'il semble que cela ne vaille pas la peine d'être dit, et d'arriver à quelque chose de si paradoxal que personne ne le croira[1]. »

On ne saurait faire un plus bel éloge de la philosophie.

Pour aller plus loin :

Bertrand Russell, *Essais sceptiques*, traduit de l'anglais par André Bernard, Paris, Les Belles Lettres, 2010.

Le scepticisme de Russell n'a rien du scepticisme héroïque de l'Antiquité, ni du scepticisme radical (quoique tempéré par la force de l'habitude) de Hume. C'est un scepticisme rationnel et modéré qui préconise au non-spécialiste de s'en remettre à l'avis des spécialistes quand il y en a un et de

1. Bertrand Russell, *The Philosophy of Logical Atomism*, Taylor & Francis e-Library, 2009, p. 20.

suspendre son jugement dans le cas contraire. Ces *Essais sceptiques* développent, pour un public de non-spécialistes justement, diverses conséquences de cette pensée, avec cette ironie flegmatique qui caractérise tant d'écrits de Russell : « Je désire soumettre à l'examen bienveillant du lecteur une doctrine qui, je le crains, va paraître terriblement paradoxale et subversive. La doctrine en question est celle-ci : il n'est pas désirable d'admettre une proposition quand il n'y a aucune raison de supposer qu'elle est vraie. Je dois reconnaître, bien entendu, que, si une telle opinion devenait commune, elle transformerait complètement notre vie sociale et notre système politique ! Et comme tous les deux sont actuellement sans défauts, ma doctrine ne pourrait pas tenir contre eux ! » (p. 17).

Apostolos Doxiadis *et al.*, *Logicomix*, Paris, Vuibert, 2010.

Épopée intellectuelle cachée dans un récit-gigogne, ce roman graphique met en scène les auteurs de ce même roman graphique s'efforçant de raconter l'histoire de Russell faisant une conférence au cours de laquelle il retrace ses aventures de jeunesse à la recherche des fondements des mathématiques et de la logique, où l'on croisera le jeune Wittgenstein ainsi qu'une flopée de mathématiciens et de logiciens qui semblent tous à moitié fous…

Bertrand Russell, *Problèmes de philosophie*, traduit de l'anglais par François Rivenc, Paris, Payot, 1989.

Bien que l'ouvrage ait plus d'un siècle et qu'il reflète un état particulier du développement de la pensée de Russell, cela reste une introduction pertinente et passionnante à quelques grands thèmes de la philosophie classique et contemporaine. Ce texte a le mérite d'être à la fois de la plume d'un des plus grands auteurs du XXe siècle et d'être conçu comme un texte d'enseignement destiné au grand public. Et de la même façon que je donne des conseils bibliographiques à la fin de chaque chapitre, Russell prodigue les siens à la fin de l'ouvrage : « Pour qui souhaite acquérir une connaissance élémentaire de la philosophie, il est plus facile et plus utile de lire certains ouvrages des grands philosophes que de chercher à tirer des manuels une vue d'ensemble. Les ouvrages suivants sont tout particulièrement à recommander : Platon, *La République* (Livres VI et VII en particulier). Descartes, *Méditations*. Spinoza, *Éthique*. Leibniz, *La Monadologie*. Berkeley, *Trois dialogue entre Hylas et Philonous*. Hume, *Enquête sur l'entendement humain*. Kant, *Prolégomènes à toute métaphysique future*. » Conclure ces conseils bibliographiques en citant les conseils bibliographiques de l'ouvrage que je conseille, n'est-ce pas délicieusement *méta* ?

La philosophie est-elle morte ?

Le physicien Stephen Hawking, dans les premières lignes de *The Grand Design*, déclarait de façon assez provocatrice et péremptoire : « La philosophie est morte[1]. » Et de fait, tous les auteurs auxquels j'ai consacré un chapitre sont bien morts ; cela pourrait entretenir l'idée que la philosophie consiste essentiellement à étudier des auteurs du passé, que sa tâche n'est plus qu'historique, et que c'est aux seules sciences maintenant que revient la mission d'établir de nouvelles connaissances.

Or, cela me semble tout à fait erroné. Non, la philosophie n'est pas morte. Et quoique l'étude de son histoire soit passionnante, les philosophes actuels ne s'en contentent pas, loin de là. Je voudrais donc conclure en développant quelques aspects de l'actualité de la philosophie et de son rapport aux sciences.

La petite phrase de Hawking est un symptôme intéressant à étudier. Le passage complet, qui ouvre son livre, est le suivant :

> « Quelle est la nature de la réalité ? D'où tout cela vient-il ? L'univers a-t-il besoin d'un créateur ? […]

1. Stephen Hawking et Leonard Mlodinow, *The Grand Design*, Ealing, Bantam Press, 2010.

> « Traditionnellement, ce sont des questions pour la philosophie, mais la philosophie est morte. La philosophie n'a pas suivi les développements modernes des sciences, en particulier en physique. Les scientifiques sont devenus les porte-flambeaux de la découverte dans notre quête de connaissance[1]. »

Dans le chapitre précédent, nous avons vu avec Russell pourquoi le champ de la philosophie tend en effet à se réduire à mesure que les sciences progressent, c'est-à-dire à mesure que l'on met au point des méthodologies efficaces pour traiter tel ou tel type de questions, et pourquoi c'est le but même de la philosophie que de solidifier sa méthode autant que possible et d'ainsi constituer peu à peu des champs scientifiques autonomes. Déclarer la mort de la philosophie, ce serait donc déclarer qu'absolument toute question digne d'intérêt tombe désormais dans le champ d'une science déjà constituée qui peut y répondre.

De fait, en tant qu'ami des connaissances, tout philosophe aimerait que la philosophie soit ainsi morte de sa belle mort, c'est-à-dire en donnant naissance à une sorte de science universelle ou à un ensemble universel de sciences. Mais ce n'est pas sous-estimer la portée actuelle des sciences que de dire que nous en sommes encore bien loin. Pas seulement parce que les sciences ne répondent pas à toutes les questions que l'on peut leur poser, mais parce qu'il y a des questions que l'on ne peut poser à aucune science ; et beaucoup de ces questions sont dignes d'intérêt et ne sont pas inaccessibles à l'argumentation rationnelle.

Prenons un seul exemple : l'exploitation des animaux est-elle aujourd'hui moralement justifiée ? C'est une question

1. *Id.*

importante, certes ; et, même en disposant d'une théorie unifiant toute la physique, il est difficile d'imaginer ce que cela pourrait nous dire de pertinent à ce sujet. D'autres sciences comme la biologie ou la psychologie nous apportent des informations précieuses pour y réfléchir (par exemple sur le traitement cognitif de la douleur, ou sur la psychologie des jugements moraux), mais cela non plus ne suffit pas pour justifier une réponse à cette question proprement *morale*. (Il faut ici l'entendre au sens *normatif* et non *descriptif* : se contenter d'expliquer l'origine de nos intuitions morales à ce sujet ne constitue pas une réponse.) Une telle question n'est tout simplement pas du domaine des sciences actuelles.

Les questions éthiques (normatives) restent ainsi dans ce résidu de questions insolubles qui, comme Russell l'évoquait dans le chapitre précédent, constitue le champ propre de la philosophie. Et ce qui est vrai de ces questions l'est aussi pour bien d'autres que nous avons évoquées au fil de cet ouvrage. Voilà pourquoi déclarer la philosophie morte me paraît tout à fait inexact. (Même si vous vouliez soutenir que les questions qui ne relèvent d'aucune des sciences actuelles sont toutes vides de sens, ce serait une position à justifier, et cette justification relèvera du débat philosophique, épistémologique, et non d'une science.)

Hawking ne voulait peut-être pas dire que *toute* la philosophie est morte ; il pouvait restreindre son propos au champ de la philosophie qui, il fut un temps, prétendait répondre aux questions mentionnées dans son premier paragraphe, par exemple : « Quelle est la nature de la réalité ? D'où tout cela vient-il ? », questions qui relèvent de ce qu'on appelait alors la philosophie naturelle. Celle-ci est bien morte depuis qu'une poignée de philosophes audacieux ont jeté les bases de la physique moderne. Et nul ne songerait à nier que les physiciens sont aujourd'hui les mieux placés pour proposer des réponses à ce type de questions ; mais cela implique-t-il que la philosophie n'ait plus rien à apporter à leur réflexion scientifique, et que la philosophie serait ainsi morte, au moins pour leur discipline ?

Il est intéressant de noter que, parmi les questions que Hawking énumère au début de son ouvrage comme des questions traditionnellement dévolues à la philosophie (mais celle-ci étant morte, il faut croire que c'est à la physique d'y répondre maintenant), la toute première, qui semble en effet la plus fondamentale, est la question suivante : « Comment pouvons-nous comprendre le monde où nous nous trouvons ? » Autrement dit, *que pouvons-nous connaître ?* Et, en particulier, jusqu'à quel point une science comme la physique nous permet-elle de connaître et de comprendre ce monde ? Voilà d'excellentes questions, certes, et force est de constater qu'elles ne tombent pas dans le champ de la physique : c'est une réflexion qui relève de l'épistémologie ou de la philosophie des sciences (et nous avons d'ailleurs déjà croisé plus d'une fois de telles questions dans notre itinéraire philosophique).

Je déplore bien souvent que la philosophie soit perçue comme une discipline littéraire, surtout en France. Elle est en fait naturellement voisine des sciences. Les philosophes analytiques notamment attachent une grande importance à rester informés de l'état des connaissances scientifiques et à fonder leur réflexion sur celles-ci ; et il va de soi que cette exigence est particulièrement forte parmi ceux qui travaillent sur la philosophie des sciences. Beaucoup ont même une double casquette de philosophe et de scientifique.

La réciproque, en revanche, est beaucoup moins vraie : il est assez rare que les scientifiques aient plus qu'une idée vague des travaux actuels en philosophie des sciences. On attribue au brillant physicien Richard Feynman ce mot cinglant : « La philosophie des sciences est aussi utile aux scientifiques que l'ornithologie est utile aux oiseaux[1]. » Or, contrairement aux oiseaux qui n'ont, en effet, pas besoin des ornithologues pour savoir comment voler, les scientifiques sont parfois amenés à réfléchir à leur propre pratique et à se confronter à des questions relevant non plus directement de leur science mais de l'épistémologie.

C'est bien ce qu'illustre involontairement l'ouvrage de Stephen Hawking dont je citais l'introduction : en dépit de la déclaration initiale selon laquelle la philosophie est morte, une large partie de ce livre développe des considérations sur le réalisme et l'antiréalisme qui ne relèvent pas de la physique mais bien de la philosophie des sciences. Or, sans connaissance précise des débats philosophiques actuels sur ce sujet (et c'est pourtant un débat extrêmement riche et développé), Stephen Hawking ne fait que réinventer de façon imprécise des idées déjà formulées et discutées par bien d'autres avant lui. Son exposé sur ces questions reste ainsi très incomplet, assez naïf, et n'a pas autant de clarté et de rigueur que l'on pourrait en attendre aujourd'hui.

Si Stephen Hawking est un physicien important, c'est notamment parce qu'il a travaillé et échangé avec la communauté des physiciens ; cette dimension collective dans la recherche des connaissances est plus que jamais cruciale aujourd'hui. La science ne se fait pas seul ; la philosophie non

1. La formule est presque toujours attribuée à Feynman et elle pourrait être assez fidèle à son esprit, mais pour autant que je sache il n'y a aucune source qui l'atteste et je parie que cette attribution est erronée. Quoi qu'il en soit, c'est une jolie formule.

plus. Et si les questions de philosophie des sciences semblent à Hawking si cruciales qu'il y consacre une bonne part de *The Grand Design*, plutôt que de déclarer la mort de la philosophie et d'encourager ses lecteurs et ses pairs à s'en détourner, ne vaudrait-il pas mieux que scientifiques et philosophes travaillent et réfléchissent ensemble sur ces questions[1] ?

La science n'a pas tué la philosophie. Toutes deux sont plus vivantes que jamais, et, pourvu que l'on ne s'en fasse pas une fausse idée, l'intérêt pour l'une ne peut que nourrir l'intérêt pour l'autre. Après tout, il s'agit toujours de poser des questions et de tâcher d'y répondre, être curieux et rationnel, qualités autant scientifiques que philosophiques.

1. Le physicien et philosophe Carlo Rovelli a récemment consacré un bel article à discuter ces points qui sonnent comme une réponse à Hawking : « Physics Needs Philosophy. Philosophy Needs Physics », *Foundations of Physics*, 48, 2018, p. 481-491.

Je remercie Fabien Mikol, premier et meilleur lecteur, pour tous ses commentaires acérés, exigeants et perspicaces. Si ce livre ne contient ni trop de bêtises ni trop d'obscurités, c'est grâce à lui.

Table

DEUXIÈME PARTIE

Philosophie moderne

TROISIÈME PARTIE

Philosophie contemporaine

RÉALISATION : NORD COMPO À VILLENEUVE-D'ASCQ
ACHEVÉ D'IMPRIMER SUR ROTO-PAGE
PAR L'IMPRIMERIE FLOCH À MAYENNE
DÉPÔT LÉGAL : AVRIL 2020. N° 141512 (96035)
Imprimé en France